Kohlhammer

Grundschule heute

Herausgegeben von Sanna Pohlmann-Rother und Sarah Désirée Lange

Angesichts der aktuellen gesellschaftlichen Veränderungen thematisiert die Reihe »Grundschule heute« drängende Zukunftsfragen in ihrer Bedeutung für die Disziplin der Grundschulpädagogik und Grundschuldidaktik. Ziel der Reihe ist es, die institutionellen Bedingungen der Grundschule und die Fragen nach zeitgemäßen Bildungsinhalten neu zu bestimmen. Dabei stehen die kindlichen Lebenswelten und die aktuellen und veränderten Aufwachsensbedingungen der Schülerinnen und Schüler im Mittelpunkt.

Eine Übersicht aller lieferbaren und im Buchhandel angekündigten Bände der Reihe finden Sie unter:

 https://shop.kohlhammer.de/grundschuleheute

Die Autorin

Prof. Dr. Katrin Liebers lehrt und forscht am Institut für Pädagogik und Didaktik im Elementar- und Primarbereich an der Erziehungswissenschaftlichen Fakultät der Universität Leipzig. Ihre Arbeitsschwerpunkte liegen in der Gestaltung eines lernförderlichen Unterrichts in einer Schuleingangsstufe für alle Kinder, in der pädagogischen Diagnostik am Übergang und in der Grundschulzeit sowie in der historischen Bildungsforschung.

Katrin Liebers

Leistungsheterogenität in der Grundschule

Umgang mit Vielfalt im Unterricht

Verlag W. Kohlhammer

Dieses Werk einschließlich aller seiner Teile ist urheberrechtlich geschützt. Jede Verwendung außerhalb der engen Grenzen des Urheberrechts ist ohne Zustimmung des Verlags unzulässig und strafbar. Das gilt insbesondere für Vervielfältigungen, Übersetzungen, Mikroverfilmungen und für die Einspeicherung und Verarbeitung in elektronischen Systemen.

Die Wiedergabe von Warenbezeichnungen, Handelsnamen und sonstigen Kennzeichen in diesem Buch berechtigt nicht zu der Annahme, dass diese von jedermann frei benutzt werden dürfen. Vielmehr kann es sich auch dann um eingetragene Warenzeichen oder sonstige geschützte Kennzeichen handeln, wenn sie nicht eigens als solche gekennzeichnet sind.

Es konnten nicht alle Rechtsinhaber von Abbildungen ermittelt werden. Sollte dem Verlag gegenüber der Nachweis der Rechtsinhaberschaft geführt werden, wird das branchenübliche Honorar nachträglich gezahlt.

Dieses Werk enthält Hinweise/Links zu externen Websites Dritter, auf deren Inhalt der Verlag keinen Einfluss hat und die der Haftung der jeweiligen Seitenanbieter oder -betreiber unterliegen. Zum Zeitpunkt der Verlinkung wurden die externen Websites auf mögliche Rechtsverstöße überprüft und dabei keine Rechtsverletzung festgestellt. Ohne konkrete Hinweise auf eine solche Rechtsverletzung ist eine permanente inhaltliche Kontrolle der verlinkten Seiten nicht zumutbar. Sollten jedoch Rechtsverletzungen bekannt werden, werden die betroffenen externen Links soweit möglich unverzüglich entfernt.

Die Grafiken für die Abbildungen 4 und 6 bis 9 wurden von Miriam Beier in Zusammenarbeit mit der Autorin erstellt.

1. Auflage 2023

Alle Rechte vorbehalten
© W. Kohlhammer GmbH, Stuttgart
Gesamtherstellung: W. Kohlhammer GmbH, Stuttgart

Print:
ISBN 978-3-17-037587-1

E-Book-Formate:
pdf: ISBN 978-3-17-037588-8
epub: ISBN 978-3-17-037589-5

Vorwort der Herausgeberinnen

Die aktuellen gesellschaftlichen und häufig globalisierungsbedingten Veränderungen beeinflussen Grundschulen auf mannigfaltige Arten. Angesichts dessen thematisiert die neue Reihe »Grundschule heute« – herausgegeben von *Dr. Sanna Pohlmann-Rother* (Inhaberin des Lehrstuhls für Grundschulpädagogik und -didaktik an der Universität Würzburg) und *Dr. Sarah Désirée Lange* (Akademische Rätin am Lehrstuhl für Grundschulpädagogik und -didaktik der Universität Würzburg) – drängende Zukunftsfragen in ihrer Bedeutung für die Disziplin der Grundschulpädagogik und Grundschuldidaktik. Die gesellschaftlichen und bildungspolitischen Entwicklungen der Gegenwart betreffen Bereiche wie Digitalisierung, Inklusion, Globalisierung, Migration und Flucht und bringen weitreichende neue Herausforderungen für Lehrkräfte, Schulleitungen und für Eltern und ihre Kinder mit sich.

So stellt beispielsweise der mit den gesellschaftlichen Digitalisierungsprozessen verbundene Anspruch, Schülerinnen und Schüler zu einem selbstbestimmten und reflektierten Umgang mit digitalen Medien zu befähigen, alle Beteiligten vor neue Herausforderungen. Auch Mehrsprachigkeit und Fluchtmigration sind Phänomene gesellschaftlicher Entwicklungen, die gegenwärtig in hohem Maße zur Komplexität professionellen Handelns von Lehrkräften beitragen.

Mit der vorliegenden Reihe soll der grundschulpädagogische Diskurs hinsichtlich der gegenwärtigen und zukünftigen Entwicklungen der Gesellschaft weiterentwickelt werden. Dazu werden in jedem Band neben einer forschungs- und theoriebasierten Auseinandersetzung auch jeweils praktisch umsetzbare Ansätze für die Gestaltung von Unterricht und von grundschulbezogenen Bildungsprozessen herausgearbeitet.

In diesem Zusammenhang werden auch die aktuellen Strukturen und Inhalte der Ausbildung von Grundschullehrkräften hinterfragt. So werden in der Reihe »Grundschule heute« relevante Professionalisierungsfelder identifiziert, mögliche Implikationen für die Rahmenbedingungen der Lehrkräftebildung aufgezeigt und Anforderungen an eine qualitativ hochwertige und zeitgemäße Qualifizierung von Grundschullehrkräften diskutiert.

Zusammenfassend geht es darum, hinsichtlich gegenwärtiger und künftiger Herausforderungen die *institutionellen Bedingungen der Grundschule* mit dem Anspruch an grundlegende Bildung und die Frage nach zeitgemäßen Bildungsinhalten neu in den Blick zu nehmen. Damit verbunden ist die genaue Betrachtung *kindlicher Lebenswelten* und die Berücksichtigung aktueller Aufwachsensbedingungen der Schülerinnen und Schüler. Auf Schul- und Unterrichtsebene stellen sich dabei *pädagogisch-didaktische Fragen* zu denen auch rahmende Raum-, Zeit- und Organisationsstrukturen gehören. Auf Seiten der *Lehrkräfte* umfasst dies anspruchsvolle und zum Teil spannungsreiche Aufgaben, die sich beispielsweise in einem reflektierten Umgang mit sprachlicher Vielfalt und Mehrsprachigkeit im Zuge von Migration und Flucht manifestieren oder mit der Forderung nach einem inklusiven Schulsystem verbunden sind.

Würzburg, im Februar 2023
Sanna Pohlmann-Rother und Sarah Désirée Lange

Inhaltsverzeichnis

Vorwort der Herausgeberinnen		**5**

Einleitung		**11**

1	**Leistungsheterogenität im Unterricht der Grundschule – (k)ein neues Phänomen?**	**15**
1.1	Frühe Neuzeit und beginnende Moderne	16
1.2	Frühes 20. Jahrhundert	25
1.3	Spätes 20. Jahrhundert	29
1.4	Kontinuitäten und Diskontinuitäten	35

2	**Heterogenität im Spiegel interdisziplinärer Diskurse**	**39**
2.1	Naturwissenschaftliche Diskurse – Variabilität	40
2.2	Sozialwissenschaftliche Zugänge – Differenz – Vielfalt/Diversität – Intersektionalität	42
2.3	Heterogenität als Ansatz der Schulpädagogik	48
2.4	Reflexive Nutzung des Begriffs Heterogenität	51

3	**Pädagogisches Leistungsverständnis in einer Grundschule für alle Kinder**	**54**
3.1	Leistung als vielschichtiger Begriff	55

3.2	Beurteilung von Leistung als funktionales gesellschaftliches Systemelement von Schule	57
3.3	Pädagogischer Leistungsbegriff in der Grundschule	60
3.4	Leistungsbegriff in Lehrplänen und Bildungsstandards	65
3.5	Heterogenitätssensitiver schulischer Leistungsbegriff	72

4	**Leistungsheterogenität als Zusammenspiel einer Vielzahl an Faktoren**	**74**
4.1	Modelle zur Erklärung von schulischen Lernleistungen	75
4.2	Leistungsrelevante individuelle Merkmale von Kindern	77
4.3	Leistungsrelevante familiäre Herkunftsmerkmale	99
4.4	Einfluss von Lehrpersonen, Unterricht und Schule auf schulische Leistungen	107
4.5	Primär, sekundär und institutionell bedingte Bildungsdisparitäten	126
4.6	Bildungsungleichheit entgegenwirken	129

5	**Handlungsansätze für den Umgang mit Leistungsheterogenität in der Grundschule**	**132**
5.1	Mehrebenenmodell für Handlungsebenen	133
5.2	Handlungsansätze für einen heterogenitätsbezogenen Unterricht von Lehrpersonen	134
5.3	Heterogenitätsbezogene Handlungsansätze auf der Ebene der Einzelschule	151
5.4	Heterogenitätsbezogene Handlungsansätze auf der Ebene der Kommunen	155

5.5	Heterogenitätsbezogene Handlungsansätze auf der Ebene der Bildungspolitik	156
5.6	Leistungsheterogenität als gesellschaftliche Herausforderung	158

Exkursverzeichnis – Zusatzmaterial zum Download   **161**

Literaturverzeichnis   **163**

Einleitung

Grundschule ist ebenso wie unsere spätmoderne Gesellschaft infolge des gesellschaftlichen Strukturwandels von einer Kultur der Singularitäten und einer Zunahme sozialer Ungleichheiten gekennzeichnet (Reckwitz, 2019, S. 17). Dieser Wandel erfordert grundschulpädagogische Antworten auf die Frage nach der Gestaltung eines chancengerechten und Vielfalt anerkennenden Umgangs mit Heterogenität (Mecheril & Vorrink, 2017). Dass dieser dem Schulsystem in Deutschland bislang nicht zufriedenstellend gelingt, wird u. a. in den internationalen Leistungsuntersuchungen offenkundig, die alarmierende Erkenntnisse über eine beunruhigende Zunahme von Leistungsunterschieden in der Grundschule zu Tage fördern (Hußmann et al. 2017, Jude, 2021; Stanat et al., 2022). Zugespitzt formuliert Miller, dass die internationalen Schulleistungsstudien dem deutschen Schulsystem regelmäßig bescheinigen »*Weltmeister in der sozialen Auslese und Spitzenreiter in der Produktion von Schulscheitern zu sein*« (Miller, 2019, S. 110). Gespeist wird diese Annahme daraus, dass nur in wenigen vergleichbaren Industrienationen eine ähnliche Zunahme der Leistungsspreizung im gleichen Zeitraum festzustellen war.

Vor diesem Hintergrund richtet sich der Fokus dieses Themenbandes auf die Leistungsheterogenität, weil die schulische Leistung eines der zentralen Ordnungskriterien der Schule und des Schulsystems bildet und bildungsbiografisch für den Bildungsaufstieg des einzelnen Kindes und die soziale Mobilität innerhalb der Gesellschaft entscheidend ist. Gleichwohl die schulische Leistung zu den hoch ambivalenten Konzepten in der Grundschule zählt (Feindt & Arndt, 2021), wird diese traditionell beim Übergang von der Grundschule in weiterführende Schulen als ein meritokratisch legitimiertes und weithin akzeptiertes Kriterium gesellschaftlicher Vergabepraktiken angesehen. Die vermeintliche Gerechtigkeit des

Kriteriums schulischer Leistungen lässt sich jedoch angesichts vielfältiger Befunde aus der Bildungsforschung hinterfragen. Leistungsheterogenität ist deshalb nicht eine Heterogenitätsdimension unter anderen, sondern tangiert die Grundfesten unserer Gesellschaft: Seit ihrer Gründung im Jahr 1919 ist die Grundschule mit der demokratischen Idee einer chancengleichen Förderung aller Kinder verbunden (Götz, 2019).

Dieser Themenband wendet sich speziell an Lehramtsstudierende, Lehrpersonen in Schule und der Lehramtsausbildung mit dem Ziel, ein vertieftes Verständnis von Leistungsheterogenität zu gewinnen, sich mit dieser im Grundschulunterricht reflexiv auseinanderzusetzen, sie in ihren Ambivalenzen zu verstehen und eigene Unterrichtskonzeptionen zu erweitern. Der Band folgt keiner einzelnen wissenschaftlichen Perspektive, sondern versucht, das Thema Leistungsheterogenität multiperspektivisch zu erschließen, indem »*facettenreiche, einander ergänzende Perspektivenkonstellationen*« (Prengel, 2017, S. 146) zueinander in Beziehung gesetzt werden. In diesem Sinne fließen verschiedene Forschungszugänge, Sichtweisen und Befunde in diese Überblicksdarstellung ein.

Im ersten Kapitel werden ausgewählte historische Fallbeispiele für den schulischen Umgang mit Leitungsheterogenität seit der frühen Neuzeit vorgestellt. Der Blick in die Bildungsgeschichte offenbart, dass es in der »*langandauernden, hochkomplexen und nicht linearen Vorgeschichte des Ringens um Bildungsbeteiligung*« (Lindemann, Link, Prengel & Schmitt, 2020, S. 4) schon immer Lehrpersonen sowie bildungspolitische Akteurinnen und Akteure gab, die danach fragen, wie mit der Unterschiedlichkeit der Kinder pädagogisch und didaktisch umzugehen ist. Einige ihrer Positionen kehren in modernisierter Weiterentwicklung in aktuellen bildungsadministrativen Dokumenten wieder (▶ Kap. 1).

Im zweiten Kapitel wird der Begriff der Heterogenität genauer konturiert. Es erfolgt eine Einordnung und Abgrenzung von ähnlichen Begriffen wie Variabilität, Differenz, Diversität und Intersektionalität, die über interdisziplinäre Diskurse Eingang in die Erziehungswissenschaft fanden. Auf diesem Wege sollen unterschiedliche Dimensionen des Konstrukts Leistungsheterogenität sowie deren Interdependenzen und vielfältigen Wirkungen auf Lernen sichtbar werden. Dabei sind auch jene Folgen in den Blick zu nehmen, die von der Institution Grundschule und ihren professionellen Akteurinnen und Akteuren bewusst oder unbewusst mitverursacht werden (▶ Kap. 2).

Da der Fokus dieses Buches auf der Leistungsheterogenität liegt, ist das pädagogische Leistungsverständnis der Grundschule – auch in Abgrenzung von anderen Leistungsbegriffen – zu definieren. Infolge der Ratifizierung der Behindertenrechtskonvention in Deutschland im Jahr 2009 ist dabei zu klären, wie Grundschule dazu beitragen kann, Kinder beim Erreichen ihrer individuell bestmöglichen Leistung zu unterstützen und mit ihren unterschiedlichen Leistungen anzuerkennen (▶ Kap. 3).

Für ein vertieftes Verständnis von Leistungsheterogenität erfolgt im vierten Kapitel eine Auseinandersetzung mit Modellen und Faktoren, die zur Erklärung von Leistungsunterschieden herangezogen werden. Die dazu vorliegenden Forschungsbefunde stellen einen Ansatzpunkt dar, Antworten auf die Fragen nach einem pädagogisch angemessenen Umgang mit Leistungsheterogenität und mit Bildungsungleichheit zu finden (▶ Kap. 4).

Leistungsheterogenität wird sowohl als Bereicherung als auch als pädagogische Herausforderung, Belastung oder Überforderung betrachtet. Diesen Herausforderungen ist auf den verschiedenen Ebenen des Schulsystems zu begegnen. Ein Fokus des Kapitels liegt auf dem Unterricht als dem zentralen Ort, an dem Leistungsheterogenität pädagogische und didaktische Antworten einfordert (▶ Kap. 5).

Die Kapitel sind aufeinander aufbauend geschrieben, können aber unabhängig voneinander gelesen werden. Querverweise und Beispielkästen sollen das Verständnis unterstützen. Ausgewählte weiterführende Aspekte sind in Exkursen (online abrufbar, durch eine Weltkugel am Seitenrand gekennzeichnet) skizziert. Am Ende jedes Kapitels helfen Fragen zur Reflexion, die Inhalte zu rekapitulieren.

Einleitung

Danken möchte ich an dieser Stelle den vielen Kolleginnen und Kollegen, die mich bei der Arbeit an dem Buch unterstützt haben. Mein besonderer Dank gilt Annedore Prengel und Margarete Götz, die mir zahlreiche Anregungen zu ausgewählten Kapiteln zurückmeldeten, Sanna Pohlmann-Rother und Sarah Désirée Lange für ihr anregendes Feedback als Herausgeberinnen, Kerstin Weissenberger als inspirierende Redakteurin, meiner Mitarbeiterin Miriam Beier für die Grafiken, meinem Mitarbeiter Eric Kanold für seine kritischen Hinweise, der studentischen Hilfskraft Julia Ulrich sowie meinem Vater Klaus Liebers für die aufmerksame Prüfung der Druckvorlage.

1

Leistungsheterogenität im Unterricht der Grundschule – (k)ein neues Phänomen?

Die Frage danach, wie mit unterschiedlichen Leistungsvoraussetzungen und -potenzialen im Unterricht umgegangen werden kann, wird in der Pädagogik seit Jahrhunderten gestellt. Im diachronen Verlauf wurden verschiedene Antworten gegeben, die vor dem Hintergrund zeithistorischer Kontexte, gesellschaftlicher Konstellationen sowie der Sinnhorizonte ihrer Protagonistinnen und Protagonisten zu erschließen und zu verstehen sind. Nachfolgend werden ausgewählte ideen- und institutionengeschichtliche Ansätze für den pädagogischen Umgang mit Leistungsheterogenität aufgezeigt. Mit den ausgewählten Fallbeispielen soll für die aktuelle

1 Leistungsheterogenität im Unterricht der Grundschule

grundschulpädagogische Heterogenitätsdebatte eine historische Vergewisserung geleistet werden, die bislang weitgehend vernachlässigt oder gar gänzlich ignoriert wurde.[1] Der Rückblick setzt mit der frühen Neuzeit ein (▶ Kap. 1.1), beleuchtet die Epoche des frühen 20. Jahrhunderts (▶ Kap. 1.2) und die des späten 20. Jahrhunderts (▶ Kap. 1.3). Den Abschluss des Kapitels bilden ein Fazit zu den (Dis-)Kontinuitäten und die aktuellen Positionen der KMK (▶ Kap. 1.4).

1.1 Frühe Neuzeit und beginnende Moderne

Im Zuge der Reformation werden in den deutschen Fürstentümern erste Schulordnungen erlassen, mit denen die Einrichtung von Elementarschulen für Kinder in Städten und Dörfern gefordert wird.[2] Viele dieser frühen Bestrebungen wurden durch den Dreißigjährigen Krieg zunichte gemacht. Nach dessen Ende verbreiteten sich erneut Forderungen nach einem Schulbesuch für »*alle Kinder, Knaben und Mägdelein, so wol in Dörffern, als in Städten [...]*« (Gothaer Schulmethodus von Herzog Ernst den Frommen, zit. nach Baltzer, 1904, S. 106). Im Zuge dieser Entwicklungen wurde beispielsweise im 17. Jahrhundert von Comenius dargelegt, wie den unterschiedlichen Lernvoraussetzungen von Kindern, auch solchen mit Behinderungen, mittels differenzierter Lernangebote in einer gemeinsamen Schule didaktisch Rechnung getragen werden kann

---

1 Die Darstellung stützt sich auf Quellen, die pädagogische Originaltexte der Vergangenheit beinhalten, die die Verschiedenheit von Kindern explizit thematisieren, in ihren (schul-)pädagogischen Konsequenzen programmatisch verdichten und in der konkreten Umsetzung veranschaulichen.
2 Z.B. *Kursächsische Schulordnung* 1528, *Braunschweigische Schulordnung* 1528, *Schulordnung für die Kurmark Brandenburg* 1573 oder die *Schulordnung für Bayern* 1659 (Baltzer, 1904).

(▶ Kap. 1.1.1), mit welchen Organisationsformen den unterschiedlichen Lernbedürfnissen den Kindern aller Stände in einer ländlichen Musterschule im 18. Jahrhundert pädagogisch und strukturell entsprochen werden kann (▶ Kap. 1.1.2) oder welche Formen differenzierten Unterrichts in den zunehmend überfüllten einklassigen Volksschulen im 19. Jahrhundert erprobt wurden (▶ Kap. 1.1.3).

1.1.1 Eine Schule für alle – Adelige und Bürgerliche, Reiche und Arme, Knaben und Mädchen

Nach den verheerenden Jahren des Dreißigjährigen Krieges, als ein Schulbesuch für die meisten Kinder mangels rechtlicher Grundlagen und eines für alle zugänglichen Bildungswesens gar nicht möglich war,[3] forderte der Philosoph, Pädagoge und Theologe Johann Amos Comenius (1592–1670) Bildung für alle Menschen. In Bildung sah er den Weg zur Verbesserung einer ins Chaos gestürzten Welt, weil mit weisen Menschen »*die Welt [...] voll Ordnung, Licht und Frieden*« sei (Comenius, 1657/1964, S. 8). Bildung setzte er in seiner Schrift *didacta magna* gleich mit dem Weg zur menschlichen und gottesebenbildlichen Vollkommenheit: »*Alle, die als Menschen geboren sind, sind zu demselben Hauptzwecke geboren, daß sie Menschen sein sollen, d. h. vernünftige Geschöpfe [...] und ein Ebenbild ihres Schöpfers*« (Comenius, 1658/1912, S. 54). Comenius betonte ein Recht auf Bildung unabhängig von regionaler und sozialer Herkunft oder Geschlecht:

> »Nicht nur die Kinder der Reichen oder der Vornehmen, sondern alle in gleicher Weise, Adelige und Bürgerliche, Reiche und Arme, Knaben und Mädchen, in großen und kleinen Städten, in Flecken und Dörfern, sind zur Schule heranzuziehen« (a. a. O.).

---

3 Ein Großteil der Kinder musste auf den Feldern arbeiten und zum Lebensunterhalt der Familie beitragen.

Dieses Recht erweiterte Comenius in seiner *Pampaedia* (1657/1964) auf die Kinder *aller Völker*. In einer Zeit, in der nur die wenigsten Kinder, zumeist die der oberen Stände, eine Schule besuchten oder Hausunterricht erhielten, war eine solche Utopie nahezu revolutionär und mutet aus heutiger Sicht sensationell an (Lindemann, Link, Prengel & Schmitt, 2020, S. 5). Mögliche Einwände gedanklich vorwegnehmend führt Comenius aus, dass Kinder sich in ihren körperlichen und geistigen Kräften unterscheiden und verschiedene Schwächen haben können (»*Blindheit, Taubheit, Lahmheit, Kraftlosigkeit*«, »*Gehirnschwäche*«, Comenius, 1658/1912, S. 72), welche selten angeboren, sondern eher durch menschliches Zutun zugezogen seien. Er verweist auf die Verschiedenheit der natürlichen Anlagen, von denen »*die einen scharf, die anderen stumpf, die einen weich und nachgiebig, die anderen hart und unbeugsam sind, die einen begierig nach Wissenschaft, die anderen mehr für mechanische Fertigkeiten eingenommen*« (a. a. O., S. 74.). Zudem betont er die möglichen »*sechsfachen Mischungen*« dieser natürlichen Anlagen in einer Person, die von ihm dann weiter beschrieben werden (a. a. O., S. 74 f.). Aus seinen Grundannahmen leitet er eine Unterrichtslehre ab, mit der »*die gesamte Jugend, welche doch von so ungleicher Beschaffenheit ist, nach ein und derselben Methode unterwiesen und gebildet werden könne*« (a. a. O., S. 76). Dies begründet er damit, dass »*alle Menschen, wie sie auch immer in ihren Anlagen auseinandergehen, [...] doch eine und dieselbe, mit den nämlichen Organen ausgerüstete Menschennatur*« besäßen und diese »*Verschiedenheit der Anlagen [...] nichts anderes (ist) als ein Übermaß oder ein Mangel bezüglich der natürlichen Harmonie [...]*« (a. a. O.).

Seine Universalmethode untersetzte Comenius (1657/1964) mit *sieben Schulen* zur stufenweisen Vollendung des Menschen, denen er alterstypische Lernaufgaben zuordnete. Zugleich legte er einen Vorschlag vor, wie den unterschiedlichen Fähigkeiten von *Anfängern, Fortgeschritten* und *Fertigen* innerhalb der gleichen Klasse mit nach Schwierigkeit gestuften Aufgaben in den Schulbüchern entsprochen werden kann (siehe Beispielkasten). Nicht zuletzt sprach er sich für individuell angemessene Lerninhalte aus:

»Wie nämlich die Natur der Kräuter, der Bäume, der Tiere verschieden ist, wie das eine so, das andere anders behandelt sein will und nicht alles gleichmäßig dieselbe Verwendung zulässt: so ist es auch mit den Köpfen der Menschen. Es fehlt zwar nicht an glücklichen Köpfen, welche überall eindringen, aber es fehlt auch an solchen nicht, welche bei gewissen Gegenständen erstaunlich im finstern tappen« (Comenius, 1658/1912, S. 155).

Comenius' Vorschlag für gestufte Schulbuchtexte

»Die Schulbüchlein sollen nämlich so gedruckt werden, daß derselbe Text den Anfängern, den Fortgeschrittenen und den Fertigen dienen kann; für die einzelnen Stufen sollen also keine besonderen Ausgaben hergestellt werden [...]. Das kann erreicht werden, wenn durch verschiedene Drucktypen im Text selbst die Aufgaben verteilt werden. Was die Anfänger lesen und auswendig lernen sollen, wird mit Großbuchstaben gedruckt, was für die Fortgeschrittenen bestimmt ist, in Antiqua, was den Fertigen zugemessen ist, kursiv. Z.B.

GOTT, *dieser Anfang ohne Anfang, die Quelle alles dessen, was ist,* wollte die Erhabenheit seiner unendlichen Macht, Weisheit und Güte offenbaren und SCHUF daher aus dem Nichts diese sichtbare WELT *und schmückte sie mit den schönsten Geschöpfen in unendlicher Mannigfaltigkeit als ein wunderschönes Schauspiel seiner ewigen Schönheit, seines Reichtums und seiner Freundlichkeit.*

Laß die Anfänger nur das mit Großbuchstaben Gedruckte lesen; sie haben dann in einem aus drei Worten bestehenden Satz den Kern des Spruches vor sich: ›GOTT SCHUF DIE WELT‹. Der Fortgeschrittene soll dasselbe lesen und das in Antiqua Gedruckte hinzunehmen, er bekommt dann einen erweiterten Satz: ›GOTT wollte die Erhabenheit seiner unendlichen Macht, Weisheit und Güte offenbaren und SCHUF daher aus dem Nichts diese sichtbare WELT.‹ Wenn das Ganze der Reihe nach gelesen wird, ergibt sich schließlich ein reiches Satzgefüge« (Comenius 1657/1964, S. 40f.).

1.1.2 Gleiche Bildsamkeit von Kindern niederer und höherer Stände

Im 18. Jahrhundert wurde infolge zunehmender Schulpflichtregelungen[4] in den deutschen Fürstentümern und Königreichen eine wachsende Anzahl zumeist einklassiger öffentlicher Elementarschulen eingerichtet. In diesen erwarben die Kinder der unteren Stände unter teilweise armseligsten Bedingungen und nur selten mit ausgebildeten Lehrkräften Gottesfürchtigkeit, Obrigkeitshörigkeit und elementare Kenntnisse im Lesen und Schreiben, zuweilen auch im Rechnen. In den einklassigen Schulen waren zumeist vier bis acht Jahrgänge in einer Klasse und in einem Raum zusammengefasst. Weit verbreitet war ein kollektiver Einzelunterricht, bei dem Kinder einzeln zur Lehrperson vortraten und ihren Lernstoff vortrugen (*individuelles Überhören*), während die anderen in Stillarbeit arbeiteten (Liebers, 2008).

Zunehmend mehr aufgeklärte Lehrer und Schulmänner sahen sich mit den Unzulänglichkeiten einer solchen Schule und ihrer pädagogischen Ziele und Methoden auch mit Blick auf die Unterschiedlichkeit von Kindern konfrontiert. Ernst Christian Trapp (1745–1818), der als ein führender Philanthrop[5] auf dem ersten Pädagogiklehrstuhl Deutschlands in Halle an der Saale lehrte, schrieb in seinem »*Versuch einer Pädagogik*«:

> »Immer wird der Erzieher das Problem aufzulösen haben: [...] Wie machst du aus einem jeden Kopf und Herzen, was daraus werden kann? [...] Und besonders wie hast du dies alles anzufangen bey einem Haufen Kinder, de-

---

4 Die meisten der Schulordnungen verstehen unter Schulpflicht eine Unterrichtspflicht, der auch durch Hauslehrer genügt werden konnte, jedoch noch keine Schulbesuchspflicht. Erst ab Ende des 19. Jahrhunderts besuchten die meisten Kinder eine Schule (Tenorth, 1988).
5 Philanthropie kennzeichnet eine pädagogische Strömung im Kontext der Aufklärung, in der Menschenliebe, Toleranz und sittliche Herzensbildung wesentliche Eckpunkte neben einer aufgeklärten Bildung darstellen (Overhoff, 2001).

ren Anlagen, Fähigkeiten, Fertigkeiten, Neigungen, Bestimmungen verschieden sind, die aber doch in einer und eben derselben Stunde von dir erzogen werden sollen?« (Trapp, 1780, S. 15).

Die Lösungen, die für dieses Problem an der ersten philanthropischen Musterschule in Reckahn (Mark Brandenburg) gefunden wurden, waren für ihre Zeit einmalig und fanden europaweite Beachtung (Schmitt & Tosch, 2001). Der Patronatsherr Friedrich Eberhard von Rochow (1734–1805) und seine Frau Christiane Louise bekannten sich, entgegen vorherrschender Denkmuster der ständischen Gesellschaft, zu den Ideen der Aufklärung und der Gleichheit aller Menschen:

> »Menschen nicht tolerieren, weil sie verschieden sind an Hautfarbe, Kleidung, Sitten und über ihre Art, sich das Verhältnis der Menschen mit Gott vorzustellen [...], das ist mir ein unbegreifliches Rätsel« (Rochow, 1792, zit. nach Lindemann, Link, Prengel & Schmitt, 2020, S. 5).

Schon 1772 äußerte Rochow in seinem *Versuch eines Schulbuchs für Kinder der Landleute oder zum Gebrauch in Dorfschulen* den für seine Zeit revolutionären Gedanken der Bildsamkeit aller Menschen unabhängig von deren ständischer Herkunft, mit dem er die gegebene gesellschaftliche Ordnung infrage stellte: »*Ich denke doch nicht, [...] daß man den Verstand eines Bauernkindes und seine Seele für Dinge einer andern Gattung hält als den Verstand und die Seelen der Kinder höherer Stände*« (Rochow, 1772, zit. nach Sandfuchs, 2001, S. 168).

Als Konsequenz richtete das Paar 1773 eine schulgeldfreie Schule für alle Kinder des Dorfes ein, in der Mädchen und Jungen, unabhängig von Stand, Konfession und Geschlecht gemeinsam in zwei nach Alter und Fähigkeiten differenzierten Klassen unterrichtet wurden. Das Aufrücken in die nächsthöhere Klasse erfolgte in Abhängigkeit vom individuellen Lernfortschritt (siehe Beispielkasten).

> **Leistungsdifferenziertes Anfangslernen in der zweiklassigen Dorfschule Reckahn (ab 1773)**
> Der angehende Lehrer Carl F. Riemann beschreibt in seinen Hospitationsberichten aus dem Unterricht in der Dorfschule Reckahn (1781) ein System differenzierten Lernens und flexiblen Verweilens in den zwei Klassen der Dorfschule. In der Anfangsklasse lernten Kinder bis zum fertigen Lesen. Diese Klasse wurde in zwei Abteilungen aufgeteilt, wobei die größeren den kleineren Kindern helfen sollten, aber auch eigene Lernaufträge erhielten. »*Der Unterricht der Allerkleinsten [...] dauert nicht mehr als eine Stunde*« (Riemann, 1798, S. 30). Je nach Lernfortschritt der Kinder konnten diese dann in die höhere Klasse aufrücken, wenn sie »*alle Vorerkenntnisse haben, die sie zur höheren Klasse tüchtig machen [...]. Auch müssen die Versetzungsfähigen schon ein halbes Jahr zuvor [...] zeitweise am Unterricht der höhern Klasse teilnehmen*« (a. a. O., S. 33). Ebenso ließ man die »*unfähigen oder nachlässigeren, wenn sie auch älter seyn und ebenso lange in der unteren Classe gesessen haben sollten, als andere, die versetzungsfähig befunden wurden, lieber noch ein Jahr, auch wol länger zurück*« (Riemann, 1798, S. 116).

1.1.3 Differenzierte Formen des Volksschulunterrichts

Bis zur Mitte des 19. Jahrhunderts lernten Kinder in überwiegend einklassigen Volksschulen, in denen nicht selten bis zu 120 Kinder und Jugendliche unterschiedlichen Alters in einer Klasse waren.[6] Um unter diesen Bedingungen Lernen überhaupt zu ermöglichen, wurden verschiedene Formen von Abteilungsunterricht entwickelt.

---

6 Viele Kinder arbeiteten im frühen 19. Jahrhundert bis zu 15 Stunden tagtäglich in Fabriken und besuchten keine Schule (Herrlitz, Hopf, Titz & Cloer, 2009).

1.1 Frühe Neuzeit und beginnende Moderne

So fand die *wechselseitige Unterrichtung* mit einer frühen Form von Tutoren, die kleinere Gruppen anleiteten, in Deutschland einige Verbreitung. Diese wurde von Christian G. Zerrenner nach englischem Vorbild übernommen (Liebers, 2008). Die Formen des heutigen Klassenunterrichts mit überwiegend gleichaltrigen Kindern setzten sich in Deutschland erst im Zuge der zweiten Industrialisierung zunächst in den großen Städten und sehr viel später auch auf dem Lande durch. Die neue Lehrorganisation, bei der alle Kinder – ausgehend von einem gedachten mittleren Niveau – im gleichen Tempo mit gleichen Methoden an gleichen Inhalten lernten, wurde als erfolgversprechender Weg von allen Beteiligten angesehen (Tenorth, 1988). Viele Kinder konnten jedoch im gleichschrittigen Jahrgangsklassenunterricht nicht erfolgreich lernen. Deshalb wurden Formen äußerer Differenzierung innerhalb der Volksschule entwickelt, wie z. B. das *Mannheimer Schulsystem*. In diesem wurden ab 1907 Kinder am Schulanfang nach Leistungen in A-, B- oder C-Züge eingeteilt und dementsprechend auf drei verschiedenen Lernniveaus unterrichtet. Dahinter stand Joseph Anton Sickingers (1858–1930) Idee,

> »dass der Besuch der gleichen, nämlich der einen öffentlichen Schule nicht mechanisch gleiche Schulung für alle, sondern vielmehr, damit allen Kindern das von der Schule verheißene gleiche Recht tatsächlich zuteil werden kann, gleiche Möglichkeit für jedes Kind bedeutet, einen gleich guten, d. h. einem seinen individuellen Kräftemaß und Entwicklungstempo entsprechenden und deshalb geistiges Wachstum verbürgenden Unterricht zur erhalten« (o. J., zit. nach Saupe 1929, S. 249).

Klassenwiederholungen sollten ermöglichen, das Klassenziel ein Jahr später zu erreichen. Ab dem späten 19. Jahrhundert bildeten sich Förder- und Hilfsklassen sowie später die Hilfsschulen heraus (siehe Exkurs 1 – Herausbildung verschiedener Sonderschulen). In diese wurden Kinder überwiesen, die an den Leistungsanforderungen der Volksschule scheiterten. Hilfsschulen wurden einerseits als individuelle Hilfe und Schonraum gesehen, andererseits lag ihre Funktion darin, die Volksschulen von lernschwachen Kindern zu entlasten. Bereits in der Gründungszeit der Hilfsschulen waren es vor allem Kinder der unteren sozialen Schichten, die pathologisiert und stigmatisiert wurden (Liebers, 2008):

> »Für die Volksschule bedeutet die Hilfsschule Befreiung von schwachbegabten Schülern, die den Unterrichtsfortschritt hemmen und die Stimmung herabdrücken. [...] Es werden dann z. B. blutarme ›Schlafmützen‹, skrofulöse und tuberkulöse ›Faulpelze‹, choreatische ›Ruhestörer‹ und epileptische ›Bettnässer‹ nicht mehr unverdienterweise getadelt, bestraft und verachtet, sondern als Kranke behandelt« (Die deutsche Hilfsschule, 1908, S. 4).

Die Volksschule sollte mit den homogenisierenden Maßnahmen stabilisiert und effizienter werden; nur diejenigen Kinder verblieben in den Klassen, die den Anforderungen weitgehend reibungslos genügten, häufig mittels körperlicher Züchtigung. Neben Befürwortern gab es aber auch Kritiker, die ein auf Drill, Auswendiglernen und Aussonderung beruhendes Schulsystem ablehnten. Sie versuchten, Kinder in ihrer Individualität besser zu verstehen, und entwickelten Ideen eines kindgerechteren, Hand, Herz und Kopf fordernden Lernens in unterschiedlich begründeten reformpädagogischen Ansätzen (siehe Exkurs 2 – Reformpädagogik). Bis 1918 gab es nur einzelne Volksschulen, die solche Programme in den unteren Klassen tatsächlich auch praktisch umsetzten. Zu den Vorreitern zählten die Versuchsklassen im *Roten Königreich* Sachsen: Der Leipziger Lehrerverein erprobte in den Jahren 1911 bis 1913 in 24 Klassen mit insgesamt 1.400 Kindern kindgerechte und arbeitsschulorientierte Gesamtunterrichtsmodelle für den Anfangsunterricht (LLV, 1925; ▶ Abb. 1), ebenso wie die sieben Chemnitzer Versuchs- und Elementarklassen oder die 16 Dresdner Versuchsschulklassen (jeweils 1912–1914) (Liebers & Urban, 2021; Pehnke, 1998, Schmitt, 1993).

Abb. 1: Kinder in der 54. Volksschule Leipzig-Connewitz (Foto: Kammer, 1925)

1.2 Frühes 20. Jahrhundert

Nach der Novemberrevolution 1918 wurde das nach Ständen gegliederte Bildungswesen in der Weimarer Reichsverfassung formal außer Kraft gesetzt. In der Weimarer Republik sollte die individuelle Schulleistung in einer für alle Kinder gemeinsamen Grundschule zum zentralen Kriterium für den weiteren Bildungs- und Lebensweg werden (▶ Kap. 1.2.1). Im nachfolgenden Nationalsozialismus wurde die Idee einer gemeinsamen Volksschule – allerdings nur für *gesunde arische* Kinder – propagiert und durch Auslese und *Euthanasie* konterkariert (▶ Kap. 1.2.2).

1.2.1 »Freie Bahn jedem Tüchtigen« – eine Grundschule für alle Kinder

Mit einer obligatorischen Grundschule für alle Kinder sollte in der Weimarer Republik das Fundament für ein darauf aufbauendes mittleres und höheres Schulwesen gelegt und das demokratische Gleichheitsversprechen der ersten deutschen Demokratie für die schulische Bildung eingelöst werden (WRV, 1919, Absatz 143–146). Gleichwohl schränkte 1920 der Weimarer Schulkompromiss die ursprüngliche Idee einer achtjährigen Einheitsschule für Kinder aller sozialen Klassen und Konfessionen von Anfang an deutlich zugunsten einer vierjährigen Grundschule ein (Götz, 2019; Sandfuchs & Dühlmeier, 2019). Der Zugang zu Bildung sowie beruflichen und gesellschaftlichen Positionen sollte nicht mehr länger von der Herkunft abhängen: »*Freie Bahn jedem Tüchtigen*« lautete das Motto des Deutschen Lehrervereins (Tews, 1919, zit. nach Miller, 2019, S. 107). Das bislang vorherrschende Ständeprinzip sollte durch das meritokratische Prinzip ersetzt werden (siehe Exkurs 3 – Meritokratisches Prinzip), nach welchem die individuelle Leistung als alleiniges Kriterium für den Bildungsweg gilt (Prengel, 1993/2019, Götz, 2019).

Die angestrebte fähigkeitsorientierte Förderung aller Kinder in der Grundschule führte zugleich zur Entwicklung und Verbreitung von Maßnahmen einer fähigkeitsorientierten Platzierung: Schulreifeuntersuchungen sollten dazu beitragen, dass Kinder erst dann in die Grundschule aufgenommen werden, wenn sie die für erforderlich gehaltenen Voraussetzungen mitbringen. Mittels Schülerbeobachtungsbogen sollten lernschwache Kinder bis zum Ende des zweiten Schuljahres erkannt werden. Für den Besuch der Höheren Schulen wurden gutachterliche Empfehlungen der Grundschullehrpersonen und zum Teil auch Testaufgaben eingeführt (Liebers, 2015). Leistungsspannen von bis zu drei Lernjahren in den Anfangsklassen wurden von zahlreichen Lehrpersonen beobachtet. Diesen Leistungsunterschieden wurde mithilfe leistungsdifferenzierter Klassen Rechnung getragen. In ca. 150 Städten wurden das Mannheimer Schulsystem der A-, B- und C-Züge eingeführt (▶ Kap. 1.1.3; Saupe, 1929). Hinzu kamen weitere regionale Varianten von leistungsdifferenzierten Normal- und Förderklassen. Bis auf wenige Ausnahmen wurde kein Zweifel daran gelassen, »*dass die ›anormalen‹ Kinder schon im ersten Schuljahr aus der Gemeinschaft herauszunehmen und in die Hilfsschulen zu überführen seien*« (Hamburger Lehrerrat, 1919, zit. nach Liebers, 2008, S. 57).

Gleichzeitig gingen reformpädagogisch begründete Ideen der Anerkennung von Individualität und Selbsttätigkeit in die allgemeinen Ansprüche an die Unterrichtsgestaltung ein (siehe Exkurs 2 – Reformpädagogik) (Götz & Sandfuchs, 2014). Kindereigene Arbeitswege wurden ebenso hervorgehoben wie eine Vielzahl psychologischer und didaktischer Stufenmodelle, mit deren Hilfe individuelle Lernvoraussetzungen erfasst und im Unterricht berücksichtigt werden sollten (Liebers, 2015).

1.2.2 Volksschule als Ort der »*Auslese und Ausmerze*«

Unter der nationalsozialistischen Herrschaft wurde die Grundschule institutionell umgewandelt in die unteren vier Jahrgänge der Volksschule (Götz, 1997). Die Volksschule hatte die Aufgabe, »*die deutsche Jugend zur Volksgemeinschaft und zum vollen Einsatz für Führer und Nation zu erziehen*« (Erlaß zur Einführung der Richtlinien für die unteren Jahrgänge der Volksschule vom 10.4.1937, zit. nach Fricke-Finkelnburg, 1989, S. 25). Der Reichsminister für Wissenschaft, Erziehung und Volksbildung brüstete sich gar, als erster die *wahre Gemeinschaftsschule* für alle Kinder des Volkes verwirklicht zu haben, indem er private Vorklassen endgültig verbot (Apel & Kluger, 2000). Reformpädagogische Schulen wurden überwiegend geschlossen, weil diese den neuen Ideen der Erziehung für die deutsche Volksgemeinschaft im Wege standen. Als Folge der Rassedoktrinen der Nationalsozialisten sollte der Regelunterricht *gesunden arischen* Kindern vorbehalten sein (Richtlinien für die Volksschule, 1940). Aus rassistischen und ableistischen Gründen wurden somit ganze Bevölkerungsgruppen aus Gesellschaft und Volksschule ausgegrenzt (siehe Beispielkasten). Das betraf u. a. als »*asozial*«, »*erbkrank*«, »*minderwertig*« »*fremdrassisch*«, »*fremdvölkisch*« oder »*gemeinschaftsfremd*« herabgewürdigte Menschen (Götz, 1997; Harten, Neirich & Schwerendt, 2006, S. 4f.).

> **»Die Selbstausrottung der begabten Stämme«**
> Der sächsische Volksbildungsminister Wilhelm Hartnacke (1878–1952), zuvor Schulrat in Dresden, attackierte in Schriften wie *Bildungswahn-Volkstod* (1932) oder *Die Selbstausrottung der begabten Stämme* (1938) das Weimarer Schulsystem aufs Schärfste und forderte eine frühzeitige Auslese der »*Menschen geistiger Leistungskraft*« sowie die »*Züchtung*« eines »*politischen Bildungsadels*« (Hartnacke, zit. nach Harten, Neirich & Schwerendt, 2006, S. 10).
> Alfred Eydt (1907–1941), Leipziger Volksschullehrer und Dozent für Rassenlehre an der Hochschule für Lehrerbildung Dresden, sah in der Volksschule einen Ort der »*Auslese und Ausmerze*«, »*denn durch verschärfte Leistungsanforderungen könne die Volksschule zum zentralen Ort für das Erkennen der ›Minderbegabten und Schwachsinnigen‹ werden, die in die Hilfsschule als Sammelbecken der potentiellen Sterilisierungskandidaten auszusondern seien*« (a. a. O.).

Ab 1933 wurden sogenannte *fremdrassige* Kinder und *Mischlinge* schrittweise aus den öffentlichen Schulen gedrängt. Jüdische Kinder sollten ab 1937 in jüdischen Sammelklassen von ausschließlich jüdischen Lehrpersonen unterrichtet werden. Nach der Pogromnacht wurde verfügt, dass

> »Juden der Besuch deutscher Schulen nicht gestattet [ist]. Sie dürfen nur jüdische Schulen besuchen. Soweit es noch nicht geschehen sein sollte, sind alle zur zeit eine deutsche Schule besuchenden Schüler und Schülerinnen sofort zu entlassen« (Bekanntmachung vom 15.11.1938 im Amtsblatt, zit. nach Fricke-Finkelnburg, 1989, S. 271).

Ab 1942 erlosch die Schulpflicht für jüdische Kinder infolge der Deportationen und Ermordung in den Vernichtungslagern. Kinder aus den Volksgruppen der Roma und Sinti konnten von den lokalen Behörden, wenn keine eigenen sogenannten *Zigeunerklassen* vor Ort verfügbar waren, von der Schulpflicht entbunden werden. Ab 1943 wurden auch sie systematisch deportiert und ermordet (Harten, Neirich & Schwerendt, 2006).

Zugleich wurden die Sonder- und Hilfsschulen ab 1935 zur systematischen *»Vorarbeit und Mitwirkung der Schulen bei der Durchführung des Gesetzes zur Verhütung erbkranken Nachwuchses«* (Erlaß des Br. MFB. vom 9.7.1935, enthalten in Hänsel, 2006) verpflichtet. Kinder, welche das zehnte Lebensjahr vollendeten und mit einer genetischen bedingten Krankheit behaftet waren oder in Verdacht standen, behaftet zu sein, waren von ihren Lehrpersonen ebenso zu melden wie Kinder mit *»hochgradig körperlichen oder geistigen Mängeln«* sowie *»schwererziehbare«* und *»erziehungsunfähige«* Kinder und Jugendliche aus Fürsorgeeinrichtungen, Erziehungsanstalten und Jugendschutzlagern. Die Kinder wurden auf diese Weise von ihren Lehrpersonen der Zwangssterilisation und im Falle schwerer Behinderung der Tötung im Rahmen von Euthanasieprogrammen zugeführt (Harten, Neirich & Schwerendt, 2006; Rudnick, 1985).

1.3 Spätes 20. Jahrhundert

In den 1960er Jahren wurde immer offenkundiger, dass die vierjährige Grundschule in Deutschland West[7] *»soziokulturell bedingte Lernhandicaps nicht aufhob, sondern verstärkte«* (Schwartz, 1969, zit. nach Lindemann, Link, Prengel & Schmitt, 2020, S. 9). Ein frühzeitiger Ausgleich herkunftsbedingter Bildungsnachteile durch zusätzliche Fördermaßnahmen wurde deshalb zu einem staatlichen Re-

---

7 Aus Platzgründen können Entwicklungen in der DDR, z.B. zur Vermeidung des Zurückbleibens, nicht mit aufgenommen werden, vgl. dazu u.a. Liebers (2008).

formziel. Den besonderen Bildungsbedarf erklärte der Deutschen Bildungsrat mit schichtspezifischen Defiziten:

> »Unterschichtenfamilien sind häufig durch andere Sprachmuster, körperliche Disziplinierungsmaßnahmen, starke Betonung von Werten wie Ordnung und Sauberkeit und geringere intellektuelle Anforderungen im Vergleich zu Familien der Mittelschicht charakterisiert, was im ganzen dazu führt, dass ein Teil der Kinder der Unterschicht nicht den Anforderungen der Schule gewachsen ist. Beim Eintritt in die Schule und bereits im Kindergarten werden jedoch alle Kinder mit einem Erziehungsverhalten und mit Erziehungszielen konfrontiert, die stärker an den Standards der Mittelschicht orientiert sind« (Deutscher Bildungsrat, 1970, S. 37).

In diese Zeit fielen Modellversuche der Bund-Länder-Konferenz (BLK, 1976) zur kompensatorischen Förderung Fünfjähriger (▶ Kap. 1.3.1) sowie weitere, vom Deutschen Bildungsrat (1970) und der Kultusministerkonferenz (KMK) veranlasste strukturbezogene Modellversuche einer veränderten Schuleingangsphase (▶ Kap. 1.3.2). Ebenso bildeten sich ab 1970 Initiativen von Eltern und weiteren Akteurinnen und Akteuren, die die ersten integrativen Schulversuche erstritten (▶ Kap. 1.3.3.). Mit der *»Pädagogik der Vielfalt«* (Prengel, 1993/2019) wurde das Verhältnis von Gleichheit und Differenz neu definiert und die Denkfigur der egalitären Differenz in den pädagogischen Diskurs eingebracht (▶ Kap. 1.3.4).

1.3.1 BLK-Modellversuche zur kompensatorischen Förderung Fünfjähriger zum Ausgleich unterschiedlicher sozialer Voraussetzungen

In Modellversuchen der Bund-Länder-Kommission für Bildungsplanung (BLK) sollte ein *»Ausgleich der durch unterschiedliche soziale Voraussetzungen bedingten Defizite durch familienergänzende Maßnahmen, die Erleichterung des Übergangs aus der Familie oder dem Kindergarten in den Bereich der Schule«* (BLK, 1976, S. 15) erfolgen. Dazu wurde eine kompensatorische Förderung von Fünfjährigen in Form von bildungsbetonten Spiel- und Lernangeboten in insgesamt 46 verschiedenen Modellprojekten erprobt. Der kompensatorische Ansatz folgte einer leistungshierarchischen und klassistischen Denkfigur, nach der »*Unterschichtkinder durch Förderung die Leistungsnorm einer mittelschichtorientierten Schule erreichen sollen*«.[8]

1.3.2 Schuleingangsstufenmodelle des Deutschen Bildungsrats

Ein weiterer schulstruktureller Ansatz zur Bewältigung herkunftsbedingter Bildungsnachteile wurde vom Deutschen Bildungsrat (1975) in den 1970er Jahren mit der Eingangsstufe in der Grundschule konzipiert. In dieser wurde auf segregative Maßnahmen wie Schulreifeuntersuchungen und Nichtversetzen sowie auf Zensierung verzichtet. Zugleich wurden eine Bildungspflicht und Zuordnung der Fünfjährigen zum Primarbereich in drei verschiedenen Strukturmodellen erprobt, die

> »als gemeinsames Anliegen die Herstellung einer Bildungskontinuität zwischen vorschulischem und schulischem Lernen beanspruchten, sich jedoch in der Dauer der Eingangsstufe wir ihrer institutionellen Zuordnung entweder zum Kindergarten oder zur Grundschule unterschieden« (Deutscher Bildungsrat, 1975, S. 70ff.).

- Modell 1+4: vierjährige Grundschule mit einer vorangestellten einjährigen Vorklasse entweder im Kindergarten oder im Primarbereich
- Modell 2+2: zweijährige Eingangsstufe für Fünf- und Sechsjährige sowie eine darauf aufbauende zweijährige Grundstufe
- Modell 2+3 (favorisiertes Modell): zweijährige Eingangsstufe für Fünf- und Sechsjährige sowie eine daran anschließende dreijährige Grundstufe (a. a. O.)

---

8 Dieser mündliche Kommentar stammt von Margarete Götz.

Diese weit verbreiteten Modelle führten zeitweilig zu einer eigenen *Brückeninstitution* am Schulanfang (Faust, 2006; Hacker, 2004). Die vorliegenden positiven Befunde der wissenschaftlichen Begleitung wurden seinerzeit jedoch als nicht ausreichend angesehen, um eine veränderte Schuleingangsstufe einzuführen (Götz, 2004; Liebers, 2008).

1.3.3 Erste integrative Grundschulen

In den 1970er Jahren bildete sich erstmals eine breite Bewegung von Elterninitiativen, Lehrpersonen und Forschenden (u. a. Muth, 1973; Sander, 1973), die einen gemeinsamen Unterricht für alle Kinder mit und ohne Behinderungen in der Grundschule einforderte. Damit wurde explizit die Akzeptanz von Kindern mit unterschiedlicher Leistungsfähigkeit eingefordert, auch solchen, die bislang institutionell aus der Grundschule ausgeschlossen waren. Zu den führenden Protagonisten zählte der Arbeitskreis Grundschule, der sich auf dem Grundschulkongress 1969 entsprechend positionierte: »*Die Grundschule als Teil des staatlichen, allgemeinbildenden Schulwesens umfasst alle, auch die behinderten Schüler. Das Bildungsziel der Grundschule gilt grundsätzlich für alle Kinder*« (Arbeitsgruppe »Integration oder Ausgliederung?«, 1970, S. 103). Auch der deutsche Bildungsrat positionierte sich 1974 *Zur pädagogischen Förderung behinderter und von Behinderung bedrohter Kinder* und verwies auf die Nachteile einer gesonderten Beschulung für die Integration sowie die Folgen einer Etikettierung und negativen Stigmatisierung. Im Kontext von Grundschulreform und Gesamtschuldebatte setzte eine langandauernde, kontroverse und disziplinübergreifende Diskussion ein, während »*Kinder mit Behinderungen längst ohne größere Probleme an allgemeinen Schulen*« unterrichtet wurden (Schnell, 2003, S. 193). Die Didaktik für den integrativen Unterricht lässt sich kennzeichnen

> »als ein Zusammenwirken von Individualisierung und Differenzierung unter besonderer Berücksichtigung der Gemeinsamkeit. Die meisten der didaktisch-methodischen Arbeitsweisen, die eingesetzt werden, sind nicht

neu, sie gehören vielmehr zu den älteren und jüngeren Erfahrungsschätzen der Reformpädagogik« (Prengel, 1993/2019, S. 166).

Den Anfang bildeten sieben Modellversuche an Grundschulen in Westdeutschland und Berlin (West), die zumeist von Elterninitiativen erstritten wurden, damit ihre Kinder mit Behinderungen auch in der Grundschule weiterhin zusammen mit allen Kindern lernen konnten. Als erste Schule in Deutschland setzte die Montessori-Schule der Aktion Sonnenschein in München gemeinsamen Unterricht um. 1975 richtete die Fläming-Grundschule in Berlin (West) die erste Integrationsklasse an einer öffentlichen Schule ein (Schnell, 2006). Neben verschiedenen Formen von Einzelintegration gab es zunächst zwei Modelle der Integration an Grundschulen, die prototypisch mit den Schulnamen der beiden Berliner Grundschulen verbunden sind, an denen diese erprobt und wissenschaftlich begleitet wurden:

- Typ 1 – Flämingschule: überregionales Modell, 75 Prozent der Kinder haben keine Behinderung und kommen aus dem Einzugsbereich, 25 Prozent der Kinder haben Behinderungen und kommen aus dem weiteren Umkreis (Projektgruppe Integrationsversuch, 1988)
- Typ 2 – Uckermarkschule: wohnortnahes Modell, alle Kinder kommen aus dem Schuleinzugsbereich, Klassen setzen sich zumeist aus 18 Kindern ohne und 2 Kindern mit Behinderungen zusammen (Heyer, Preuß-Lausitz & Zielke, 1990, Prengel 1993/2019)

Weitere Integrationsklassen folgten 1981/82 in Bonn Friesdorf, 1982/83 in Königstädten-Rüsselsheim (Hessen) sowie 1983/84 in Hamburg (Schnell, 2006).

1.3.4 Pädagogik der Vielfalt

1989 legte Annedore Prengel ihre Schrift *Pädagogik der Vielfalt* (erschienen 1993/2019) vor, in der sie das Verhältnis von Gleichheit und Differenz bzw. Verschiedenheit untersuchte. Basierend auf den Erkenntnissen der postmodernen Philosophie und der Kritischen Theorie sowie damaligen Konzeptionen feministischer, interkultureller und integrativer Pädagogiken arbeitete sie die »*vielschichtige intrapersonelle und intrakollektive Heterogenität, die unablässige Veränderung aller Einzelnen und Gruppierungen in der Zeit sowie die Bedeutung gleichzeitig existierender pluraler Gruppenzugehörigkeiten*« heraus (Prengel, 1993/2019, S. VIII). Als zentrales Momentum gilt die *Unbestimmbarkeit des Menschen*, welches als anthropologisches Faktum die Pädagogik der Vielfalt prägt. Deren Legitimation wird aus den universellen Menschenrechten hergeleitet.

Mit diesem prinzipiell wertschätzenden und anerkennungstheoretischen Verständnis von Verschiedenheit korrespondiert die Denkfigur der egalitären Differenz als einer normativen Idee für demokratische Gesellschaften. Nach dieser sind festgestellte Unterschiede zwischen Menschen als Verschiedenheit anzuerkennen, ohne dass daraus zugleich hierarchisierende Bewertungen abgeleitet oder Gruppen ausgeschlossen werden. Eng damit verbunden ist »*eine ›intersubjektive Anerkennung‹ jeder einzelnen Person in ihrer je einmaligen Lebenslage*« (a. a. O., S. 56), mit der der Verschiedenheit von Menschen pädagogisch Rechnung getragen werden soll. Darauf basierend entstanden 17 Thesen, um einen gleichberechtigten Zugang aller Kinder »*zu den materiellen und personellen Ressourcen der Schule zu schaffen, um auf der Basis solcher Gleichberechtigung die je besonderen vielfältigen Lern- und Lebensmöglichkeiten zu entfalten*« (a. a. O., S. 194).

Die Pädagogik der Vielfalt betont eine explizite Wertschätzung der Leistungsheterogenität von Kindern, einen mehrperspektivischen Blick auf ihre Schulleistungen sowie eine Didaktik der Anerkennung heterogener Lernwege, womit wesentliche Bausteine für spätere inklusive Unterrichtskonzepte bereitstanden. Ihre Reichweite erzielt sie nach Trautmann und Wischer vielleicht gerade deshalb, weil sie »*unverkennbar egalitär-utopistische Züge*« trägt und sich »*grundsätzlich gegen jedwede Über- und Unterordnung ausspricht, und sich damit gegen die historische Tatsache stellt, dass es in der Geschichte* bisher keine Gesellschaft ohne ihr eigenes System der sozialen Ungleichheit gegeben hat« (Trautmann & Wischer, 2011, S. 28). Hingegen verweist Prengel in einer Anmerkung zu diesem Passus darauf, dass sie sich nicht grundsätzlich gegen jedwede Über- und Unterordnung ausspreche, wohlwissend, dass es auch funktionale Hierarchisierungen gebe, sondern sich im Einklang mit allen demokratischen sozialen Bewegungen vielmehr dafür einsetze, Hierarchisierungen zu vermindern.

1.4 Kontinuitäten und Diskontinuitäten

Bezogen auf die Ausgangsfrage in der Überschrift des ersten Kapitels kann zusammenfassend festgehalten werden, dass Leistungsheterogenität kein neues Thema bildet. Eingebettet in zeittypische philosophische, theologische und politische Diskurse ist die Unterschiedlichkeit schulischer Leistungspotenziale von Kindern seit der frühen Neuzeit nachweislich ein Thema der (Grundschul-)Pädagogik. Der Blick auf ausgewählte ideen- und institutionengeschichtliche Ansätze macht deutlich, dass sich verschiedene Programmatiken abzeichnen.

1. Eine Programmatik betont die Bildsamkeit aller Kinder sowie ein universales Recht auf eine gemeinsame Bildung, unabhängig von sozialer, konfessioneller und ethnischer Herkunft oder körperlicher und geistiger Verfassung, u. a. bei J. A. Comenius, der Reckahner Modellschule oder den ersten Integrationsschulen. Diese Programmatik schließt als pädagogische Konsequenz ein, die individuellen Leistungspotenziale aller Kinder zur bestmöglichen Entfaltung zu bringen; in der Pädagogik der Vielfalt von Annedore Prengel (1993/2019) tritt zudem die Idee der egalitären Differenz und damit ein nichthierarchisierendes Verständnis von Leistungsheterogenität erstmals in den Vordergrund.

2. Eine zweite damit eng verschränkte Programmatik bietet pädagogische Muster an, wie mit der Unterschiedlichkeit von Kindern im Unterricht umgegangen werden kann. Diese beziehen sich auf *pädagogische, didaktische* oder *schulstrukturelle Maßnahmen* und treten zeitweise auch in Kombination auf. Zu den *pädagogischen Maßnahmen* zählen reformpädagogisch orientierte Ideen, mit denen der Blick vom Stoff hin zum Kind und seinen individuellen Lernbedürfnissen und -potenzialen gelenkt wurde, wie z. B. in der Arbeitsschulbewegung zu Beginn des 20. Jahrhunderts, oder die kompensatorische Förderung Fünfjähriger aus sozial benachteiligten Schichten in den 1970er Jahren. In der Pädagogik der Vielfalt und den ersten Integrationsschulen werden diese methodischen Ansätze auf alle Kinder, explizit auch auf jene mit schwersten Behinderungen, ausgeweitet und erprobt. Bezogen auf *didaktische Maßnahmen* der Differenzierung entwickelten sich vielfältige Programmatiken der inneren und flexiblen Differenzierung sowie der Individualisierung, wie die Beispiele zu Comenius im 17. Jahrhundert, die Musterschule Reckahn im 18. Jahrhundert sowie die ersten Integrationsschulen Ende des 20. Jahrhunderts zeigen. Zu den *schulstrukturellen Maßnahmen*, mit denen herkunftsbedingten individuellen Unterschieden in der Leistungsfähigkeit Rechnung getragen werden soll, zählen die Dorfschule in Reckahn im 18. Jahrhundert sowie die Eingangsstufenmodelle und integrative Grundschulen im 20. Jahrhundert.
3. Zeitgleich existieren weitere Programmatiken schulstrukturell gesonderter Bildungsangebote nach sozialer, konfessioneller und ethnischer Herkunft bzw. in Abhängigkeit von der körperlichen und geistigen Verfassung, u. a. verschiedene Varianten entwicklungs- und begabungsgerechter Klassenbildungen innerhalb von Volksschulen, wie im Mannheimer Schulsystem, oder die Herausbildung von ausdifferenzierten Sonderschulen.
4. Eine Sonderstellung nimmt die Zeit des Nationalsozialismus ein, in der pädagogische, didaktische und strukturelle Maßnahmen unter der euphemistischen Verbrämung eugenischer und »ras-

1.4 Kontinuitäten und Diskontinuitäten

senwissenschaftlicher« Ansätze zu einem einzigartigen Bruch in der Geschichte des Ringens um eine Schule für alle Kinder führten. Dabei waren auch Lehrpersonen der Volksschule in Praktiken einer rassen- und erbhygienisch begründeten Auslese verstrickt und unterstützten indirekt die Tötung von Kindern.

Das universelle Recht auf Bildung und pädagogische Muster des Umgangs mit Leistungsheterogenität fanden erstmals Ende des 20. Jahrhunderts Eingang in die Empfehlungen der Kultusministerkonferenz zur Neugestaltung des Schulanfangs (KMK, 1997): Zur Neugestaltung des Schulanfangs zählen seitdem Optionen wie die Aufnahme aller Kinder ohne Feststellung der Schulfähigkeit, die Förderung unterschiedlich schnell lernender Kinder sowie eine präventive Förderung, um Lernschwierigkeiten, Lernversagen und Überweisungen in Förderschulen zu vermeiden. In den KMK-Empfehlungen zur Arbeit in der Grundschule von 2015 wird der Heterogenität erstmalig ein eigener Abschnitt gewidmet (siehe Beispielkasten). Im Abschnitt 1.3 (Inklusion) wird ergänzt, dass die Grundschule den Unterricht und das Schulleben so gestaltet, *»dass jedes Kind ungeachtet seiner Herkunft und Leistungsfähigkeit gemeinsam mit den anderen leben und lernen kann«* (KMK, 2015, S. 7).

> **KMK-Empfehlungen zur Arbeit in der Grundschule – 1.2 Heterogenität**
>
> »Die Schülerinnen und Schüler bringen hinsichtlich ihres familiären, kulturellen, religiösen und sozioökonomischen Hintergrunds sowie im Hinblick auf Alter, Geschlecht und Erfahrung unterschiedliche Voraussetzungen mit. Interessen und Stärken, Lern- und Entwicklungstempo sowie Begabungen und Unterstützungsbedürfnisse sind individuell verschieden. Die Herausforderung Heterogenität wird von den Lehrkräften als Chance für ein Von- und Miteinanderlernen produktiv genutzt.
>   Unterschiedliche Begabungen, Stärken und Interessen der Kinder werden für das Lernen aller zugänglich gemacht und be-

reichern dadurch den Unterricht. Kooperative Lernformen, dialogisches Lernen, Kommunikation und Reflexion sowie Phasen des Übens sind verlässlicher Bestandteil eines Unterrichts, in dem individuelle Lernprozesse auf der Basis gemeinsamer Themen- und Aufgabenstellungen ermöglicht werden. An den individuellen Stärken orientierte, lernprozessbegleitende Rückmeldungen zeigen den Kindern ihre Lernentwicklung auf und machen Lernfortschritte und Kompetenzen bewusst. Dadurch gewinnen sie eine positive Einstellung zum Lernen sowie Selbstvertrauen und können Verantwortung für ihr eigenes Lernen übernehmen« (KMK, 2015, S. 6).

Fragen zur Reflexion

1. Welche Rolle spielte Verschiedenheit bei den Pädagogen der frühen Neuzeit?
2. Unter welchen historischen Bedingungen hat sich der heute noch anzutreffende gleichschrittige Klassenunterricht herausgebildet?
3. Welche administrativen Maßnahmen wurden zur Sicherung des gleichen Klassenziels für alle Kinder im 19. Jahrhundert eingeführt?
4. Analysieren Sie die KMK-Empfehlungen von 2015 daraufhin, welche programmatischen Ideen zum Umgang mit Leistungsheterogenität aus früheren pädagogischen Ansätzen Eingang gefunden haben.

2

Heterogenität im Spiegel interdisziplinärer Diskurse

Leistungsheterogenität stellt eine spezifische Variante von Heterogenität dar, weswegen der Begriff Heterogenität genauer zu konturieren ist. Im erziehungswissenschaftlichen Diskurs finden sich neben dem Begriff der Heterogenität (▶ Kap. 2.3) ebenso der naturwissenschaftliche Begriff der Variabilität (▶ Kap. 2.1) oder die sozialwissenschaftlichen Begriffe der Differenz, Vielfalt, Diversität und Intersektionalität (▶ Kap. 2.2), wenn die Unterschiedlichkeit von Kindern in der Grundschule thematisiert wird. Diese Begriffe, die aus verschiedenen wissenschaftlichen Disziplinen und zeitlichen Epochen herrühren, weisen gewisse semantische Schnittmengen auf, unterscheiden sich aber dennoch konzeptuell voneinander. Abschließend werden Schlussfolgerungen für eine reflexive Verwendung des Begriffes Heterogenität in der Grundschulpädagogik gezogen (▶ Kap. 2.4).

2.1 Naturwissenschaftliche Diskurse – Variabilität

Variabilität (von latein. *variabilis* = veränderlich) bezeichnet allgemein die Veränderlichkeit und speziell in der Biologie bzw. Genetik die Unterschiede zwischen einzelnen Individuen innerhalb einer Population. Die Variabilität führt zu einer Verschiedenheit bei der Ausprägung von Aussehen und Eigenschaften eines Individuums (Phänotyp), wobei die phänotypische Vielfalt als unendlich groß gilt (Peschke, 2019). Nach molekularbiologischen Untersuchungen sind die Unterschiede zwischen Individuen innerhalb einer Population größer als *»die genetischen Unterschiede zwischen Populationen (Ethnien) der Menschen«* (Peschke, 2019, S. 45).

Variabilität gilt als ein Motor der Evolution und wird durch genetische Faktoren (genetische Variabilität) wie auch Umweltfaktoren (modifikatorische Variabilität) bedingt (a. a. O.). Neuere Forschungen in der Epigenetik zeigen, dass die Umwelt Einfluss auf die Gene nehmen und somit auf zweifachem Wege die Variabilität beeinflussen kann. Bei epigenetischen Prozessen führen z. B. vorgeburtlicher oder frühkindlicher Stress des Kindes oder Traumaerfahrungen der Eltern dazu, dass Genabschnitte durch Enzyme verändert werden. Dadurch können diese stärker oder schwächer abgelesen (»an- und ausgeknipst«) und über Generationen hinweg in dieser veränderten Form vererbt werden (Fischer, 2016). Die DNA-Sequenz selbst und die darin abgelegten Informationen ändern sich jedoch nicht.

Bezogen auf die Entwicklung von Kindern werden drei Formen von Variabilität unterschieden: die *interindividuelle* Variabilität, die *intraindividuelle* Variabilität sowie die *Variabilität des Entwicklungsverlaufs* (Largo, 2007).

Die *interindividuelle Variabilität* bezeichnet die Unterschiedlichkeit der Entwicklung *zwischen* verschiedenen Kindern gleichen Alters, die sich in allen Entwicklungsmerkmalen und Eigenschaften feststellen lässt. Sie bezieht sich nicht nur auf biologische Merkmale wie das Aussehen, sondern auch auf die Entwicklung wichtiger Funktionen und Fähigkeiten; so prägen von gleichaltrigen Kindern einige schon sehr viel früher bestimmte motorische oder sprachliche Fähigkeiten aus als andere, ohne dass langfristig mit einer späteren Entwicklung dieser Funktionen gravierende Entwicklungsverzögerungen vorgegeben sind (Jenni et al., 2013).

Die *intraindividuelle Variabilität* beschreibt die Unterschiedlichkeit von Entwicklungsverläufen verschiedener Merkmale und Fähigkeitsbereiche innerhalb eines Kindes. Diese zeigen sich in der Schule z. B. als unterschiedlich ausgeprägte Stärken in den verschiedenen Fächern.

Die *Variabilität des Entwicklungsverlaufs* verweist darauf, dass sich Fähigkeiten eines Kindes nicht stetig und gleichmäßig entwickeln. Die Entwicklung wird geprägt von Entwicklungszuwächsen und -sprüngen, Stagnationen, in denen sich vorhandene Fähigkeit stabilisieren oder andere Entwicklungsschwerpunkte den Vorrang haben, und zuweilen auch von Rückschlägen. Der Schweizer Kinderarzt Remo H. Largo (1943–2020) hält zusammenfassend fest:

> »Die Vielfalt bei Kindern ist in jeder Hinsicht so groß, dass Normvorstellungen in der Erziehung irreführend sind [...]. Eine kindgerechte Erziehung setzt voraus, dass wir die Vielfalt in ihrem ganzen Ausmaß kennen und als biologische Realität akzeptieren« (Largo, 2007, S. 43).

2 Heterogenität im Spiegel interdisziplinärer Diskurse

2.2 Sozialwissenschaftliche Zugänge – Differenz – Vielfalt/Diversität – Intersektionalität

Die drei sozialwissenschaftlichen Begriffe der *Differenz*, *Vielfalt* und *Diversität* liegen in ihren wörtlichen Bedeutungen eng beieinander und haben sich historisch in verschiedenen Disziplinen der Sozialforschung etabliert. Die Soziologie hat seit Anbeginn *soziale Differenz* und damit auch soziale Benachteiligung thematisiert (▶ Kap. 2.2.1). Die Begriffe *Vielfalt* und *Diversität* (▶ Kap. 2.2.2) sowie der Begriff der *Intersektionalität* (▶ Kap. 2.2.3) wurden in der zweiten Hälfte des 20. Jahrhunderts in den Sozial-, Kultur- und Wirtschaftswissenschaften prominent. Sie wanderten über interdisziplinäre Diskurse in die Erziehungswissenschaft ein, wurden hier pädagogisch neu entworfen und veränderten sich weiter (Budde, 2017; Florin, Gutsche & Krentz, 2018, Salzbrunn, 2014; Prengel, 2010).

2.2.1 Differenz

Differenz (von latein. *differentia* = Unterschied, Verschiedenheit) ist zunächst ein erkenntnistheoretischer Begriff, denn eine eindeutige Unterscheidbarkeit von Dingen, Personen oder Werten etc. wird als Konstrukt von den Beobachtenden – zumeist durch Sprache vermittelt – erst in der Beobachtung geschaffen (Luhmann, 1988).

Eine zweite Bedeutungsvariante von Differenz ist die Feststellung von Verschiedenheit, die eines gemeinsamen Maßstabs oder Kriteriums (*tertium comparationis*, Prengel, 2010) bedarf, was das davon zu unterscheidende Gleiche auszeichnet – oder anders gesagt: Die Differenz wird verstanden als eine Relation von mindestens zwei in Vergleich gesetzten Aspekten oder Eigenschaften (Sturm, 2016). Mittels darauf basierender Differenzkategorien wird die Komplexität der Wirklichkeit reduziert, um Handlungsfähigkeit zu erzeugen: »*Aus Unübersichtlichkeit wird dabei Ordnung, die Handeln überhaupt erst ermöglicht*« (Budde, 2017, S. 14).

Diese kategoriale Unterscheidung wird auch auf den Umgang mit Menschen übertragen und übernimmt darin als funktionale soziale Kategorisierung eine entwicklungsgeschichtlich relevante Funktion bei der Entschlüsselung komplexer sozialer Situationen und für schnelle Vorhersagen über das Verhalten und die Erwartungen anderer Menschen (Otten, 2019, S. 28). Diese evolutionär und funktional wichtige Kategorisierung von Menschen auf der Basis von Merkmalsunterschieden geht jedoch zumeist über eine reine Deskription von Unterschieden in Gruppen hinaus und wird mit Wertdimensionen verbunden, nach denen Menschen als *besser* oder *schlechter* beschrieben werden (Otten, 2019, S. 27). Aus der Feststellung von Unterschieden folgen damit zugleich Exklusions- und Inklusionsprozesse in Gruppen. Innerhalb von Gruppen werden vor allem solche Unterschiede für Subgruppen relevant, die mit deutlich sicht- und unterscheidbaren Merkmalen belegt sind, was zu einer Favorisierung von Menschen mit ähnlichen Gruppenmerkmalen führt (a. a. O.).

Diese Prozesse sind bereits für antike und vormoderne Gesellschaften überliefert, wenngleich jede Zeit durch eigene »*gesellschaftliche Dynamiken ebenso wie durch eine Vielzahl fluider (Binnen-) Differenzierungen geprägt*« wird (Florin, Gutsche & Krentz, 2018, S. 10), sowohl auf der Makroebene der Repräsentantinnen und Repräsentanten der Gesellschaft als auch auf der Mikroebene der einzelnen Menschen und ihrer Verortung innerhalb der Gesellschaft (a. a. O.). Differenzkategorien werden im Sinne von *doing difference* (West & Fenstermaker, 1995) »*durch handelnde Individuen immer wieder neu konstruiert und damit auf Dauer bestätigt, aber auch stets neu modifiziert*« (Florin, Gutsche & Krentz, 2018, S. 23). Gleichzeitig wurden mithilfe dieser Differenzierungen bereits in der Vergangenheit »*gesellschaftliche Ungleichheiten, die unterschiedliche Verteilung von Ressourcen sowie [...] [der] Zugang zu Machtpositionen*« (a. a. O., S. 9) begründet.

Vor diesem Hintergrund ist Leistungsheterogenität als ein Resultat zu verstehen, das nicht allein auf der Verschiedenheit von Kindern beruht, sondern auch durch die sozialen Praktiken in der Schule erzeugt wird (Sturm, 2016; ▶ Kap. 4.4, ▶ Kap. 4.5).

Je nach zeitlichen, gesellschaftlichen und wissenschaftlichen Kontexten wurden und werden verschiedene Differenzkategorien als bedeutsam erachtet, wie z. B. sozialer Stand/Schicht oder Milieu, Konfession, Ethnie, Geschlecht, Begabung, Behinderung, Fähigkeit/Leistung/Ability, Alter/Generationenverhältnis oder Sprache und Migrationsgeschichte (Emmerich & Hormel, 2013, Prengel, 2022). Weil sich diese Kategorien und deren Bedeutung über die Zeit hinweg verändert haben, sind diese nicht als statisch, sondern vielmehr als hybrid bzw. fluid zu begreifen (Florin, Gutsche & Krentz, 2018). Für die schulische Bildung sind vor allem die Differenzkategorien bedeutsam, die gesellschaftlich oder institutionell als selbstverständliche Norm gelten, denn sie waren und sind zu allen Zeiten eng verbunden mit Fragen nach dem Zugang zu bzw. dem Ausschluss von Bildung.

Differenzkategorien sind aus unterschiedlichen Perspektiven zu hinterfragen. So können Differenzkategorien *ontologisierende Tendenzen* stärken: Das heißt, wenn kategoriale Begriffe benutzt werden, kann daraus die Existenz des Bezeichneten als gegeben angenommen werden. Salzbrunn (2014) verweist beispielsweise darauf, dass es indigene Kulturen gibt, in denen es weder eine tatsächliche noch eine sprachliche Unterscheidung von Behinderung und Nichtbehinderung gibt. Zugleich basiert das Erkennen sozialer Unterschiede stets auf einem Wiedererkennen vorhandener kategorialer begrifflicher Entscheidungen. Vermeintlich eindeutige begriffliche Entscheidungen können auch deswegen infrage gestellt werden, weil Differenz eine konzeptuelle Offenheit von Verschiedenheit beinhaltet, die an sich als unbestimmbar und nicht identifizierbar gilt (Derrida, 1988): Menschen können in Differenz zu sich selbst lebend verstanden werden, weil sie sich mit der Zeit und in ihren Interaktionen verändern. Fixierende und statische Bezeichnungspraxen, mit denen einzelne Individuen »unterschiedli-

chen Gruppen im Sinne einer Schnittmengenlogik« (Emmerich & Hormel, 2013, S. 18) zugeordnet werden, laufen deshalb Gefahr, unbelegte Zuschreibungen, Stereotype und Vorurteile auf oder in das einzelne Individuum hinein zu übertragen und Fortschreibungen von Über- und Unterordnung zu reproduzieren. Diese Praxis kann allerdings tendenziell auch durch vermeintlich gut gemeinte Anerkennungsaffirmationen fortgeschrieben werden (Mecheril & Vorrink, 2017).

2.2.2 Vielfalt und Diversität

Vielfalt steht als Begriff mit deutschen Wortwurzeln für eine *»Fülle von verschiedenen Arten, Formen o. Ä., in denen etwas Bestimmtes vorhanden ist, vorkommt, sich manifestiert«* und ebenso für eine *»große Mannigfaltigkeit«* (Bibliographisches Institut, 2020, o. S.). Bereits die etymologischen Wurzeln im Verb *falten* legen nahe, *»dass die Vielfalt aus einer Einheit hervorgeht«* (Florin, Gutsche & Krentz, 2018, S. 13). Über die *Pädagogik der Vielfalt* (Prengel, 1993/2019) fand der Begriff Eingang in (grund-)schulpädagogische Diskurse (▶ Kap. 1.3.4). In den Sozialwissenschaften wie auch in der Erziehungswissenschaft werden die Begriffe Vielfalt und Diversität oft synonym benutzt, wobei letzterer den der Vielfalt zunehmend ersetzt.

Diversität (von latein. *diversitas* = Verschiedenheit) war als Konzept bis zum Jahr 2010 vor allem in den Naturwissenschaften verbreitet und findet seitdem als Begriff in den Sozial-, aber auch in den Kultur- und Wirtschaftswissenschaften zunehmende Verwendung (Florin, Gutsche & Krentz, 2018, Kaufmann, 2018). Mit diesem Begriff werden Unterschiede zwischen Individuen und Gruppen z. B. hinsichtlich Kulturen, Religionen und Weltanschauungen, Geschlecht, sexueller Orientierungen, Behinderungen, Alter und/oder weiterer Merkmale beschrieben. Eng mit dem Diversity-Ansatz verbunden ist die Aufdeckung von Diskriminierungsmechanismen und -praktiken sowie die Frage der Umsetzung der Menschenrechte für alle Menschen.

Das Konzept hat seinen Ursprung u. a. in der amerikanischen Bürgerrechtsbewegung, die sich gegen die Marginalisierung bestimmter Gruppen wandte, Chancengleichheit aller gesellschaftlicher Gruppen einforderte und den Fokus auf die (Re)Produktion sozialer Ungleichheit legte (Emmerich & Hormel, 2013; Salzbrunn, 2014). Dabei lassen sich verschiedene Strömungen beobachten. So werden einerseits Verteilungskonflikte in Gesellschaften und damit die vertikale Struktur gesellschaftlicher Verteilungsordnungen in den Blick genommen. Andererseits werden entlang funktionaler Bereiche der Gesellschaft (Wirtschaft, Administration, Wissenschaft, Bildungssystem etc.) horizontale Ordnungen und Ausdifferenzierungen mittels deren sozialer Handlungs- und Kommunikationssysteme untersucht (Berger, 2003; Parsons, 1972).

> **Mangelnde Berücksichtigung ökonomischer Differenz?**
> Einige Forschende kritisieren, dass in manchen Bereichen die Differenzkategorie soziale Klasse/soziale Herkunft zu wenig Berücksichtigung finde. Kaufmann (2018) konstatiert, dass Diversity Management in Teilen der Wirtschaft, neben einer Achtung der personalen Diversität ihrer Mitglieder, ebenso auf Profitinteressen »*z. B. durch entsprechende Außendarstellungen und erhoffte Wettbewerbsvorteile durch das Ausnutzen von Diversität*« (a. a. O., S. 216) gerichtet sei und zu belanglosen »*Verharmlosungsstrategien*« (a. a. O., S. 218) führen könne. Die Diskussion um das Ausblenden ökonomischer Differenz flammt ebenso in gesellschaftspolitischen Kontroversen auf, die sich um identitätspolitische Diskurse entspinnen: Während in diesen berechtigte Anliegen, wie eine diskriminierungsfreie Sprache, stärker in den Mittelpunkt der gesellschaftlichen Aufmerksamkeit gerückt werden, wird kritisiert, dass damit die tendenziell wirkmächtigeren Macht- und Ausbeutungsverhältnisse verschleiert und wenig zu einer Veränderung der benachteiligenden Lebensgrundlagen der Diskriminierten beigetragen werde (z. B. Wagenknecht, 2021).

Nach dem *cultural turn* verschob sich der Forschungsfokus von politischen und ökonomischen Phänomenen hin zu Alltagserscheinungen und Manifestationen des Lebensstils sowie alltagskulturell vermittelten Sinnsystemen und Symbolen (Bachmann-Medick, 2006; siehe Beispielkasten). Neuere Ansätze integrieren beide Perspektiven.

2.2.3 Intersektionalität

Intersektionalität (von amerik. *intersection* = Straßenkreuzung, Schnittpunkt/-menge, Überschneidung) wurde als Metapher erstmalig 1989 von Kimberlé Crenshaw verwendet, die als Rechtswissenschaftlerin Diskriminierungserfahrungen bei sich überschneidenden Dimensionen wie Ethnie und Geschlecht untersuchte. Ab dem neuen Jahrtausend tauchte der Begriff in der deutschsprachigen Erziehungswissenschaft auf und erwarb den Status als eines neuen Paradigmas, nach dem »*soziale Kategorien wie Gender, Ethnizität, Nation, ›Rasse‹ oder Klasse nicht isoliert voneinander konzeptualisiert werden können, sondern in ihren ›Überkreuzungen‹, ›Verwobenheiten‹ oder ›Verquickungen‹ analysiert werden müssen*« (Walgenbach, 2010, S. 113). Intersektionalität richtet sich dabei explizit auf Ungleichheiten und Machtverhältnisse und deren fortwährende Reproduktion als Ergebnis einer fehlenden Reflexion intersektionaler Zusammenhänge (Walgenbach & Pfahl, 2017).

Integrale Perspektiven auf Differenzkategorien sind jedoch schon deutlicher eher in der Pädagogik zu finden (z. B. Prengel, 1993/2019). So modellierte Lord Ralf Dahrendorf (1929–2009) bereits 1965 mit der Denkfigur des *katholischen Arbeitermädchens vom Lande* Überschneidungen sowie gegenseitige Verstärkungen verschiedener bildungsbenachteiligender Kategorien. Einsichten in sich überschneidende Gruppenzugehörigkeiten sind relevant für die Analyse kindlicher Lebenssituationen und für grundschulpädagogischer Programmatiken, die auf eine Veränderung der pädagogischen Praxis gerichtet sind (Prengel, 2017). Der intersektionale

Ansatz bietet zudem Reflexionswissen, mit dem wissenschaftliche Beobachtungsperspektiven hinterfragt und Forschungsfragen zur Bildungsungleichheit weiter konturiert werden können.

2.3 Heterogenität als Ansatz der Schulpädagogik

Heterogenität (Zusammensetzung von griech. ετερος/*heteros* = verschieden und γεννάω/*gennao* = schaffen/erzeugen → Verschieden-/Ungleichartigkeit) tritt in der adjektivischen Form bereits in der antiken Kategorienlehre von Aristoteles auf (Horn, 2012)[9] und wird seit langem in den Naturwissenschaften verwendet.

Obgleich in der Pädagogik seit Jahrhunderten über die Verschiedenartigkeit von Kindern nachgedacht wurde (▶ Kap. 1), wurde der Begriff erst im Kontext der Integrationspädagogik der 1970er Jahre (u. a. Eberwein, 1988) sowie der internationalen Schulleistungsstudien ab dem neuen Jahrtausend zu einem allgegenwärtigen Begriff in der Schulpädagogik. Heterogenität gilt als ein *Containerbegriff*, der von denen, die ihn benutzen, mit ganz unterschiedlichen und zum Teil theoretisch nicht geklärten Bedeutungen belegt wird (Budde, 2017; Sturm, 2016; Zulliger & Tanner, 2013): Der Begriff wird je nach Kontext »*sowohl deskriptiv als auch normativ aufgeladen oder programmatisch verwendet*« (Diehm, 2020, S. 11). Nicht zuletzt kann Heterogenität als ein *wandernder Begriff* verstanden werden, der in verschiedenen pädagogischen Feldern Bedeutung erlangte und zugleich Bedeutungsveränderungen erfuhr (Prengel, 2010; Trautmann & Wischer, 2011).

---

9 Aristoteles verwendet den Begriff hetero genos, um Unterschiede »*bei verschiedenartigen und einander nicht untergeordneten Gegenständen*« im Sinne von Kategorien abzugrenzen (Aristoteles, Übersetzung von Kirchmann, 1876, S. 2).

2.3 Heterogenität als Ansatz der Schulpädagogik

Die konkreten inhaltlichen Aufladungen des Begriffs sind von den jeweiligen Bezugstheorien sowie den dahinterstehenden Wissenschaftstraditionen derjenigen beeinflusst, die ihn benutzten. Sozialphilosophische und menschenrechtsbasierte Ansätze in der geisteswissenschaftlichen Tradition sowie in der Tradition der Kritischen Theorie und der kritisch-konstruktiven Erziehungswissenschaft betonen auf der Basis empirischer Analysen ethisch-moralische Argumente (z. B. Prengel, 1993/2019). Ansätze, die der Dialektik oder der Tradition der kritischen Pädagogik nahestehen, setzen sich sozial- und systemkritisch mit Ungleichheit auseinander (z. B. Diehm, 2020). Sozialkonstruktivistische und kulturtheoretische Ansätze untersuchen die Praktiken der sozialen Konstruktion von Differenz im Unterricht (z. B. Budde, 2017). In der empirisch-analytischen Bildungsforschung werden Dimensionen von Heterogenität als Variablen operationalisiert und deren Zusammenhänge mit Schulleistungen und Bildungsverläufen ermittelt (▶ Kap. 4.1 f.).

Unter Berücksichtigung erkenntnistheoretischer und sozialkonstruktivistischer Prämissen ist festzuhalten, dass Heterogenität ein soziales Konstrukt[10] darstellt. Das Konstrukt Heterogenität unterliegt, wie zuvor schon beim Differenzbegriff dargestellt, einem Wechselspiel von Gleichheit und Verschiedenheit, denn Heterogenität kann nur dann festgestellt werden, wenn Homogenität auf einer übergeordneten Ebene gegeben ist (Prengel 1993/2019). Für die Grundschule liegt diese übergeordnete Ebene darin, dass alle (nahezu) gleichaltrigen Kinder als Lernende einer bestimmten Klassenstufe oder Klasse gesehen und bezogen auf verschiedene soziokulturelle Merkmale (z. B. Ethnizität, Geschlecht, Milieu, ...) oder bezogen auf fähigkeitsspezifische Ausprägungen (Motivation, Selbstkonzept, Vorwissen, Schulleistungen, ...) verglichen werden. Damit wird das Konstruktmerkmal *Relativität* angesprochen, weil Heterogenität das

---

10 Ein Konstrukt stellt eine Arbeitshypothese oder Hilfskonstruktion gedanklicher oder theoretischer Natur dar. Der vorgestellte Sachverhalt kann nicht direkt beobachtet oder gemessen werden, sondern wird aus anderen messbaren Sachverhalten (Indikatoren) erschlossen.

»*Ergebnis eines Vergleichs eines bestimmten Kriteriums zu einem bestimmten Maßstab*« (Zulliger & Tanner, 2013, S. 38) beinhaltet, wobei der gewählte Maßstab selbst das Konstrukt mitbestimmt (*Konstruiertheit* als weiteres Merkmal des Konstrukts, vgl. Lang, Grittner, Rehle & Hartinger, 2010). Maßstäbe können binär (z. B. Merkmal vorhanden oder nicht), nominal (z. B. Kategorien für Geschlecht, soziale Herkunft der Eltern nach Schichten) oder metrisch (z. B. Testwerte in Schulleistungstests) konstruiert werden. Eine weitere Eigenschaft bildet *Partialität*, weil Heterogenität keine absolute und stabile Eigenschaft darstellt, sondern immer nur zeitlich und situativ begrenzt und auch nur für einzelne Mitglieder einer Gruppe beschrieben werden kann (a. a. O.; Prengel 1993/2019).

Entsprechend dieser Konstruktmerkmale kann Heterogenität verstanden werden

> »als die Feststellung einer Ungleichheit bzw. Uneinheitlichkeit in einer sozialen Situation. Sie ist eine momentane Zustandsbeschreibung, die von einer Person oder einer Gruppe einer sozialen Situation zugemessen wird. Die Feststellung der Ungleichheit und die Zuschreibung dieses Zustands erfolgen, indem bewusst oder unbewusst ein bestimmter Maßstab an diese soziale Situation angelegt wird, indem verschiedene, in dieser Situation relevante ›Dinge‹ – z. B. Personen oder Merkmale von Personen bzw. Gruppen – miteinander verglichen werden und indem das Ergebnis dieses Vergleichs als relevantes Merkmal der sozialen Situation ›festgestellt‹ wird« (Wenning, 2013, S. 133).

Einige Forschende erachten die Konstruktion von Heterogenität an sich als *wertneutral*, weil Unterschiede erst nach deren Feststellung in bestimmten Zusammenhängen oder Kontexten normativ bewertet werden (Lang, Grittner, Rehle & Hartinger, 2010). Auch Diehm (2020) schlägt vor, den Begriff Heterogenität der reinen Deskription noch nicht bewerteter Unterschiede vorzubehalten, wohingegen der Differenzbegriff verwendet werden soll, um »*die bewertete, eindeutig im Kontext von Ungleichheit auszumachende Differenz*« (a. a. O., S. 17) anzuzeigen. Vor dem Hintergrund eines erkenntnistheoretischen Verständnisses kann hinterfragt werden, inwieweit eine Trennung von Feststellung bzw. reiner Deskription noch nicht bewerteter Unterschiede und deren normative Bewertung möglich ist: Das, was in bestimmten gesellschaftlichen Kontexten als unterscheidenswert angesehen wird, kann bereits als ein Ergebnis vorangegangener sozialer Aushandlungsprozesse verstanden werden, in denen es mit Bedeutung und Wertigkeit belegt wird. Insofern lassen sich die zu vergleichenden Merkmale als Koordinaten eines spezifischen sozialen Systems und dessen Wertvorstellungen lesen.

Es gibt zahlreiche Versuche, Dimensionen von Heterogenität in der Schule zu beschreiben, zu ordnen oder zu gruppieren, wobei »*sämtliche Manifestationsmerkmale letztlich in zwei Gruppen*« nach »*soziostruktureller Heterogenität*« und nach »*Leistungsheterogenität*« geordnet werden können (Hudelmaier-Mätzke & Sauter, 2018, zit. nach Koschel, 2021, S. 39.). Auch wenn »*beide Aspekte in einem rekursiven Verhältnis zueinander*« stehen, scheint »*für das konkrete Unterrichtsgeschehen [...] die Leistungsheterogenität der Lernenden von besonderer Bedeutung zu sein*« (Koschel, 2021, S. 39). In den grundschulpädagogischen Diskursen zur Leistungsheterogenität übernehmen schulpädagogische und lernpsychologische Kategorien eine besondere Rolle, wie z. B. die Kategorie der domänenspezifischen Leistungen (z. B. Leseflüssigkeit) oder der kognitiven Lernvoraussetzungen (z. B. Vorwissen oder Selbstkonzept). Diese stehen auch im Fokus der empirischen Schulforschung, deren Befunde seit der Jahrtausendwende auf die zunehmend ungleichen Ergebnisse schulischen Lernens in Abhängigkeit von der sozialen Herkunft verweisen (▶ Kap. 4.3 f.).

2.4 Reflexive Nutzung des Begriffs Heterogenität

Für die weitere Diskussion sollen die Grundannahmen, die ein reflexives Verständnis von Differenz, Diversität und Intersektionalität auszeichnen (▶ Kap. 2.2), ebenso für den Heterogenitätsdiskurs in der Grundschule und im Besonderen für das Verständnis von Leistungsheterogenität fruchtbar gemacht werden:

1. Heterogenität ist ein soziales Konstrukt, d. h. eine auf Personengruppen bezogene gedankliche Konstruktion. Die mental erzeugten Bilder bilden nicht die Realität ab und Kinder können mit diesen Bildern nicht eindeutig oder gar vollständig beschrieben werden. Diese Bilder stellen deshalb Arbeitshypothesen dar.
2. Heterogenität von Kindern ist ein Phänomen, welches sich im Wechselspiel von individueller Variabilität und konkreten unterrichtlichen Praktiken im Grundschulunterricht und somit auch als ein Resultat von Differenzierungen und Differenzhandlungen im Unterricht (z. B. mittels Attribuierungen, Lehr- und Lernmethoden oder der Qualität pädagogischer Beziehungen) herausbildet.
3. Heterogenität ist bezogen auf das einzelne Kind, seine Entwicklung und seine Lernleistungen nicht als statisch oder universell anzusehen, denn Kinder entwickeln sich und ihre vielfältigen Fähigkeiten dynamisch und in Interaktionen mit anderen weiter.
4. Einzelne Dimensionen von Heterogenität sind nicht per se mehr oder weniger relevant für die Herausbildung von Leistungsheterogenität und für den Lernerfolg in der Grundschule. Vielmehr ist zu erkunden, welche Dimensionen für welche Gruppen in welchen Lernsituationen als relevant erachtet werden können und wieso diesen Dimensionen eine Relevanz zugeschrieben wird.
5. Die unterschiedlichen Dimensionen von Heterogenität können nicht unabhängig voneinander und nicht additiv betrachtet werden, sondern sind in ihren interdependenten horizontalen und vertikalen Verwobenheiten und Wechselwirkungen zu verstehen. Einige Dimensionen können sich gegenseitig verstärken oder abschwächen, sodass sie im ungünstigen Fall zu andauernden Lernmisserfolgen, im günstigen Falle zu besonderen Lernerfolgen und Privilegien führen und Bildungsungleichheit verstärken.

6. In der Grundschule stellt das gesamte Spektrum begabungs-, leistungs- und herkunftsbedingter Unterschiede den Normalfall dar und betrifft somit alle Kinder im Unterricht. Ein so konzeptualisiertes Verständnis von Heterogenität entspricht letztendlich einem breiten Verständnis von Inklusion, das alle Kinder anerkennt und einschließt (Rödel & Simon, 2017).

In einem solchen Verständnis schärft ein reflexives Konstrukt von Heterogenität in der Grundschulpädagogik und -forschung den Blick für komplexe soziale und strukturelle Zusammenhänge im Unterricht, innerhalb derer Bildungsungleichheit produziert und reproduziert wird. Ein solches schließt eine Auseinandersetzung mit den eigenen Orientierungen und Praktiken sowie den mit ihnen verbundenen pädagogischen Machtwirkungen ein (Mecheril & Vorrink, 2017, S. 57).

Fragen zur Reflexion

1. Erläutern Sie anhand selbstgewählter Beispiele, z. B. aus Ihrer eigenen Entwicklung in der Kindheit, die unterschiedlichen Formen von Variabilität.
2. Was ist der gemeinsame Kern der Begriffe Differenz, Diversität und Heterogenität?
3. Inwiefern beruht auch eine deskriptive nichtwertende Beschreibung von Unterschieden von Kindern auf sozialen Aushandlungsprozessen?
4. Erläutern Sie anhand eines selbstgesuchten Fallbeispiels, wie unterschiedliche Mathematikleistungen nicht nur mithilfe unterschiedlicher Lernvoraussetzungen, sondern mithilfe einer intersektionalen Perspektive besser verstanden und gefördert werden können.

3

Pädagogisches Leistungsverständnis in einer Grundschule für alle Kinder

Obwohl Leistung ein zentrales und normatives Ordnungs- und Differenzkriterium in der Schule darstellt, besteht »*kaum Klarheit und Einigkeit darüber, [...] was denn Leistung im Kern ausmacht*« (Hopf & Edelstein, 2019, o. S.). Im Folgenden wird zunächst geklärt, was den Begriff Leistung als Bestimmungswort des Determinativkompositums Leistungsheterogenität auszeichnet (▶ Kap. 3.1). Vor diesem Hintergrund wird die Funktion von Leistungsbeurteilung im gesellschaftlichen System Schule skizziert (▶ Kap. 3.2). Daran anschließend wird der pädagogische Leistungsbegriff eingeführt, der das Lernen in der Grundschule prägt (▶ Kap. 3.3). Im vierten Abschnitt wird erörtert, wie sich der Leistungsbegriff in Lehrplänen und Bindungsstandards widerspiegelt (▶ Kap. 3.4), bevor abschließend diskutiert wird, wie ein heterogenitätsbezogener Leistungsbegriff konzeptualisiert werden kann (▶ Kap. 3.5).

3.1 Leistung als vielschichtiger Begriff

Die sprachlichen Wurzeln des Begriffs *Leistung* (indogerman. leis = Leisten, Spur, Furche, nachfolgen) verweisen mit einer vorgegebenen Spur auf ein *»normatives Moment des Leistungsbegriffs«* (Sacher, 2009, S. 13), das mit einem Gütemaßstab unterlegt ist. Im allgemeinen Sinne kann unter Leistung »*etwas Geleistetes; geleistete körperliche, geistige Arbeit; unternommene Anstrengung und das erzielte Ergebnis*« (Bibliographisches Institut, 2020, o. S.), somit also Produkt und Prozess, verstanden werden. Leistung stellt im anthropologischen Sinne ein Grundbedürfnis von Menschen dar, das weit über die Existenzsicherung hinausgeht, weil es ein Mittel der Sinnstiftung sowie der Schaffung von sozialer Zugehörigkeit und Anerkennung beinhaltet. Leistung gilt darüber hinaus als ein evolutionäres Prinzip, denn es stellt ein »*durchgängiges Prinzip aller lebenden Systeme*« dar und ermöglicht die »*Erhaltung und Höherdifferenzierung allen Lebens und aller im Laufe der Stammesgeschichte entstandenen Phänomene und Sozietäten*« (Liedtke, 2004, S. 279). Leistung findet als Begriff zudem in zahlreichen wissenschaftlichen und gesellschaftlichen Feldern eine breite Anwendung, u. a. im physikalischen, technischen, ökonomischen, sozialpolitischen sowie künstlerischen und sportlichen Bereich. In diesen ist der Leistungsbegriff im Allgemeinen mit eindeutig messbaren Phänomenen oder Gütekriterien wie Anzahl, Qualität oder Outcomes verbunden.

Der Leistungsbegriff hat vor allem im gesellschaftlichen Bereich eine breite Akzeptanz gefunden. So definierte sich Deutschland nach dem zweiten Weltkrieg als erfolgreiche Leistungsgesellschaft, in der wissenschaftlicher und technischer Fortschritt und damit Wohlstand generiert wurden. In diesem Verständnis sind Konkurrenzsituationen und Wettkampf sowie eine darauf beruhende gerechte Auslese als Innovationsmotor und Wachstumskatalysator weitgehend positiv konnotiert (Sacher, 2013). Diese gesellschaftlich determinierten Merkmale von Leistung wurden und werden zuweilen auch für die Schule eingefordert. Weil sich der Bildungs- und Erziehungsauftrag in demokratischen Gesellschaften jedoch nicht auf die Ansprüche der Gesellschaft an die einzelne Person und deren *Brauchbarmachung* für die Arbeitswelt reduzieren lässt, verfehlt eine solche Übertragung des gesellschaftlichen Leistungsverständnisses auf die Schule die Bildungsansprüche der bzw. des Einzelnen an die Gesellschaft und die mit Bildung verbundene Aneignung von Welt und Person, personale Sinnstiftung sowie bestmögliche Entfaltung individueller Begabungen (Fauser, 2022, Sacher 2013, ▶ Kap. 3.3).

Schulische Leistung wird von Wolfgang Klafki (1927–2016) in einem solchen Verständnis definiert »*als Ergebnis und Vollzug einer Tätigkeit, die mit Anstrengung und gegebenenfalls Selbstüberwindung verbunden ist und für die Gütemaßstäbe anerkannt werden*«, wobei diese »*vom jungen Menschen ein hohes Maß an Anstrengung und an spezifischem Können*« erfordern (Klafki, 1996, S. 228). Aus differenztheoretischer Perspektive wird allerdings auf die Relativität und Relationalität von schulischen Leistungen im Kontext unterschiedlicher Zielvorstellungen und Systemnormen verwiesen und konstatiert, dass Leistung nicht per se ein stabiles Momentum darstellt. Vielmehr wird diese von den Beurteilenden sozial konstruiert und durch subjektive Vorstellungen während der Wahrnehmungen und Gewichtung entsprechend der Gütekriterien der Beurteilenden geprägt (Bräu, 2022; Rabenstein, Idel, & Ricken, 2015).

3.2 Beurteilung von Leistung als funktionales gesellschaftliches Systemelement von Schule

Leistung stellt eines der zentralen normativen Ordnungskriterien der Schule und des deutschen Schulsystems dar. Der Beurteilung von Leistungen[11] wurde dementsprechend eine Vielzahl an Funktionen übertragen, wie z. B. die der Information und Rückmeldung an die Lernenden und deren Eltern (Orientierungsfunktion), pädagogische und diagnostische Funktionen, Kontrollfunktionen und auch Legitimations- und Selektionsfunktionen (Sacher, 2009). Die letztgenannten Funktionen verweisen darauf, dass Schule ein gesellschaftliches Subsystem mit spezifischen Funktionen neben anderen Subsystemen (politisches System, Rechtssystem, Wirtschaftssystem, ...) darstellt (Wiater, 2013). Die Besonderheit des Subsystems Schule liegt seit der Aufklärung in ihrem pädagogischen Anspruch, Bildung an die nachwachsenden Generationen zu vermitteln. Schule ist jedoch nicht nur Kindern und Jugendlichen und deren Ansprüchen auf eine individuelle Förderung verpflichtet; Schule ist ebenso der Gesellschaft und deren Anspruch verpflichtet, »*Inhalte der Kultur, die es um der Identität der Mitglieder einer Gesellschaft willen zu tradieren und weiterzuentwickeln gilt*« (Wiater, 2013, S. 15), an die nachwachsenden Generationen weiterzugeben. Diese doppelte Verpflichtung umfasst damit sowohl einen pädagogischen Auftrag wie auch einen gesellschaftlichen Auftrag an Schule, wobei der Schule in diesem gesellschaftlichen Funktionsgefüge traditionell die nachfolgenden Funktionen zugeschrieben werden (Wiater, 2013, S. 21f.):

---

11 Leistungsbeurteilung in der Schule umfasst Leistungsermittlung und Leistungsbewertung (Zumhasch, 2014).

1. *Enkulturationsfunktion*: Reproduktion kultureller Sinnsysteme von der Sprache bis zu grundlegenden Wertorientierungen
2. *Qualifikationsfunktion*: Vermittlung von Fähigkeiten und Fertigkeiten zur Ausübung von Tätigkeiten und Arbeit und zur wirtschaftlichen Wettbewerbsfähigkeit
3. *Allokationsfunktion*: geht mit Selektion einher und hilft, Schülerinnen und Schüler durch das Leistungs- und Prüfungswesen auf zukünftige Berufslaufbahnen, Aufgaben und Positionen zu verteilen
4. *Integrationsfunktion/Legitimationsfunktion*: Beitrag zur Reproduktion gesellschaftlicher Normen und Werte und Weltsichten zur Stabilisierung der sozialen und politischen Verhältnisse
5. *Personalisationsfunktion*: Erziehung und Bildung der nachwachsenden Generation, die ihre Fähigkeiten und Fertigkeiten bestmöglich und individuell sinnstiftend in der Gemeinschaft mit anderen entwickeln können soll (a. a. O.)

Aus der überkommenen gesellschaftlichen Funktionszuschreibung der Allokation und der darauf beruhenden Selektion ergibt sich als eine wesentliche gesellschaftliche Aufgabe von Schulen, Leistungen zu ermitteln und Leistungsbewertungen vorzunehmen. Auf der Grundlage von individuellen Leistungen soll so nach meritokratischen Grundsätzen (siehe Exkurs 3 – Meritokratische Prinzip) über Übergangs- und Zugangsberechtigungen zu weiteren Qualifizierungen und damit letztendlich zu begehrten, aber knappen gesellschaftlichen Positionen entschieden werden. Leistungsbeurteilung stellt in diesem traditionellen Verständnis ein gesellschaftlich intendiertes funktionales Systemelement von Schule dar, welches es geradezu erforderlich mache, Differenz und »*Besser-Schlechter-Klassifikationen*« zu erzeugen, um allokative Funktionen zu bedienen (Trautmann & Wischer, 2011, S. 93).

Der antinomische Widerspruch, der mit dieser zugeschriebenen Doppelaufgabe der Förderung und einer vergleichenden Leistungsmessung an einem einheitlichen Maßstab einhergeht, stellt Lehrpersonen im tagtäglichen Unterricht vor die Herausforderung, eine professionelle und fallbezogene Balance zwischen diesen divergierenden Polen zu erzeugen. Dieses Spannungsverhältnis wurde durch die bildungspolitisch intendierte Standardisierung von Leistungserwartungen (▶ Kap. 3.3) bei gleichzeitigen Forderungen nach mehr Individualisierung im Unterricht weiter aufgeladen (Sturm, 2016; Walm, Schultz, Häcker & Moder, 2017).

Die gesellschaftlich tradierte Allokations- und Selektionsfunktion von Schule wird aus struktureller und pädagogischer Sicht vielfach hinterfragt (Fauser, 2022; Prengel, 2017). In etlichen Ländern weltweit werden funktionale Alternativen praktiziert, mit denen die Schule phasenweise oder ganz von der Allokationsfunktion entbunden ist.[12] Auch in Deutschland wird seit langem gefordert, *»die Leistungsbewertung für die pädagogische Aufgabe der Schule zurückzugewinnen«* (Flitner, 1999, zit. nach Walm, Schultz, Häcker & Moser, 2017, S. 116). Pädagogische und strukturelle Alternativen erfahren in Deutschland vor allem in reformorientierten und inklusiven Grundschulen mit einer veränderten Leistungskultur hohe Zustimmung, wie zahlreiche Selbstberichte (z. B. Carle, Kauder & Osterhues-Bruns, 2021) zeigen. Auch die Preisträgerschulen des deutschen Schulpreises verfolgen den Anspruch, Leistungsorientierung mit Chancengleichheit im Unterricht der Grundschule zu verbinden (Schratz, Pandt & Wischer, 2014).

Das generelle Selektionsproblem in modernen Gesellschaften – das Erfordernis einer selektiven Zuweisung von Personen zu knappen und begehrten Positionen – bleibt aber auch bei einer Aufhebung der Allokationsfunktion von Schule weiterhin erhalten (Terhart, 2001). Internationale Erfahrungen lassen befürchten, dass sich bei einer *»Auslagerung der Selektionsfunktion aus der Schule das geburts- bzw. milieuspezifische Reproduktionsmuster noch stärker und ungebremster«* (Wischer, 2022, S. 19) durchsetzen könnte. Anderer-

---

12 Z. B. mittels Freistellen bestimmter Klassen- und Schulstufen von Selektionsdiagnosen, Gesamt- und Gemeinschaftsschulmodellen von Klassenstufe 1 bis 12/13 oder Aufnahmeprüfungen der nachfolgend aufnehmenden Institutionen, vgl. dazu Wischer (2022).

seits ist in Rechnung zu stellen, dass in spätmodernen Gesellschaften der »*gesellschaftliche Tauschwert zertifizierter Leistungen verfällt*« (Fauser, 2022, S. 33), »*Leistung als tragendes Prinzip von Bildungsgerechtigkeit*« (Stojanov, 2022, S. 20) zunehmend in Frage gestellt wird und andere, anerkennungsgerechte und solidarische Strukturen eingefordert werden.

3.3 Pädagogischer Leistungsbegriff in der Grundschule

Seit langem wird ein pädagogischer Leistungsbegriff für das Lernen in der Schule eingefordert. Erwin Schwartz (1916–2003), ein früher Wegbereiter der Grundschulreform, brachte in den 1970er Jahren den *pädagogischen Leistungsbegriff* ins Spiel. Mit diesem sollen »*die Leistungsanforderungen der Gesellschaft und die Bedürfnisse des Kindes einander vermittelt werden*« (Schwartz, 1976, zit. nach Grundschulverband, 2005, S. 22). Ebenso grenzte Ilse Lichtenstein-Rother (1917–1991) das pädagogisch-anthropologische Leistungsverständnis von einem gesellschaftlich-ökonomischen Leistungsbegriff ab, weil der »*in der Schule herrschende Leistungsbegriff [...] in Lebenssituationen keine Entsprechung*« finde und »*die von der Öffentlichkeit vorgebrachte Forderung, Schule müsse Leistungsschule sein, [...] eine Verkürzung*« sei (Lichtenstein-Rother, 1983, zit. nach Grundschulverband, 2005, S. 35). Ein Jahrzehnt später kritisierten Bartnitzky und Christiani (1994, S. 8 f.) ökonomisch geprägte Vorstellungen von Grundschule als *Leistungsgesellschaft im Kleinen* und wandten sich gegen einen Leistungsbegriff, dem »*als Zielvorstellung die reibungslose Einpassung in die Wettbewerbsgesellschaft zugrunde*« liege. Dementsprechend forderte der Grundschulverband in seiner Denkschrift *Die Zukunft beginnt in der Grundschule* im Jahr 1996 eine grundlegende Abkehr

> »von dem in unserer Gesellschaft immer noch verbreiteten Trugschluß [...], daß Bildung unter Wettkampfbedingungen besonders gut gedeihe. Bil-

dung ist kein Leistungssport. Wer das Lernen zum Wettkampf macht, produziert notwendigerweise Verlierer. Dazu hat die Grundschule als staatliche Pflichtveranstaltung überhaupt kein Recht, zumal die Verlierer in der Regel von vornherein feststehen« (Faust-Siehl, Garlichs, Ramseger, Schwarz & Warm, 1996, S. 124).

Die unterschiedliche Ausrichtung des Leistungsbegriffs im gesellschaftlichen und pädagogischen Verständnis kontrastierten Bartnitzy und Christiani (1994) als eine Orientierung an messbaren Produkten, Konkurrenzprinzip und Auslese versus eine Orientierung an individuellen Lern- und Entwicklungsprozessen, sozialen Dimension des Lernens sowie Ermutigung und Förderung. Allerdings hat sich in den letzten 25 Jahren der Leistungsbegriff auch in der Gesellschaft verändert und betont neue Dimensionen, wie z. B. Teamarbeit, solidarische und anerkennende Momente (Prengel, 2017) oder wird gänzlich in Frage gestellt (Stojanov, 2022). Im pädagogischen Leistungsverständnis sind individuelle Anstrengungen, Lernfortschritte und Lernwege ebenso in den Blick zu nehmen und zu würdigen wie Facetten der Zusammenarbeit mit anderen Kindern, kindliche Lernfreude oder Anstrengungsbereitschaft. Bezogen auf diese Facetten kann ein kompetitives Leistungsverständnis kontraproduktive Wirkungen entfalten. Der Fokus sollte deshalb generell auf einer ermutigenden und fördernden Lern- und Leistungskultur liegen (Bartnitzky & Christiani, 1994, S. 10).

Im Kontext einer solchen pädagogischen Bestimmung von Leistung werden somit Gütemaßstäbe erforderlich, die sich nicht vordergründig am sozialen Vergleich orientieren, sondern sowohl kriteriale als auch individuelle Leistungsdimension berücksichtigen (Fauser, 2022).[13] Vor allem für den Anfangsunterricht ist die negative Wirkung sozial vergleichender Noten auf das Selbstkonzept

---

13 Dass bei einem solchem Vorgehen dennoch Referenzgruppeneffekte dazu beitragen, dass Noten je nach Klasse etwas anderes bedeuten, ist seit Ingenkamps (1971) Studie zur Fragwürdigkeit der Zensurengebung bekannt und seitdem immer wieder neu bestätigt worden (vgl. dazu Kroning, 2022).

(Zeinz & Köller, 2006, ▶ Kap. 4.2.2) sowie auf soziale Hierarchieausbildungen innerhalb einer Klasse (Hess, 2020) gut belegt.

Aus den fachlichen Dimensionen der Lerngegenstände, die ein spezifisches Wissen und Können umschreiben, lassen sich zunächst kriteriale Anforderungen an das Ergebnis einer Leistung als Gütemaßstab ableiten, z. B. die Richtigkeit einer Aufgabenlösung (▶ Abb. 2). Neben den Anforderungen an die Richtigkeit eines Ergebnisses (kriteriale Bezugsnorm) können als Prozessmerkmale einer Leistung auch der individuelle Lernfortschritt, gemessen an der vorausgegangenen Leistung (individuelle Bezugsnorm), oder individuelle Anstrengung und Ausdauer gewürdigt werden (siehe Beispielkasten).

> **Beurteilung von Ergebnis und Prozess einer schulischen Leistungen – Fallbeispiel Robert**
> Die Aufgabe, die in einer dritten Klasse im Deutschunterricht gelöst werden sollte (▶ Abb. 2), bestand zunächst im Niederschreiben von neun diktierten Verben in der Grundform/Infinitiv (1. Stammform), denen die Vokallängenmarkierung <ie> gemeinsam ist. Im nächsten Schritt sollten zu den Verben jeweils die Formen in der ersten Person Präteritum (2. Stammform) gebildet werden. Sieben der neun Verben sind starke Verben, bei denen ein Stammvokalwechsel im Präteritum eintritt, zwei Verben sind schwache Verben, bei denen Stammvokal erhalten bleibt und <te> im Präteritum hinzuzufügen ist.
> Robert schreibt im ersten Aufgabenteil acht der neun diktierten Verben in der ersten Stammform richtig, bei einem Verb verwendet er ein Dehnungs-h zusätzlich zur Vokallängenmarkierung <ie>. Bei der Bildung der zweiten Stammform wendet er durchgängig die Regel für schwache Verben an, d. h. sieben von neun Formen bildet er falsch. Die kriterialen Anforderungen an die Leistung erfüllt Robert somit im ersten Aufgabenteil weitgehen vollständig, im zweiten Aufgabenteil überwiegend nicht. Dies spiegelt sich in der ergebnisbezogenen Benotung wider.

3.3 Pädagogischer Leistungsbegriff in der Grundschule

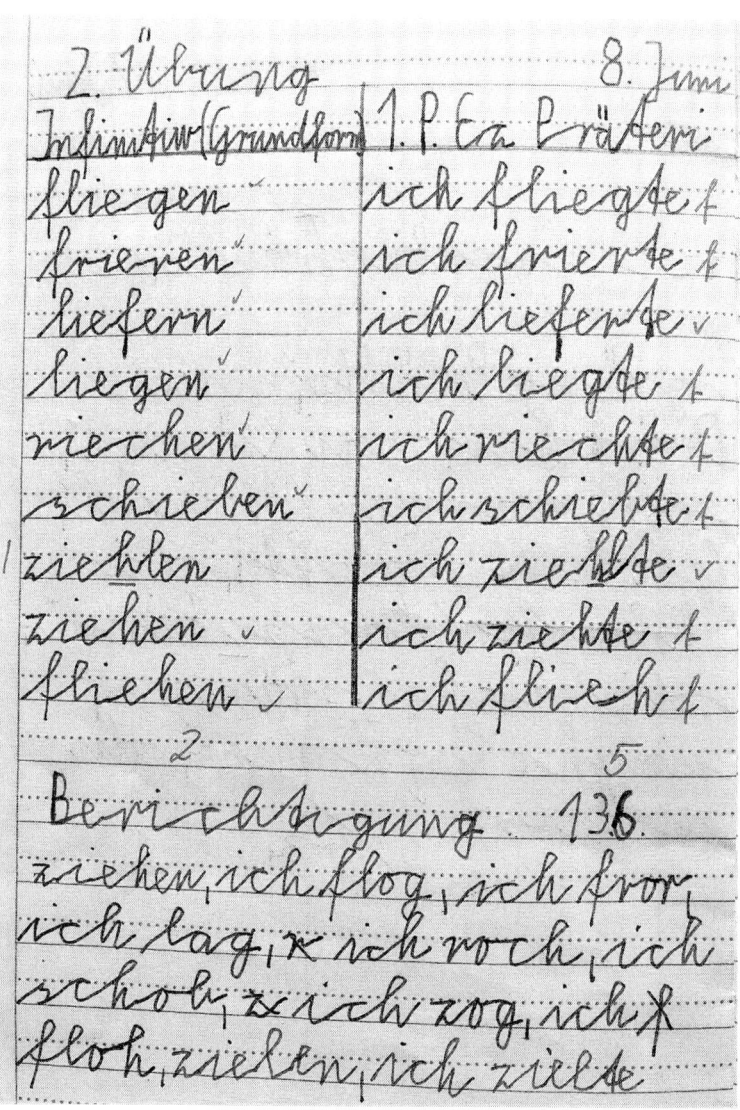

Abb. 2 Leistungskontrolle des Drittklässlers Robert (Foto: privat)

> Wie sieht es nun aber mit der prozessbezogenen Bewertung aus? Inwieweit hat sich Robert angestrengt, diese Leistung zu erreichen? Hat Robert die Anforderungen eher flüchtig bearbeitet, um schnell fertig zu werden, oder zeigt er vielleicht eine Übergeneralisierung der gerade gelernten Regel zur zweiten Stammformbildung bei schwachen Verben? Mit anderen Worten, ohne den Blick auf den Lernprozess kann zwar das Lernprodukt, aber nicht die Lernleistung von Robert als Ganzes erfasst und gewürdigt werden.
>
> Bezogen auf das weitere Lernen sowie die Lernfreude und Anstrengungsbereitschaft von Robert sollte ebenso gefragt werden, in welcher Form die Leistungsrückmeldung über die beiden Noten hinaus erfolgen kann. Das heißt, inwieweit gibt es ergänzende verbale Rückmeldungen zum Lösungsprozess oder zu Lösungsstrategien (→ Nutzung des Regelwissens zum Erkennen starker und schwacher Verben), zum individuellen Lernverhalten (→ Achten auf Selbstkontrolle, Vermeiden von Flüchtigkeit, Durchhalten bis zum Ende, ggf. kleine Arbeitspause, ...) oder zum individuellen Lernfortschritt (→ Vergleich mit voriger Leistung)? Ein solches Feedback auf Produkt-, Prozess- und selbstregulativer Ebene gilt als hoch effektiv für weitere individuelle Lernfortschritte und damit für verbesserte Leistungen (Hattie & Timperley, 2007, ▶ Kap. 5.2.1).

Diese Aspekte eines pädagogischen Leistungsbegriffs finden sich in den Empfehlungen zur Arbeit in der Grundschule (KMK; 2015) wieder (siehe Beispielkasten).

KMK- Empfehlungen zur Arbeit in der Grundschule – 2.2 Lernen und leisten

»Kinder wollen lernen und etwas leisten. Der Grundschulunterricht schafft in einer wertschätzenden und angstfreien Lernatmosphäre Situationen, in denen sich Schülerinnen und Schüler

> als Könnende erleben und ihren Lernvoraussetzungen, Lernbedürfnissen und ihrer individuellen Lernentwicklung entsprechend ihre bestmögliche Leistung entfalten können. Der Unterricht knüpft somit an vorhandene Kompetenzen an und entfaltet Lernpotenzial, um die individuellen Leistungsmöglichkeiten jedes Kindes systematisch zu erweitern.
> Leistungsanforderungen, die individuell angemessen, herausfordernd und erfüllbar sind, fördern Anstrengungsbereitschaft und Leistungsmotivation, Lernfreude und Selbstwertgefühl [...]« KMK (2015, S. 10).

3.4 Leistungsbegriff in Lehrplänen und Bildungsstandards

Der Bildungsauftrag der Grundschule umreißt einen zentralen programmatischen Rahmen für zu initiierende Lernprozesse und damit zu erreichende Lernergebnisse. Dieser eigenständige Auftrag wird seit mehr als 100 Jahren mit dem Erwerb *grundlegender Bildung* beschrieben und findet sich auch heute unter diesem Stichwort in den KMK-Empfehlungen (KMK, 2015; siehe Beispielkasten). Grundlegende Bildung steht in der Kontinuität des Allgemeinbildungsauftrags von Schule, einen Beitrag zur Stärkung der Persönlichkeit zu leisten, Anschlussfähigkeit des erworbenen Wissens und lebenslanges Lernen zu sichern sowie Mitbestimmungs- und Teilhabefähigkeit in einer demokratischen Gesellschaft anzubahnen (Einsiedler, 2014; Klafki, 1996).

3 Pädagogisches Leistungsverständnis in einer Grundschule für alle Kinder

> **KMK-Empfehlungen zur Arbeit in der Grundschule – Grundlegende Bildung**
>
> »Der Auftrag der Grundschule besteht darin, Kindern eine grundlegende schulische Bildung zu ermöglichen. Dazu gehören vor allem die Schlüsselkompetenzen des Lesens und Schreibens sowie der Mathematik, die eine Basis nicht nur für alle anderen Bildungsbereiche der Grundschule, sondern auch für weiterführende Bildung sowie für lebenslanges Lernen und selbständige Kulturaneignung darstellen. In diesem Sinne werden die Zielhorizonte der Grundschulbildung beschrieben, die den Erwerb und die Erweiterung grundlegender und anschlussfähiger Kompetenzen umfassen« (KMK, 2015, S. 9).

Die Ziele grundlegender Bildung – und damit die intendierten schulischen Leistungen – werden in den verschiedenen administrativen Steuerungsinstrumenten mithilfe unterschiedlicher Strategien abgebildet. Zu diesen Steuerungsinstrumenten zählen die traditionellen Lehrpläne (A), die von den Ländern erlassen werden, sowie die Bildungsstandards für die Primarstufe (B), die von der KMK erlassen werden. Der Leistungsbegriff in diesen beiden Instrumenten ist nur bedingt kongruent. Leistungsheterogenität als Normalfall in der Grundschule ist bei beiden Instrumenten in Ansätzen mitgedacht und bedarf einer deutlich akzentuierteren heterogenitätsbewussten Perspektive (C).

A – Grundlegende Bildung als Ziel schulischer Leistungen in den Lehrplänen

In den von den Ländern erlassenen Grundschullehrplänen spielen grundlegende Basisqualifikationen des Lesens und Schreibens sowie der Mathematik eine besondere Rolle, weil mit ihnen das Lernen in allen anderen Bildungsbereichen sowie langfristig auch für die berufliche, kulturelle und politische Teilhabe an der Gesellschaft grundgelegt werden. Zugleich werden unterschiedliche »*Pfa-*

de der Weltbegegnung, Korridore des Verstehens in die Welt« (Jung, 2022, S. 101) in Form weiterer Fächer prominent abgebildet. Zudem schließt der grundlegende Bildungsauftrag als Ziel schulischen Lernens Wertorientierungen und Maßstäbe für ein verantwortliches Handeln ein: Ein solches Bildungsverständnis erfordert gleichsam *»Personalität, Bewusstseinserhellung«* und einen von *»soziale[r] Verantwortung gekennzeichnete[n] Modus des menschlichen In-der-Weltsein[s]«* (Einsiedler, 2014, S. 227).

Die in den Lehrplänen der Grundschule fixierten Ziele umfassen deshalb nicht nur den Erwerb von grundlegendem Wissen und Können als schulische Leistung, sondern ebenso die Entwicklung grundlegender Einstellungen sowie motivationaler, volitionaler und sozialer Persönlichkeitseigenschaften (Liebers, 2014).

Die meisten Grundschullehrpläne in Deutschland weisen dementsprechend erwünschte fachliche, lernmethodische, personelle und soziale Lernziele/Lerninhalte aus. Vielfach werden diese in den Lehrplänen (doppel-)jahrgangsstufenbezogen nach Sach-, Methoden-, Selbst- und Personalkompetenz aufgeschlüsselt (siehe Beispielkasten). Zugleich wird in vielen Lehrplänen auf einen daraus resultierenden erweiterten Lern- und Leistungsbegriff in der Grundschule verwiesen: Dieser bezieht sowohl fachlich-inhaltliche (z. B. Verstehen, Erkennen, Vernetzen, ...) wie auch methodisch-strategische (z. B. Visualisieren, Strukturieren, Exzerpieren, ...), sozial-kommunikative (z. B. Zuhören, Argumentieren, Kooperieren, ...) und personale Komponenten (z. B. Selbstvertrauen gewinnen, positives Selbstkonzept entwickeln, ...) in die Unterrichtsgestaltung und in die Leistungsermittlung und Leistungsbewertung ein (u. a. Comenius-Institut, 2005).

B – Schulische Leistungen in Form von Schlüsselkompetenzen in den Bildungsstandards

Ergänzend zu den Lehrplänen wurden von der KMK im Jahr 2004 erstmals die für das Ende der Jahrgangsstufe 4 erwünschten schulischen Leistungen in Form von domänenspezifischen Schlüsselkompetenzen in länderübergreifenden Bildungsstandards in den Fächern Deutsch und Mathematik niedergelegt (KMK, 2004/ 2022).[14] Diese werden bislang als Regelstandards, d. h. auf ein mittleres Leistungsniveau hin, ausgewiesen, das für das nachfolgende Lernen als essenziell gilt. Sie bilden einerseits den gemeinsamen Rahmen für die Lehrpläne der Länder, andererseits die Basis für bundesweite Vergleichsarbeiten (siehe Beispielkasten).

Die domänenspezifischen Kompetenzen in den Bildungsstandards werden in Anlehnung an den lernpsychologischen Kompetenzbegriff von Franz E. Weinert (1930–2001) wie folgt modelliert:

>»Kompetenzen verbinden Wissen, Fertigkeit, Potenziale, Verstehen, Können, Handeln, Erfahrung und Motivation. Der Kompetenzerwerb zielt darauf ab, die motivationalen, volitionalen und sozialen Bereitschaften in konkreten Anwendungssituationen nutzen zu können und selbst zu individuellen Kompetenzen auszubilden. Ziel ist eine umfassende Persönlichkeitsbildung, die sich in der erfolgreichen und verantwortungsvollen Bewältigung aktueller Anforderungssituationen zeigt« (Weinert, 2001, zit. nach KMK, 2015, S. 8).

Obwohl die Bildungsstandards vor allem eine Verpflichtung der Grundschule beinhalten, Kinder bei deren Erwerb bestmöglich zu unterstützen (KMK, 2004/2022), trafen diese bei ihrer Einführung zunächst auf Vorbehalte und auch Widerstand. Die empirisch überprüfbare *Output-Orientierung* der Standards und die zu Beginn des neuen Jahrtausends gehäuft auftretenden internationalen, nationalen und landesweiten Vergleichsarbeiten, mit denen Grundschulen jährlich gefordert wurden, führten vielfach zu Befürchtungen, dass sich Grundschulunterricht zukünftig in einem *teaching to the test* bezogen auf das schriftlich abprüfbare Wissen in überwiegend zwei Fächern erschöpfen könnte. Ebenso wurde diskutiert, dass mit einer solchen instrumentellen Deutung von Bildung wesentliche Ziele grundlegender Bildung verfehlt werden könnten

---

14 Ähnliche Orientierungen für weitere Domänen bieten der Perspektivrahmen Sachunterricht oder das Europäische Sprachenportfolio.

3.4 Leistungsbegriff in Lehrplänen und Bildungsstandards

(vgl. dazu den Überblick in Schönknecht, 2011). Vor allem Wolfang Einsiedler (1945–2019) warnte jedoch vor einem »*Herunterspielen elementarer Grundqualifikationen gegenüber hehren Zielen übergeordneter Bildungsdimensionen*«, weil diese Grundqualifikationen die Voraussetzungen für alle weiterführende Bildungsziele darstellen (Einsiedler, 2014, S. 228).

> **Unterschiedliche Kompetenzmodelle in Lehrplänen, Bildungsstandards und Vergleichsarbeiten**
> In den o. g. Steuerungsinstrumenten finden sich unterschiedliche Kompetenzmodelle. In vielen (früheren) Grundschullehrplänen wurde im Anschluss an das Kompetenzmodell von Heinrich Roth (1906–1983) eine fachübergreifende allgemeine Selbst- oder Handlungskompetenz (= Sach-, Methoden-, Sozial- und Personalkompetenz) konzeptualisiert, die sich aus der Gesamtheit curricular bestimmter Lerninhalte und Lernprozesse zusammensetzt. Im Unterschied dazu sind die Kompetenzen in den Bildungsstandards domänenspezifisch formuliert und konzeptualisieren Kompetenzen als Fähigkeit, fachbezogene Probleme zu lösen. Darüber hinaus liegen den Aufgaben in den Vergleichsarbeiten spezifische Kompetenzmodelle zugrunde, in denen verschiedene Kompetenzbereiche mit unterschiedlichen Stufen der Komplexität und kognitiven Herausforderung modelliert werden (vgl. dazu Kiel, 2022).

C – Heterogenitätsbezogene Bildungsstandards und Lehrpläne als Zukunftsperspektive

Das normative Leistungsverständnis, das mit vielen Lehrplänen sowie den Bildungsstandards und einer darauf bezogenen Leistungsmessung verbunden ist, lässt sich nur schwer mit einem anerkennenden und nichthierarchisierenden Verständnis von Heterogenität in Einklang bringen: Wenn alle Kinder gemeinsam und entsprechend ihrer individuellen Leistungsfähigkeit unterrichtet werden sollen, erfordert dies einen anderen Blick auf Leistungshierarchien und die Bedeutung, die sozialen und somit hierarchisierenden Leistungsvergleichen zukommen soll. Das traditionelle Verständnis von *schlechten* oder *schwachen Schülerinnen und Schülern* und damit verbundene Ab- und Aufwertungen sowie Beschämungen sind im heterogenitätsbewussten Unterricht obsolet. Dies gilt umso mehr für den Unterricht in Grundschulklassen, in denen für Leistungen von Kindern mit schweren Behinderungen, die noch unter der ersten Kompetenzstufe der Bildungsstandards liegen, eine Form der Anerkennung gefunden werden muss (Prengel, 2014/ 2017/2022). Insgesamt wird so »*ein grundlegendes Neudenken des pädagogischen Umgangs mit Heterogenität, eine Neudefinition von chancengerechter Bildung und damit einhergehend eine tiefgreifende Reform traditioneller Leistungsverständnisse*« notwendig (Büker & Meier, 2017, S. 165 f.).

Heterogenitätsbezogene Bildungsstandards, die einen Ansatz zur Anerkennung individueller Leistungsentwicklung beinhalten, sind in sich mehrfach gestuft, damit Lernentwicklungen und somit Leistungen in heterogenen Lerngruppen kriterial und bezogen auf den jeweiligen Lernfortschritt einzelner Kinder, ganz gleich, auf welcher Entwicklungsstufe diese sich befinden, abgebildet werden können. Dies setzt voraus, dass für alle Fächer deutlich entwicklungssensitivere Kompetenzstufenmodelle als bisher entwickelt werden, die grundlegende »*Kompetenzen im Bereich basaler, gerade erst beginnender Lernbedürfnisse über darauffolgende Stufen bis hin zu komplex ausdifferenzierten Kompetenzen in den einzelnen Domänen*« beinhalten (Liebers, Maier, Prengel, Schönknecht, 2013, S. 49). Erste Rahmenlehrpläne, die je nach Bildungsgang gestufte Standardmodelle umsetzen, wurden von den Ländern Berlin und Brandenburg 2015 veröffentlicht:

> »Bei den Standards handelt es sich um Regelstandards. Sie beschreiben, welche Voraussetzungen die Lernenden in den Jahrgangsstufen 1 bis 10 erfüllen müssen, um Übergänge erfolgreich zu bewältigen bzw. Abschlüsse zu erreichen. Sie stellen in ihren jeweiligen Niveaustufen steigende Anforderungen an die Schülerinnen und Schüler im Laufe ihres individuellen

3.4 Leistungsbegriff in Lehrplänen und Bildungsstandards

Lernens dar, sodass Standards höherer Niveaustufen darunterliegende einschließen« (LISUM, 2015, S. 9).

Bis zum Ende der Jahrgangsstufe 10 können je nach Bildungsgang unterschiedliche Regelstandards angestrebt werden (▶ Abb. 3).

1	2	3	4	5	6	7	8	9	10	Niveau
A		B		C			D		E	BOA
A		B		C		D		E	F	BBR
A	B		C		D		E	F	G	EBBR
A	B		C		D	E		F	G	MSA
	B		C		D	E		F	G	H	Niveau zum Übergang in die 2-jährige Qualifikationsphase

Abb. 3: Darstellung der geltenden Regelstandards nach Klassenstufe und Bildungsgangziel in Berliner Lehrplänen (Senatsverwaltung für Bildung, Jugend und Wissenschaft Berlin, Ministerium für Bildung, Jugend und Sport des Landes Brandenburg (Hrsg.) 2015. Rahmenlehrplan Jahrgangsstufen 1-10. Berlin, Potsdam, S. 11)
Erläuterungen: BOA = Berufsorientierender Abschluss/Bildungsgang der Förderschule Lernen, BBR = Berufsbildungsreife nach Klasse 9 oder 10, EBBR = Erweiterte Berufsbildungsreife, MSA = Mittlerer Schulabschluss nach Klasse 10, Niveau zum Übergang ... = Voraussetzung für den Besuch der gymnasialen Oberstufe

Weitere heterogenitätssensitive Kompetenzmodellierungen sind in verschiedenen Forschungsgruppen in Entwicklung. Mit solchen gestuften Kompetenzmodellen für die Leistungsbeurteilung kann »*das Anrecht auf (materielle und symbolische) Anerkennung*« umgesetzt sowie »*Meritokratie relativiert und in solidarischen und (menschen-)rechtlichen Prinzipien, Formen der Anerkennung, explizit verankert*« werden (Streese, Schiermeyer-Reichl, Meyer, Moritz & Wenzel, 2017, S. 123). Damit einher gehen Modelle einer formativen Leistungsbeurteilung (▶ Kap. 5.2.3), welche kriteriale und individuelle Lernfortschritte im Sinne der Förderung des Lernens stärker betonen (Widmer-Wolf, 2018).

3.5 Heterogenitätssensitiver schulischer Leistungsbegriff

Leistung stellt in der Grundschule ein hoch ambivalentes Konzept dar (Feindt & Arndt, 2021). Vor dem Hintergrund des Auftrags der Grundschule, für alle Kinder ein solides Fundament für das weitere Lernen nicht nur bezogen auf das Wissen und Können in den Fächern, sondern ebenso bezogen auf motivationale, volitionale und soziale Persönlichkeitseigenschaften zu legen, kommt einer pädagogisch motivierten Leistungserziehung in der Grundschule eine herausgehobene Bedeutung zu. Ein heterogenitätssensitiver schulischer Leistungsbegriff sollte folgende Aspekte fokussieren:

1. Schulische Leistungen von Kindern umfassen sowohl domänenspezifisches Wissen und Können, aber ebenso auch Lernwege, Lernstrategien und Anstrengungsbereitschaft sowie Facetten der Zusammenarbeit mit anderen Kindern, wie Hilfe, Fürsorge und Konfliktbewältigung.
2. Als schulische Leistung sind alle Anstrengungen und erreichten Lernfortschritte in der Zone der nächsten Entwicklung eines Kindes anzuerkennen.
3. Für jedes Kind stellt das Erreichen seiner individuell bestmöglichen Leistung ein wichtiges Ziel des Lernens und der Leistungserziehung dar.
4. Als objektives Gütekriterium für die Beurteilung schulischer Leistungen werden feiner gestufte Kompetenzmodelle bezogen auf domänenspezifische Bildungsstandards benötigt. Anhand dieser kann eingeschätzt werden, welche Kompetenzstufe individuell erreicht worden ist (kriteriale Bezugsnorm). Gestufte Modelle ermöglichen zudem, individuelle Lernfortschritte eines Kindes auf dem Weg zu den Bildungsstandards zu beschreiben (individuelle Bezugsnorm).

5. Vergleiche von Leistungen, die sich nicht auf kriteriale, sondern auf sozial hierarchisierende Differenzen beziehen (z. B. *gute vs. schlechte Schüler*), sind abzulehnen. Ebenso sind abwertende Äußerungen oder Etikettierungen aufgrund von Leistungen (Ableismen) oder hinsichtlich herkunftsbezogener Gruppenmerkmale (wie Klassismus und Rassismus) zu vermeiden.

Mit Blick auf die weiteren Kapitel kann zusammenfassend festgehalten werden, dass sich Leistungsheterogenität in der Grundschule nicht nur auf die Vielfalt des erworbenen Wissens und Könnens, sondern ebenso auf Einstellungen, Lernwege sowie weitere lernrelevante Persönlichkeitsmerkmale bezieht, die kriterial und nichthierarchiesierend anzuerkennen sind.

Fragen zur Reflexion

1. Wie hängen der Doppelauftrag der Schule und das meritokratische Prinzip zusammen? Inwieweit ist dieser Zusammenhang unauflöslich?
2. Inwieweit unterscheiden sich der pädagogische Leistungsbegriff in der Grundschule und der gesellschaftliche Leistungsbegriff?
3. Wie können ein inklusives Leistungsverständnis und Bildungsstandards aufeinander bezogen werden?

4

Leistungsheterogenität als Zusammenspiel einer Vielzahl an Faktoren

Leistungsheterogenität von Kindern entsteht in einem dynamischen Zusammenspiel einer Vielzahl an Faktoren im Grundschulunterricht. In diesem Kapitel werden zunächst empirische Modelle zur Erklärung von Lernleistungen (▶ Kap. 4.1) und daran anschließend diejenigen Faktoren vorgestellt, die für das Entstehen von Leitungsheterogenität in der Grundschule von besonderer Relevanz sind. Dazu werden Befunde aus der empirischen Forschung zu den individuellen Lernvoraussetzungen (▶ Kap. 4.2), den familiären Bedingungsfaktoren (▶ Kap. 4.3) sowie dem Einfluss von Lehrpersonen, Unterricht und Schule (▶ Kap. 4.4.) referiert, mit denen das Zusammenspiel verschiedener Faktoren bei der Entstehung von Leistungsheterogenität beschrieben werden kann. Abschließend wird aufgezeigt, unter welchen Bedingungen diese Faktoren zu Bildungsdisparitäten, d.h. zu Ungleichheiten in der Bildungsbeteiligung, amalgamieren (▶ Kap. 4.5).

4.1 Modelle zur Erklärung von schulischen Lernleistungen

Für das Verständnis der Entstehung von Leistungsheterogenität in der Grundschule ist das Wissen über die Bedingungsfaktoren von Lernleistungen und deren Zusammenspiel unerlässlich. Zu diesen Bedingungsfaktoren zählen im Zusammenspiel mit den individuellen und familiären Herkunftsmerkmalen vor allem die Quantität und Qualität der Lehr-Lernprozesse sowie Klassen- und Schulmerkmale (▶ Abb. 4). So sind die konkret verfügbaren Lernangebote im Unterricht und die Professionalität der Lehrkräfte in einem bedeutsamen Maß dafür verantwortlich, wie erfolgreich Kinder lernen können. Aber auch die Zusammensetzung der Schülerschaft in den Klassen und das schulische Milieu tragen zur Entstehung von Leistungsheterogenität auf unterschiedlichen Wegen bei, zudem beeinflussen sich im Unterricht die Lehrpersonen und Kinder sowie die Kinder untereinander wechselseitig. Nicht zuletzt beeinflusst die sozio-ökonomische bzw. sozio-kulturelle Situation der Sorgeberechtigten die Lernleistungen ihrer Kinder.

Die komplexen Zusammenhänge zwischen den Bedingungsfaktoren des Lernens wurden seit den 1970er Jahren in lernpsychologischen Modellen wie dem *Modell möglicher Bedingungsfaktoren von Schulleistungen* (Krapp, 1976), dem *Produktivitätsmodell* von Walberg (1984) oder den *Angebots-Nutzungsmodellen der Schulleistungen* von Fend (2001) sowie Helmke (2012) mit unterschiedlichen Schwerpunktsetzungen beschrieben (vgl. dazu Carle, 2009; Nikolova, 2011).

4 Leistungsheterogenität als Zusammenspiel einer Vielzahl an Faktoren

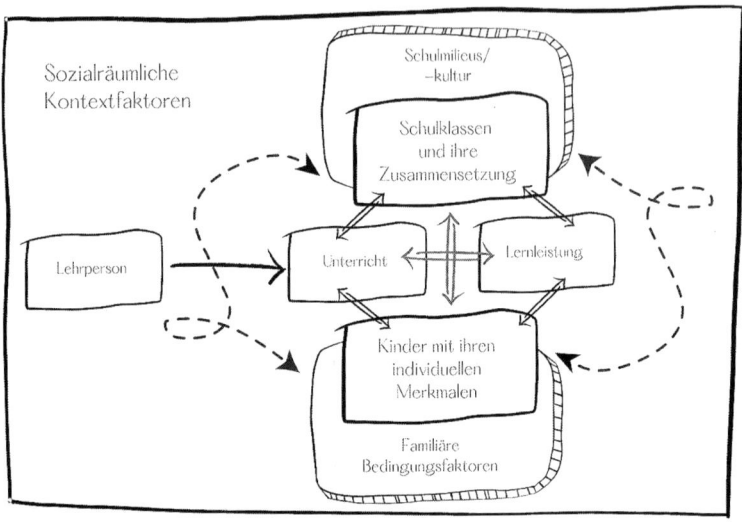

Abb. 4: Bedingungsfaktoren von Schulleistungen (Grafik Beier & Liebers)

So betont das *Angebots-Nutzungsmodell* von Helmke (2012) eine konstruktivistische Sicht auf das Verhältnis von Lernangebot und Lernertrag: Ein konkretes unterrichtliches Angebot muss zunächst von Kindern wahr- und angenommen werden und zu »*motivationalen, emotionalen und volitionalen (auf den Willen bezogenen) Prozesse auf Schülerseite*« (a. a. O., S. 69) führen, damit Lernaktivitäten ausgelöst und Lernerträge erwartet werden können. Dieses und weitere Modelle wie z. B. das IGLU-Rahmenmodell (Hußmann, Wendt, Kasper; Bos & Goy, 2017, S. 38) dienen in der empirischen Schulforschung der Operationalisierung von Faktoren für komplexe und mehrschichtige statistische Prüfverfahren. Mit ihrer Hilfe können das Zusammenspiel verschiedener Faktoren sowie deren konkreter Beitrag bei der Entstehung von Leistungsheterogenität modelliert werden.

Eine Limitation dieser Modelle für die Grundschule liegt darin, dass in ihnen Schulleistungen vor allem als das in Lehrplänen bzw. Standards fixierte deklarative und prozedurale Wissen verstanden wird (Köller & Baumert, 2002). Dieses beinhaltet zwar das unverzichtbare Wissen und Können (Schlüsselkompetenzen) für ein anschlussfähiges Weiterlernen in nachfolgenden Schulstufen und eine spätere Partizipation in der Gesellschaft, bildet aber zugleich nur einen Teil des grundlegenden Bildungsauftrags der Grundschule ab, der ebenso lernrelevante Persönlichkeitseigenschaften und Werthaltungen umfasst (▶ Kap. 3.3; Einsiedler, 1997; Petillon, 1997). Einzelne dieser leistungsrelevanten Persönlichkeitsmerkmale, wie Lernfreude oder schulisches Wohlbefinden, wurden in den letzten Jahren in den Schulleistungsstudien als moderierende Kontextfaktoren mit in den Blick genommen (u. a. Valtin, Wagner & Schwippert, 2005, Goy, Valtin & Hußmann, 2017).

Auf der mikrodidaktischen Ebene des Unterrichts kommen zahlreiche weitere Einflussgrößen bei der Entstehung von Leistungsheterogenität zum Tragen, die in Schulleistungsstudien weniger im Fokus stehen. Diese werden vor allem in der rekonstruktiven Unterrichtsforschung mithilfe von (videographierten) Beobachtungen oder Befragungen detailliert untersucht. Im Zentrum dieser Analysen stehen u. a. Überzeugungen sowie interaktive, sprachliche und unterrichtliche Praktiken von Lehrpersonen und Kindern, Peer-Interaktionen sowie Unterrichtsprodukte von Kindern oder Unterrichtsmaterialien, die daraufhin untersucht werden, wie in der konkreten sozialen Situation im Unterricht mittels dieser Praktiken Differenz im Hinblick auf Leistung erzeugt bzw. reproduziert wird (stellvertretend z. B. Breidenstein & Rademacher, 2017, de Boer, Bonanati, Breuning, Jähn, Last & Wagener, 2020; Grittner, 2009).

4.2 Leistungsrelevante individuelle Merkmale von Kindern

Kinder, die in Deutschland in die Grundschule kommen, unterscheiden sich in unzähligen Merkmalen. Kinder einer gleichen

Klasse sind unterschiedlich alt, haben unterschiedliche Lernvoraussetzungen in der Vorschulzeit erworben und sammeln im Grundschulunterricht unterschiedliche Erfahrungen mit ihren eigenen körperlichen und geistigen Möglichkeiten. Sie haben verschiedene Erfahrungen als Mädchen oder Jungen oder jenseits der traditionellen Geschlechtergrenzen gemacht. Sie verfügen über verschiedene Erfahrungen im Hinblick auf ihre materiellen Lebensgrundlagen oder als Angehörige verschiedener Nationalitäten und Glaubensrichtungen. Zudem haben Kinder verschiedene Erfahrungen mit ihrer Bindung an Bezugspersonen in unterschiedlichsten Familienkonstellationen sowie mit anderen Kindern machen können. Jedes einzelne Kind, welches in der Grundschule lernt, verfügt somit über einzigartige individuelle Lernvoraussetzungen.

All diese individuellen Voraussetzungen und Erfahrungen beeinflussen auf spezifische Weise das weitere Lernen in der Grundschule. Dennoch gibt es keine linearen Zusammenhänge zwischen diesen individuellen Voraussetzungen und Erfahrungen und den Lernleistungen. Sie sind als Dispositionen oder Lernpotenziale zu verstehen, die im konkreten Unterrichtsgeschehen und in der Interaktion mit Lehrpersonen und Peers mehr oder weniger zum Tragen kommen können. Einige psychische Lernvoraussetzungen von Kindern wirken als proximale bzw. lernzielnahe Lernvoraussetzungen relativ unmittelbar auf die individuellen Lernleistungen ein. Dazu zählen u. a. das individuell verfügbare Vorwissen, die Intelligenz, die Motivation und Anstrengungsbereitschaft oder die Lernstrategien (▶ Kap. 4.2.1). Andere Merkmale wie das Alter, das Geschlecht oder die soziale Herkunft wirken als distale Faktoren eher indirekt (▶ Kap. 4.2.2). Ihr Einfluss verläuft vermittelt über weitere Faktoren wie das elterliche Unterstützungsverhalten, einen individuell mehr oder weniger passfähigen Unterricht oder die sozialen Interaktionen mit Lehrpersonen und anderen Kindern in der Klasse. Die verschiedenen Wirkmechanismen sind somit vielschichtig und niemals eindimensional (siehe Beispielkasten). Das Lernen kann zudem von physischen und psychischen Beeinträchtigungen sowie besonderen Begabungen beeinflusst werden (▶ Kap. 4.2.3).

Proximale und distale Lernvoraussetzungen – Fallbeispiel Fin

Fin (2. Klasse) liebt das Fach Sport und rechnet gern, liest aber nicht so gern längere Sätze und Texte nur mit Mühe. Fin kommt aus einer Familie mit einer wenig ausgeprägten familiären Literalität, so gibt es nahezu keine Bücher oder Zeitschriften (analog/digital) im Haushalt, dafür jedoch viele digitale Endgeräte mit Spielfunktionen. Diese spezifische familiäre Konstellation (distaler Faktor) bewirkt nicht direkt, dass Fin beim Lesen auf den ersten Kompetenzstufen verharrt, sondern führt vielmehr über proximale Faktoren wie fehlendes Interesse, geringe Motivation und geringes Vorwissen (fehlende frühe Erfahrungen in der Buch- und Schriftkultur) zu ungünstigen Lernvoraussetzungen für den Schriftspracherwerb. Von Fin selbst wahrgenommene Misserfolge tragen zum weiteren Schwinden seiner Anstrengungsbereitschaft bei.

Wie kann an Fins Lernvoraussetzungen durch individuell sinnstiftende Lernangebote angeknüpft werden, damit er seine Leseleistungen weiter entwickeln kann? Eine Möglichkeit liegt im *Bridging*, einem aus der Elementardidaktik stammenden Ansatz, zwischen den Interessen des Kindes und den Bildungsanforderungen zu vermitteln, indem von der Lehrperson positive Gefühle, Kompetenzen und Interessen des Kindes angesprochen werden, um Zugänge zu nicht so ausgeprägten Kompetenzbereichen zu schaffen (ifp, o. J., o. S.): Bei der Wahl der Textformate könnte zunächst passend zu Fins bisherigen Texterfahrungen an diskontinuierliche Kurztexte und Hypertextformate angeknüpft werden, wie sie in Spiel-Apps üblich sind, ggf. kann eine Lese-App passend zu seinem Entwicklungsstand eingesetzt werden. Hilfreich sind zudem Textinhalte, die an bedeutsame Themen und Interessen von Fin anknüpfen (z. B. Spielhelden oder -kontexte), damit Fin eine Lesemotivation entwickelt. Darauf aufbauend können dann Basisfähigkeiten, wie die Leseflüssigkeit oder elementare Lesestrategien anhand kontinuierlicher Texte intensiver geübt werden.

4.2.1 Kognitive und motivational-volitionale Lernvoraussetzungen

Die proximalen individuellen Voraussetzungen des Lernens sind im *Modell der individuellen Voraussetzungen erfolgreichen Lernens* (INVO-Modell, Hasselhorn & Gold, 2017) erfasst. In diesem werden kognitive und motivational-volitionale Lernvoraussetzungen unterschieden, die wie Zahnräder eines Getriebes ineinandergreifen. Zu den kognitiven Voraussetzungen zählen das (A) inhaltliche Vorwissen, über das ein Kind verfügt, sowie weitere kognitive Komponenten wie seine (B) Aufmerksamkeit, Konzentration und sein Arbeitsgedächtnis sowie (C) seine Lernstrategien. Die Ausprägung dieser Voraussetzungen stehen in enger Wechselwirkung mit generellen kognitiven Fähigkeiten sowie den frühen Lernerfahrungen eines Kindes. Zu den motivationalen und volitionalen Lernvoraussetzungen eines Kindes gehören seine (D) Lernmotivation, sein (E) schulisches Selbstkonzept und seine (F) Lernfreude und Anstrengungsbereitschaft.

A – Vorwissen

Alles neue Wissen in den Domänen baut auf vorhandenem Wissen auf. Je mehr relevantes Vorwissen für ein Kind individuell verfügbar ist, desto schneller kann es erkennen, welche Informationen wichtig sind (selektive Aufmerksamkeit). Es kann dazu passende Konzepte im Langzeitspeicher aktivieren und neue Informationen dort leichter andocken und integrieren (Gold, 2018, S. 38). Daraus ergibt sich einerseits die hohe Bedeutung des jeweiligen Vorwissens für den nachfolgenden Lernerfolg (siehe Exkurs 4 – Bedeutung des individuellen Vorwissens), andererseits resultiert daraus die Aufgabe, im Unterricht an dem individuell verfügbaren Wissen anzuknüpfen (Niveau der aktuellen Entwicklung), um Lernerfolge in der Zone der nächsten Entwicklung zu sichern (▶ Kap. 5.2.1).

Zum relevanten Vorwissen für den Schriftspracherwerb in der Grundschule zählen u. a. das Interesse und die Erfahrungen mit der Schriftkultur, erste Einsichten in die Funktionen und Merkmale von Schrift, das Buchstabenwissen oder die phonologische Bewusstheit sowie die allgemeinen Sprachkompetenzen (u. a. Liebers & Heger, 2017). Bezogen auf das mathematische Lernen zählen u. a. das Interesse an Mengen und Zahlen, das Mengenverständnis (Mengenerfassung und Mengenvergleiche) sowie das Zahlenwissen (Zählfertigkeiten, Zahlbildwissen, elementares Rechnen) zum relevanten Vorwissen. Dieses Vorwissen wird in erheblichem Maße durch die vorausgegangenen Bildungsangebote in der Kita und die familiäre Erziehung geprägt (Tietze, Rossbach & Grenner, 2005) und weist bereits am Schulanfang erhebliche Spreizungen auf (z. B. Martschinke & Kammermeyer, 2003; siehe Beispielkasten).

> **Heterogenität der schriftsprachlichen Lernvoraussetzungen am Schulanfang**
> Die Abbildung 5 enthält eine Auswahl von acht Kinderarbeiten aus einer Sammlung von 800 repräsentativ ausgewählten Schülerleistungen am Schulanfang (Liebers, 2011): Einzelne Kinder können den Stift mit Mühe halten und erzeugen Spuren auf dem Blatt. Andere Kinder haben Erwachsene beim Schreiben schon beobachtet und kritzeln etwas oder ahmen diese Schreibbewegungen und Schriftsymbole nach, bis dahin, dass sie ihren eigenen Namen aus dem Gedächtnis wiedergeben. Weitere Kinder haben sich schon eine Vielzahl von Wortbildern von Namen eingeprägt und experimentieren mit dem bereits gelernten Buchstaben M, A, O und P. Wiederum andere Kinder können bereits mit den ihnen verfügbaren Laut-Buchstaben-Verbindungen (Phonem-Graphem-Relation) eine Vielzahl von eigenen Wörtern verschriften und einige Kinder schreiben schon Sätze, bei denen sie erste Rechtschreibphänomene (Groß- und Kleinschreibung, Mitlautverdopplung) berücksichtigen. Damit verfügen Kinder bereits in den ersten Schulwochen über sehr weit gespreizte Voraussetzungen für den Schriftspracherwerb.

4 Leistungsheterogenität als Zusammenspiel einer Vielzahl an Faktoren

Abb. 5 Unterschiedliche schriftsprachliche Voraussetzungen von Kindern am Schulanfang (vgl. Liebers, 2011)

4.2 Leistungsrelevante individuelle Merkmale von Kindern

Die Variationsbreite der Lernvoraussetzungen wird durch den Unterricht in der Grundschule zum Teil ausgeglichen, wozu neben einer differenzierten und individuellen Förderung u. a. auch curriculare Effekte beitragen. Dennoch werden am Ende der Grundschulzeit weiterhin große Spannweiten in den Leistungen in allen (inter-)nationalen Schulleistungsstudien seit den 2000er Jahren offenkundig.

Insbesondere die IGLU-Studien zeigen, dass die Streubreite der Leistungen im Lesen in den vergangenen 15 Jahren weiter zugenommen hat, wobei die »*gewachsene Heterogenität [...] sowohl aus geringeren Leistungen der schwächeren als auch aus besseren Leistungen der stärksten Schülerinnen und Schüler*« (Hußmann et al., 2017, S. 20) resultiere. Konkret erreichen elf Prozent der Viertklässlerinnen und Viertklässler in Deutschland die höchste Kompetenzstufe des entfalteten und schlussfolgernden Textverstehens, wohingegen sechs Prozent der Kinder Leseleistungen auf der ersten Kompetenzstufe erbringen und damit noch am Anfang des Leseerwerbs stehen. Für fast ein Fünftel der Kinder werden nach dem Übergang in die Sekundarstufe lernzieldifferente Angebote erforderlich, weil die üblicherweise verwendeten Texte im Fachunterricht nicht zu deren Niveau der aktuellen Leistung passfähig sind (a. a. O.). Der Anteil der Kinder mit niedrigen Lesekompetenzen ist infolge der pandemiebedingten Schulschließungen noch weiter gestiegen, zugleich ist der Anteil der Kinder mit hohen Lesekompetenzen gesunken (Ludwig et al., 2022). Im Fach Mathematik benötigt laut TIMS-Studie (2019) ein Viertel der Viertklässlerinnen und Viertklässler lernzieldifferente Aufgaben, weil ihre mathematischen Kompetenzen im elementaren Bereich (Kompetenzstufe I und II) liegen, nur sechs Prozent erreichen die höchste Kompetenzstufe (Schwippert et al., 2020). Auch im Sachunterricht wurde eine Zunahme der Streuung bei den Leistungen beobachtet, die sich vor allem durch eine Zunahme der beiden unteren Kompetenzstufen ergibt (a. a. O.).

B – Aufmerksamkeit und Arbeitsgedächtnis

Die Aufmerksamkeit sowie das Arbeitsgedächtnis bilden eine zentrale Basis für das Lernen (Gold, 2018, S. 35). Mit Aufmerksamkeit wird vor allem das Herausfiltern der für das Lernen relevanten Reize aus der Vielzahl ständig eintreffender Reize im sensorischen Gedächtnis und deren Umwandlung in Informationen sowie deren Weiterleitung in den Arbeitsspeicher bezeichnet (a. a. O.). Damit diese Prozesse auch unter Ausschaltung gleichzeitiger irrelevanter Reize aufrechterhalten werden können, benötigen Kinder außerdem die Fähigkeit zur Konzentration. In ihren Fähigkeiten, relevante von weniger relevanten Informationen zu unterscheiden und diese konzentriert zu fokussieren, unterscheiden sich Kinder deutlich voneinander. Vor allem am Schulanfang offenbaren Kinder infolge individueller physiologischer Reifungsprozesse ihres Nervensystems sowie ihrer frühen Lernerfahrungen sehr unterschiedlich ausgeprägte Spannen der Aufmerksamkeit und der Fähigkeiten, irrelevante Reize zu ignorieren, optimale Aktivierungsniveaus aufrecht zu erhalten sowie nicht zielführende Reaktionen eigenständig zu kontrollieren. Für nicht wenige Kinder bleibt die Ausbildung von Aufmerksamkeit und Konzentration eine Herausforderung während der gesamten Grundschulzeit (a. a. O.).

Ebenso stellt das Arbeitsgedächtnis eine zentrale Komponente für das Lernen dar (Ehm, Lonnemann & Hasselhorn, 2017; Gold, 2018). In diesem werden die eingegangenen visuell-räumlichen und sprachlich-akustischen Informationen, unter Rückgriff auf Informationen aus dem Langzeitgedächtnis, bearbeitet und ggf. ins Langzeitgedächtnis weitergeleitet. Die Speicherkapazität im Arbeitsgedächtnis ist bei Kindern im Grundschulalter noch begrenzt und gelangt durch die Anzahl und die Komplexität von aufgenommenen Informationen schnell an ihre Grenzen. Zugleich erfolgt ab dem späten Kindergartenalter bis zum Ende der Grundschulzeit der größte qualitative und quantitative Zuwachs im Arbeitsgedächtnis, der sich u. a. im spontanen inneren Nachsprechen und dem Behalten von zunehmend mehr gehörten Items äußert: Fünfjährige Kinder können sich durchschnittlich vier, siebenjährige durchschnittlich fünf und neunjährige durchschnittlich sechs Wörter merken, wobei auch hier erhebliche Spannweiten zu beobachten sind (Ehm, Lonnemann & Hasselhorn, 2017, S. 93).

C – Lernstrategien

Im Laufe der Grundschulzeit erwerben Kinder zahlreiche Strategien, um Lernhandlungen zielgerichtet, effektiv sowie zunehmend selbstständig umsetzen zu können und ihre Lernziele zu erreichen. Unterschieden werden die primären Strategien der Lern- und Arbeitstechniken, sekundäre Stützstrategien sowie übergeordnete metakognitive Strategien zur Steuerung des eigenen Lernprozesses (Gold, 2018, S. 39).

Schulrelevante Lernstrategien müssen viele Kinder im Anfangsunterricht zunächst Schritt für Schritt kennenlernen und unter Anleitung üben, damit sie sie später selbstständig anwenden können (a. a. O.). Einigen Kindern fällt es leichter als anderen, solche Strategien zu erlernen und selbstständig anzuwenden, vor allem dann, wenn sie über ausgeprägte Begabungen im kognitiven Bereich verfügen. Ebenso spielen die vorhandenen Vorerfahrungen eine wichtige Rolle: Haben Kinder bereits zu Hause oder in der Kita durch Beobachtung oder Anleitung gelernt, Arbeiten zu planen, Arbeitsmittel zu nutzen, Arbeitsabläufe gedanklich zu strukturieren, Techniken für das Einprägen oder das Vergleichen von Eigenschaften und Anzahlen etc. einzusetzen, können sie diese Strategien schneller im Unterricht weiterentwickeln, als wenn diese Schritt für Schritt erworben werden müssen. Dem unterrichtlichen Angebot kommt eine zentrale Rolle für die weitere Entwicklung metakognitiven Wissens und dessen gezielter Nutzung zu (Ehm, Lonnemann & Hasselhorn, 2017, S. 69).

D – Motivation

Die für das Lernen in der Schule wichtige Lernmotivation kann als ein innerer Zustand verstanden werden, der das Lernverhalten aktiviert und der bei Kindern im Unterricht dazu führt, dass sie die gestellten Lernaufgaben bestmöglich bearbeiten wollen. Die Lernmotivation ist besonders bei Kindern im Grundschulalter sehr deutlich ausgeprägt, am intensivsten häufig bei Kindern am Schulanfang (Helmke, 1997b). Im Anfangsunterricht ergibt sich die Lernmotivation aus dem Interesse an den Inhalten des Lernens, z. B. Lesen, Schreiben und Rechnen zu können, oder aus den Themen, z. B. des Sachunterrichts, aber auch durch Kompetenzerfahrung und soziales Eingebundensein (Kammermeyer & Martschinke, 2003). Dieses Interesse führt zu einer vertieften Beschäftigung mit den Inhalten und wird von den Kindern überwiegend als angenehm empfunden. Dennoch gibt es auch im Anfangsunterricht Kinder, die für sich keine Motivation für das Lernen entwickeln können oder diese sehr rasch wieder verlieren (Liebers, 2008). Viele Kinder können jedoch ihre hohe Motivation bis zum Ende der Grundschulzeit aufrechterhalten. So äußerten fast alle befragten Kinder in der IGLU-Studie, dass sie im Unterricht mitarbeiten, weil sie gute Noten erreichen wollen, die meisten Kinder arbeiten mit, weil sie Themen spannend finden und Spaß daran haben, immer dazuzulernen. Nur ein kleiner Teil der Viertklässlerinnen und Viertklässler äußern motivationale Schwierigkeiten (Valtin, Wagner & Schwippert, 2005).

Die Lernmotivation steht in engem Zusammenhang mit den Interessen von Kindern. Bereits in einem frühen Alter entsteht eine Hinwendung zu individuell spezifischen Dingen und Sachverhalten, aus denen sich individuelle Interessen herausbilden. Diese frühen Interessen

»strukturieren die Kind-Umwelt-Interaktion und steuern selektive Aufmerksamkeitsprozesse des Kindes, das bewusst die Auseinandersetzung mit Objekten, Handlungen und Themen des Interessengebietes sucht. Forschungsergebnisse belegen, dass unter lernpsychologischer Perspektive interessenbasierte Lernprozesse besonders effektiv und nachhaltig sind. Die gezielte Wahrnehmung kindlicher Interessen in pädagogischen Kontexten besitzt daher eine hohe Bedeutung« (Lichtblau, 2018, o. S.).

Im Grundschulalter zählen vor allem Freunde, Sport sowie technische Geräte zu den spezifischen Interessen und Themen von Kindern (statista, 2021, o. S.).

E – Schulisches Selbstkonzept

Unter dem schulischen Selbstkonzept werden die Wahrnehmung und das Denken über die eigenen schulischen Fähigkeiten sowie die persönliche Einschätzung dieser eigenen Fähigkeiten subsummiert (Ehm, Lonnemann & Hasselhorn, 2017; Gold, 2018; Helmke, 1997b). Das jeweilige Selbstkonzept ist domänenspezifisch ausgeprägt und stimmt nicht unbedingt mit dem tatsächlichen Leistungsvermögen in einem Fach überein. In leistungsheterogenen Klassen verstärken Mitschülerinnen und Mitschüler mit Leistungen auf niedrigeren Niveaustufen das Selbstkonzept der weiter vorangeschrittenen Kinder, wohingegen in eher leistungshomogenen Klassen differente Entwicklungsverläufe berichtet werden (Fischteich-Effekt nach Marsh, 1987, Köller & Baumert, 2002; Zeinz & Köller, 2006).

Bereits im Kindergarten gewinnen Kinder im Spiel erste Selbsteinschätzungen über ihre mathematischen und sprachlichen Fähigkeiten. Kinder am Schulanfang sind zumeist noch von einem stützenden *Überoptimismus* gekennzeichnet, der Einfluss auf das schulische Wohlbefinden und indirekt auch auf die Lernleistungen nimmt. Ihr Selbstkonzept ist in der Regel deshalb noch sehr hoch ausgeprägt, weil sie ihre Fähigkeiten mit der Anstrengung vergleichen, die sie dafür aufwenden. Infolge des Unterrichts, der regelmäßigen Rückmeldungen zu den eigenen Leistungen (in Form von Noten) sowie den Vergleichen mit den Mitschülerinnen und Mitschülern passt sich das schulische Selbstkonzept bis zum Ende der Grundschulzeit immer mehr an das tatsächliche Leistungsniveau an (Kammermeyer & Martschinke, 2003; Helmke, 1997b). Das Selbstkonzept kann durch Lernfreude und geringe Angst gesteigert oder umgekehrt auch negativ beeinflusst werden (Martschinke & Kammermeyer, 2006).

Schon am Schulanfang gibt es große Unterschiede im Selbstkonzept innerhalb von Klassen und zwischen Klassen (Kammermeyer & Martschinke, 2003; Liebers, 2008). In vierten Klassen fallen die Anteile der Kinder mit einem schwach ausgeprägten lesebezogenen bzw. mathematischen Selbstkonzept gering aus. Mehr als die Hälfte aller befragten Kinder sehen sich als gute bis sehr gute Leserinnen und Leser, etwa ein Fünftel schätzt ein, nicht so gut lesen zu können wie andere Kinder in der Klasse oder fast keine oder keine Begabung für Mathematik zu haben. Im Sachunterricht weisen rund drei Viertel der Kinder ein positives Selbstkonzept auf (Valtin, Wagner & Schwippert, 2005).

F – Volitionale und lernbegleitende Emotionen

Erfolgreiches Lernen benötigt ebenso Willenskraft und Anstrengungsbereitschaft, um Lernhandlungen zu beginnen und dauerhaft aufrecht zu erhalten. Zudem werden Lernprozesse von Emotionen begleitet, die zusammen mit den Lerninformationen im Gedächtnis abgespeichert und für weitere Lernhandlungen lernwirksam werden. Von den individuellen Lernerfahrungen im Anfangsunterricht hängt ab, inwieweit Kinder ein positives Selbstkonzept sowie stabile und stützende Lernemotionen entwickeln können, die ihnen beim nachfolgenden Lernen helfen (Kammermeyer & Martschinke, 2006).

Für den Anfangsunterricht wird überwiegend eine hohe Lernfreude berichtet, in jahrgangsgemischten Eingangsklassen hält diese bis zu Ende der 2. Klassenstufe an (vgl. Überblick in Liebers, 2008). Ca. 90 Prozent der Kinder geben an, gern mitzuarbeiten, gern zu lernen und zu rechnen. Nur jedes siebte Kind antwortet explizit, dass es keine Lust habe, etwas zu lernen. Für die Anstrengungsbereitschaft lassen sich noch höhere Werte berichten, 99 Prozent der Kinder geben nach ihrer eigenen Meinung ihr Bestes in der Schule (a. a. O.).

Für den weiteren Verlauf wird in älteren Studien übereinstimmend von einer Absenkung der Lernfreude bis zum Ende der

Grundschulzeit berichtet (Helmke, 1997b), hingegen fällt sie in der IGLU-Studie überwiegend hoch aus: Vier Fünftel der Kinder in vierten Klassen lesen gern, lernen gern für Mathematik und Sachunterricht und finden den Unterricht in diesen Fächern nicht langweilig (Valtin, Wagner & Schwippert, 2005).

4.2.2 Alter und Geschlecht

Auch wenn das (A) Alter und (B) Geschlecht von Kindern zu den eher distalen Lernvoraussetzungen zählen, heißt das nicht, dass sie keinen nennenswerten Einfluss auf die Lernleistungen in der Grundschule hätten. Sie wirken nach den vorliegenden Befunden vermittelt über weitere Faktoren im Unterricht und tragen so in erheblichem Maße zur Ausbildung von Leistungsheterogenität bei.

A – Altersbezogene Leistungsunterschiede

Infolge unterschiedlicher Lernbiografien (vorzeitige Einschulung, Überspringen, verspätete Einschulung, Klassenwiederholung und Rückstufung) sind im Einzelfall Altersunterschiede von bis zu vier Jahren innerhalb von Jahrgangsklassen möglich; wobei es Klassen gibt, in denen das Alter aller Kinder sehr dicht beieinander liegt, und andere deutliche Spreizungen aufweisen (Kluczniok, Große & Roßbach, 2014). Schon im schulgesetzlich vorgesehen Idealfall, dass alle Kinder entsprechend ihres Alters zum Stichtag eingeschult werden, ergeben sich reguläre Altersunterschiede von bis zu 12 Monaten innerhalb einer Klasse. Durch die Vorverlagerung des Stichtags zur Einschulung und der damit verbundenen Früheinschulung fünfjähriger Kinder z. B. im Land Berlin (Stichtag 30.12.), aber auch in Brandenburg und Bayern (Stichtag 30.09.), kommen in den letzten Jahren insgesamt deutlich jüngere Kinder in die Grundschule. Deren Entwicklung ist in dieser Entwicklungsphase noch von körperlichen Wachstumsschüben und Reifungsprozessen des Nervensystems sowie von sprachlichen und kognitiven Entwicklungssprüngen geprägt, weswegen erhebliche Entwicklungsunterschiede zwischen nahezu gleichaltrigen Kindern wahrnehmbar sind (▶ Kap. 2.1).

Zugleich kann ein Mehr an außerschulischer Lernzeit vor dem Schulanfang bei stichtagsälteren Kindern einen Vorteil bezogen auf das Vorwissen und damit für das Lernen am Schulanfang darstellen. Vor allem mit Blick auf das Einschulungsalter wird deshalb gefragt, in welchem Zusammenhang das Einschulungsalter und spätere Lernergebnisse stehen. Die Bildungsökonomen Puhani und Weber (2005) berichteten anhand der deutschen Daten aus der IGLU-Studie 2001, dass bei einfachen Regressionsanalysen über alle Kinder der Stichprobe ein Alterseffekt festzustellen sei: Je älter Kinder in der vierten Klasse sind, desto geringer fallen ihre Leseleistungen aus. Bei einem solchen Vorgehen ist von einer negativ ausgelesenen Stichprobe auszugehen, denn unter den älteren Kindern befinden sich zahlreiche Kinder, die wegen Entwicklungsproblemen verspätet eingeschult wurden oder eine Klasse wiederholten, zugleich sind unter den jüngeren Kindern viele vorzeitig eingeschulte besonders leistungsstarke Kinder. Deshalb verfeinerten die Autoren ihre Analysen mithilfe von Instrumentvariablenschätzungen, um solche verzerrenden Effekte auszuschließen und nur fristgerecht eingeschulte Kinder vergleichend in den Blick zu nehmen. Nun sah das Ergebnis deutlich anders aus: Ältere Kinder erreichten in IGLU signifikant höhere Leistungen und gingen nach dem vierten Schuljahr häufiger ans Gymnasium über.

Ein ähnlicher Effekt konnte unter Berücksichtigung der Kovariaten auch für die Mathematikleistungen in 3. und 4. Klassenstufen mithilfe der KMK-Vergleichsarbeiten zur Überprüfung der Bildungsstandards belegt werden: »*Kinder, die später eingeschult wurden, weisen demnach vier Jahre später eine höhere Mathematikleistung auf als ihre früher eingeschulten Klassenkameraden*« (Lüdtke, Robitzsch, Köller & Winkelmann, 2010, S. 270). Dieser Vorteil älterer Kinder bei der Einschulung wird durch die Langzeitanalysen der Bildungsökonomen Görlitz, Penny und Tamm (2019) gestützt, die anhand von Langzeitdaten aus dem Nationalen Bildungspanel (NEPS) belegen, dass ein um ein Jahr höheres Alter bei der Einschulung zu mehr Schulbesuchsjahren in niveauhöheren Bildungsgängen führt. Dieser Bildungsvorteil flacht auf lange Sicht infolge der Möglichkeiten des zweiten Bildungswegs im Erwachsenenalter wieder ab. Dennoch bleibt ein substanzieller Vorteil fristgerecht eingeschulter älterer Kinder im Vergleich zu fristgerecht eingeschulten jüngeren Klassenkameraden an den Gelenkstellen der Übergänge bestimmend (a. a. O.).

B – Geschlechterbezogene Leistungsunterschiede

Zahlreiche Studien identifizieren geschlechterbezogene Unterschiede im Lernerfolg und in den Lernleistungen von Kindern in der Grundschule.[15] Diese sind überwiegend nicht auf konstitutionelle Unterschiede, Begabungsprobleme oder gar kognitive Defizite zurückzuführen (Kaiser, 2009; Stürzer, 2003), vielmehr ist davon auszugehen, dass speziell in Deutschland geschlechterbezogene Lernunterschiede über emotional-motivationale Faktoren (z. B. Selbstvertrauen oder Bereitschaft zum Wettbewerb) und verhaltensorientierte Aspekte wie geschlechterspezifische Talentstereotype beeinflusst werden (Napp & Breda, 2022). Didaktische und soziale Konstruktion von Lernangeboten in der Schule wie z. B. konkrete Lerninhalte und Unterrichtsmethoden vermitteln diese Wirkungen (Stamm, 2008). Geschlechterspezifische Lernangebote, z. B. Wortmaterial aus Themenbereichen, für die sich Jungen besonders interessieren, können so zu höheren Rechtschreibleistungen von Jungen führen (Richter, 1994), jedoch auch dazu beitragen, vermeintlich geschlechtertypische Interessen und Identitäten zu verstärken und als geschlechterbezogene Stereotypisierungen Lernergebnisse zu beeinflussen (Rendtorff, Kleinau & Riegraf, 2016, Thon, 2017). Ebenso werden weitere Bedingungen wie eine Femini-

---

15 Zur Unterscheidung zwischen biologischem Geschlecht (sex) und sozialen und kulturellen Konstruktionen (gender) sowie zur Kritik der Zwei-Geschlechter-Matrix siehe Thon, 2017.

sierung der Grundschule, bei Lehrpersonen Wohlgefallen auslösende Verhaltensmuster von Mädchen sowie »*Defizitzuschreibungen für Jungen bei gleichzeitiger Parteilichkeit für Mädchen und Protektionismus ihnen gegenüber*« (Sturm, 2016, S. 91) diskutiert. Zu diesen Erklärungsansätzen liegen bislang widersprüchliche Befunde vor (u. a. Helbig, 2015; Stamm, 2008; Valtin, Wagner & Schwippert, 2005). Als gesicherter Befund gilt, dass die Unterschiede innerhalb der Geschlechtergruppen größer sind als die zwischen den Geschlechtergruppen (Hagemann-White, 1984).

Um Geschlechterdifferenzen in der Schule und daraus resultierende Bildungsbenachteiligungen zu illustrieren, wurde früher das Bild vom »*katholischen Arbeitermädchen vom Lande*« (Dahrendorf, 1965) verwendet, welches ab dem neuen Jahrtausend durch das des muslimischen Jungen mit Migrationshintergrund in der Großstadt abgelöst wurde (▶ Kap. 2.2.3), weil gegenwärtig vor allem Jungen im Lernerfolg gefährdet sind, insbesondere dann, wenn sie aus sozial, kulturell und ökonomisch benachteiligten Kontexten kommen. Jungen stellen nicht nur den höheren Anteil derjenigen Kinder, die vom Schulanfang zurückgestellt und verspätet eingeschult werden, sie werden auch doppelt so häufig wie Mädchen direkt in eine Förderschule eingeschult. Ihr Anteil liegt bei Wiederholung einer Klassenstufe und bei Schulabsentismus deutlich höher als der der Mädchen, zudem fällt ihre Übergangsquote an das Gymnasium niedriger aus als die der Mädchen (Autorengruppe Bildungsbericht, 2020). Die frühen schulischen Vorteile von Mädchen führten in der Vergangenheit jedoch nur bedingt zu Vorsprüngen im späteren Berufsleben (Heinzel & Prengel, 2014; Thon, 2017).

Geschlechterbezogene Kompetenzunterschiede in den einzelnen Domänen des Lernens in der Grundschule wurden in den (inter-)nationalen Leistungsstudien sowie zahlreichen weiteren Einzelstudien in den Fokus gerückt. So erreichen Mädchen in nahezu allen Studien in den Teilbereichen Lesen, Texte verfassen und Rechtschreiben durchgängig höhere Leistungen als Jungen. Letztere sind vor allem auf den unteren Kompetenzstufen überrepräsentiert, wohingegen Mädchen auf den oben Kompetenzstufen häufiger vertreten sind. Der Vorsprung der Mädchen hat sich über die Jahre erhalten, war in den letzten Studien jedoch nicht mehr signifikant (Ludwig et al. 2022; McElvany, Kessels, Schwabe & Kasper, 2017; Stanat et al., 2022; Valtin, Wagner & Schwippert, 2005).

Bereits am Schulanfang verfügen Jungen über tendenziell geringer ausgeprägte Fähigkeiten im Bereich der frühen Literalität (Artelt, McElvany, Christmann, Richter, Groeben & Köster, 2005). Wenn Jungen eine gute Beziehung zur pädagogischen Fachkraft in der Kita aufbauen konnten und die Lernangebote von Aktivitätsmustern geprägt sind, die Jungen entgegenkommen, verschwindet dieser Unterschied (Wolter, Glüer & Hannover, 2014). In der ILEA T-Längsschnittstudie zeigen sich Vorteile jeweils für Jungen und Mädchen zu verschiedenen Zeitpunkten des Übergangsjahres und in verschiedenen Teildimensionen von konzeptuellem Wissen und prozeduralem Wissen der frühen Literalität:

> »Zusammenfassend kann konstatiert werden, dass die Jungen bei den Outside-in-Fähigkeiten, die für das kontextbezogene Dekodieren wichtig sind, Vorsprünge zeigen, wohingegen die Mädchen schneller Inside-out-Fähigkeiten erwerben, die für das Re- und Encodieren benötigt werden. So gewinnen sie früher die notwendigen Einsichten in die Phonem-Graphem-Korrespondenz und erreichen bereits kurz nach dem Schulanfang die für den Schriftspracherwerb bedeutsame alphabetische Stufe« (Liebers & Heger, 2017, S. 7).

In der Mathematik waren Jungen zu Beginn der Leistungsmessungen in den frühen 2000er Jahren auf den oberen und Mädchen auf den unteren Kompetenzstufen überrepräsentiert (Zimmer, Stick, Burba & Prenzel 2006). Inzwischen liegen Mädchen aber gleichauf, weil die Leistungen der Jungen in den vergangenen Jahren zurückgingen und sie ihren Vorsprung verloren (vgl. dazu auch schon Helmke, 1997a). Aber auch für das Fach Mathematik können leistungsbezogene Unterschiede keinesfalls gegenstandsunabhängig verallgemeinert werden. Vertiefende Studien auf der Aufgabenebene machen deutlich, dass Jungen und Mädchen im Mathematikunterricht unterschiedliche Strategien präferieren und zu ihrem Vorteil nutzen:

»Die Fähigkeiten von Mädchen liegen im sicheren und systematischen Abarbeiten von bekannten Verfahren und Routinen. Sie sind weniger erfolgreich als Jungen, wenn es darum geht, eigene Lösungswege zu finden, neue Verfahren zu entwickeln oder räumlich zu denken. Es gibt jedoch Hinweise darauf, dass sie über Fachbereiche hinweg im Vorteil sind, wenn es in einer Aufgabe darum geht, begriffliche Konzepte zu erkennen, zu verknüpfen und zur Lösung heranzuziehen. Dann lösen Mädchen erwartungswidrig auch anspruchsvolle, in mehreren Schritten zu modellierende Aufgaben aus der Raumgeometrie, zur Arithmetik oder zum Rechnen mit Größen besser als Jungen« (Walther et al., 2008, S. 43 f., zit. nach Kaiser, 2009, S. 67).

In einigen Ländern der Welt erreichen zudem Mädchen die besseren Mathematikergebnisse in der TIMS-Studie (a. a. O.).

Nicht zuletzt unterscheiden sich Mädchen und Jungen vielfach in ihren Lernemotionen und ihrem schulischen Selbstkonzept. Mädchen äußern durchgängig eine höhere Lernfreude im Bereich Deutsch und Jungen eine höhere Lernfreude im Bereich Mathematik, unabhängig von den tatsächlichen Leistungen (Helmke, 1997b). Bezogen auf das Fach Mathematik entwickeln Mädchen ab Klasse 3 ein geringeres Selbstkonzept als Jungen, gleichwohl sich ihre Leistungen immer mehr denen der Jungen angleichen (a. a. O.). Im Fach Deutsch hingegen führen die höheren Leistungen der Mädchen nicht zu einem Vorteil bezogen auf ihr Selbstkonzept. In der flexiblen Schuleingangsphase, in der entwicklungsorientierte jahrgangsübergreifende Lernformate umgesetzt werden, fanden sich keine substanziellen Unterschiede in der Lernfreude, der Anstrengungsbereitschaft sowie im Selbstkonzept zwischen Jungen und Mädchen im ersten und zweiten Verweiljahr (Liebers, 2008).

Diese referierten Befunde verweisen in der Zusammenschau darauf, dass ein Teil der Leistungsunterschiede zwischen Jungen und Mädchen von den konkreten Lernumgebungen in Kita und Grundschule sowie von geschlechtsspezifischen Zuschreibungen, vermittelt über das Selbstkonzept schulischer Leistungen, erzeugt werden. Darüber hinaus werden Jungen und Mädchen außerdem unterschiedlich von ihren Lehrpersonen benotet. Mädchen erhalten bei vergleichbaren Leistungen in den Fächern Deutsch und Sachunterricht bessere Noten als Jungen und in der Folge häufiger eine Empfehlung für das Gymnasium und die Realschule (Thiel & Valtin, 2002; Bos, 2005; Valtin, Wagner & Schwippert, 2005).

4.2.3 Behinderungen und besondere Begabungen

Auch wenn Leistungsheterogenität als Normalfall im Unterricht gilt, gibt es Kinder, deren Leistungen von erheblichen physischen oder psychischen Beeinträchtigungen (A) behindert oder von erheblichen Entwicklungsvorsprüngen in Form von (B) besonderen Begabungen geprägt wird. Diese benötigen im Sinne eines breiten Inklusionsverständnisses (Rödel & Simon, 2017) spezifische Aufmerksamkeit und Förderung unter Berücksichtigung weiterer ungleichheitsrelevanter Differenzen, damit sie ihre Leistungspotenziale im Unterricht bestmöglich entfalten können und Marginalisierung und Stigmatisierung verhindert werden.

A – Kinder mit Behinderungen

Immer mehr Kindern mit Behinderungen[16] lernen infolge der UN-Behindertenrechtskonvention an Grundschulen. Unter diesen Begriff fallen Kinder,

---

16 Der Begriff Behinderung wird je nach Sichtweise stärker medizinisch/ontologisch oder sozial erklärt. Im ontologischen Modell stellt Behinderung einen an den Körper gebundene Dysfunktion dar, die durch eine »Anomalie« oder Schädigung körperlicher oder psychischer Funktionen entsteht, die vor dem Hintergrund von Normalitätsvorstellungen zu funktionalen Einschränkungen führt. Im Kontext der *Disability-Studies* wird ein soziales Modell von Behinderung präferiert, das nicht die objektive Schädigung in den Mittelpunkt stellt, sondern Beeinträchtigungen der Partizipation und Teilhabe, die infolge unzureichender Bearbeitung seitens der Gesellschaft auftreten (Sturm, 2016).

»die langfristige körperliche, seelische, geistige Beeinträchtigungen oder Sinnesbeeinträchtigungen haben, welche sie in Wechselwirkung mit verschiedenen Barrieren an der vollen, wirksamen und gleichberechtigten Teilhabe an der Gesellschaft hindern können. Insofern ist der Behindertenbegriff der Konvention ein offener, an der Teilhabe orientierter Begriff. Er umfasst für den schulischen Bereich Kinder und Jugendliche mit Behinderungen oder chronischen Erkrankungen ohne sonderpädagogischen Förderbedarf ebenso wie Kinder und Jugendliche mit sonderpädagogischem Förderbedarf« (KMK, 2011, S. 6).

Der schuladministrative Begriff des *sonderpädagogischen Förderbedarfs* wird verwendet, um spezifische Unterstützungsbedarfe mit Blick auf bestimmte Beeinträchtigungen zu beschreiben und mit zusätzlichen Ressourcen zur sonderpädagogischen Förderung auszustatten.[17] In den Grundschulen lernten im Jahr 2020 konkret 95.566 Kinder mit sonderpädagogischen Förderbedarfen; darunter zwei Drittel Jungen. Hinter dem Begriff des sonderpädagogischen Förderbedarfs stehen unterschiedliche Formen von individuellen Beeinträchtigungen, für die im Unterricht spezifische Unterstützungsangebote anzubieten sind, um Lernen, Partizipation und Teilhabe zu ermöglichen. Innerhalb der Gruppe von Kindern mit sonderpädagogischen Förderbedarfen an Grundschulen weist die größte Teilgruppe den Förderschwerpunkt Lernen auf (43 %), die zweitgrößte den Förderschwerpunkt emotionale und soziale Entwicklung (20 %), gefolgt von Sprache (17 %, KMK, 2022). Kinder mit schwerwiegenden physischen Schädigungen, aus denen die Förderbedarfe körperlich-motorische Entwicklung (6 %), geistige Entwicklung (8 %), Hören (4 %) und Sehen (2 %) resultieren, stellen eine vergleichsweise kleine Teilgruppen dar (a. a. O.).

In den meisten Schulleistungsstudien werden Kinder mit sonderpädagogischem Förderbedarf, wenn überhaupt, nur am Rande

---

17 Das Ressourcen-Etikettierungs-Dilemma (Füssel & Kretzschmann, 1993) verweist darauf, dass für die administrative Zuweisung von Ressourcen zur individuellen Förderung Kategorien erforderlich werden, die Zuschreibungen enthalten und stigmatisierend wirken können (▶ Kap. 2.4).

berücksichtigt. Kindern mit sonderpädagogischem Förderschwerpunkt Lernen gelingt das Lernen in inklusiven Grundschulklassen in der Regel besser als in der entsprechenden Förderschule, wobei oftmals Kinder mit weniger gravierendem Förderbedarf inkludiert werden (Kocaj, Kuhl, Kroth, Pandt & Stanat, 2014; Wilde et al., 2015; Wocken, 2007). Der nachteilige Effekt des Lernens an Förderschulen wird mit reduzierten Förderschullehrplänen, geringeren kognitiven Anforderungen und Erwartungen sowie negativen Kompositionseffekten in Förderschulklassen erklärt (▶ Kap. 4.5.3).

Darüber hinaus profitieren auch Kinder mit anderen sonderpädagogischen Förderschwerpunkten in der Grundschule sowohl im fachlichen wie auch sozio-emotionalen Lernen; indifferente und negative Befunde sind seltener. Letztere betreffen vor allem die soziale Integration von Kindern mit den Förderschwerpunkten Lernen sowie emotionale und soziale Entwicklung oder Autismus (u. a. in Gebhardt, Heine & Sälzer, 2015; Liebers & Seifert, 2015).

Kinder mit sonderpädagogischem Förderschwerpunkt geistige Entwicklung (FgE) waren in keiner der nationalen Schulleistungsstudien bislang beteiligt. Für einen größeren Teil dieser Kinder sind die Ausprägung sprachlicher, schriftsprachlicher und mathematischer Kompetenzen infolge der Schwere ihrer Beeinträchtigungen nicht oder nur eingeschränkt einzuschätzen und unterstreichen die Notwendigkeit einer besonderen Unterstützung, um ihre Partizipation zu ermöglichen (Baumann, Dworschak, Kroschewski, Ratz, Selmayr & Wagner, 2021).

Innerhalb der Gruppe von Kindern mit dem FgE ergibt sich eine erhebliche Spannweite der Leistungen:

> »Während drei Viertel der Kinder der zweiten Klasse der Grundschule bereits orthographische Muster verwenden, sind lediglich 3.1 % Kinder mit dem FgE auf diesem Niveau [...]. Alle übrigen Kinder im FgE verteilen sich auf die anderen Stufen, es zeigt sich das bekannte heterogene Bild im FgE. Für Lehrkräfte in inklusiven zweiten Klassen zeigen diese Zahlen, welche didaktische Spannbreite überbrückt werden muss, damit alle Kinder passend für ihre individuelle Lernausgangslage angesprochen werden« (Ratz & Selmayer, 2021, S. 130).

B – Kinder mit besonderen Begabungen

Besondere Begabungen beruhen auf besonderen Potenzialen von Kindern, die sich in einer überdurchschnittlichen Leistungsfähigkeit in verschiedenen – z. B sprachlichen, mathematisch-naturwissenschaftlichen, musisch-künstlerischen oder sportlichen – Bereichen zeigen können, wenn diese Kinder eine entsprechende Förderung erfahren (BMBF, 2015). Etwa zwei Prozent der Kinder eines Jahrgangs gelten als hochbegabt (a. a. O.); innerhalb dieser Gruppe sind jedoch sehr vielfältige Ausprägungen schulischer Leistungen verbreitet.

Mehrdimensionale, ökosystemische und dynamische Begabungsmodelle verweisen auf das Zusammenspiel von kognitiven Begabungsfaktoren, Persönlichkeitsmerkmalen und Umweltfaktoren bei der Entstehung (Heller & Hany, 1996), wobei in jüngeren Modellen, z. B. dem Mikado-Modell von Trautmann (2016), die Veränderlichkeit des intersektionalen Zusammenspiels dieser Determinanten prononciert wird. Die Identifikation von hohen Begabungen und Zuweisung zu Fördermaßnahmen wirft im Grundschulalter etliche Fragen auf und kann zu unerwünschter Etikettierung und Stigmatisierung führen (Rohrmann, 2007).

Besonders leistungsbegabte Kinder werden überwiegend innerhalb der Grundschule gefördert. Bezogen auf das Curriculum lassen sich verschiedene organisatorische und inhaltliche Maßnahmen unterscheiden: So werden Maßnahmen der Akzeleration praktiziert, wie Früheinschulungen oder Überspringen von Klassen, mit denen das Curriculum schneller durchlaufen wird. Daneben können im Unterricht zusätzlich inhaltlich und didaktisch herausfordernde Lernumgebungen und Angebote bereitgehalten werden (Enrichment). Weiterhin können Kinder mit besonderen Begabungen zeitweilig aus dem gemeinsamen Unterricht herausgenommen und klassenübergreifend in speziellen Lerngruppen unterrichtet werden (Pull out). Viele dieser Möglichkeiten lassen sich in jahrgangsgemischten Klassen oder im Ganztag flexibel einsetzen (Liebers & Prengel, 2007; Trautmann, 2011), erfordern aber in jedem Falle eine auf das einzelne Kind abgestimmte Differenzierung und Individualisierung sowie die aktive Beteiligung der Kinder selbst (Preckel & Vock, 2013; Rohrmann, 2007). Positive Wirkungen konnten in Modellversuchen belegt werden (Henze, Sandfuchs & Zumhasch, 2007; Steenbuck, Quitmann & Esser, 2011).

Bezogen auf akzelerierende Maßnahmen zeigte sich, dass die vorzeitige Einschulung und das Überspringen von Klassen für die kognitive Entwicklung keine Nachteile beinhaltet, bezogen auf die sozio-emotionale Entwicklung ist das Bild nicht so eindeutig, insgesamt überwiegt die positive Bewertung (Schneider, Stumpf & Preckel, 2014). Konkret zeigte sich dies auch in der flexiblen Schuleingangsstufe im Land Brandenburg: Dort nutzten jährlich ca. acht Prozent der Kinder akzelerierende Maßnahmen wie eine vorzeitige/flexible Einschulung, eine kürzere Verweildauer/Springen aus Klassenstufe 1 in 3 oder zeitweiliges Lernen nach den Anforderungen der nächsthöheren Jahrgangsstufe (Liebers & Prengel, 2007); zugleich wiesen die jüngsten Kinder in den Vergleichsarbeiten am Ende von Klassenstufe 2 die höchsten Testwerte von allen untersuchten Zweitklässlern auf (Ditton & Krüsken, 2006; Emmer, 2004). Weil nach wie vor nur wenige Kinder in internationalen Vergleichsstudien die oberste Kompetenzstufe erreichen, schlussfolgern Schneider, Stumpf und Preckel (2014), dass viele hochbegabte Kinder ihr Leistungspotenzial nicht ausschöpfen.

4.3 Leistungsrelevante familiäre Herkunftsmerkmale

Familie gilt als der Ort der primären Sozialisation und als

> »erste Phase, durch die der Mensch in seiner Kindheit zum Mitglied der Gesellschaft wird. [...] Das Kind übernimmt die Rollen und Einstellungen der signifikant Anderen [d. h. zumeist den Eltern], das heißt: es internalisiert sie und macht sie sich zu eigenen« (Berger & Luckmann, 1994, S. 141f.).

In der Familie erlernen Kinder nicht nur die in ihr gesprochenen Sprachen, sondern zugleich kognitive, affektive und volitionale Muster, mit denen die Welt erkundet und verstanden werden kann und mit denen alltäglichen Anforderungen des Lebens begegnet wird. Die unterschiedlichen Erfahrungen der Kinder in ihren Familien beeinflussen ihre Einstellungen zur Schule und zu deren Bildungsgütern, ihre Fähigkeit zum Perspektivwechsel, die Entwicklung von Problemlösungsstrategien und Sprachmustern sowie Leistungsmotivationen. Das schulische Leistungsvermögen von Kindern wird auf diese Weise von Dispositionen und Fähigkeiten mitbestimmt, die das Kind im Interaktions- und Kommunikationskontext seiner Familie erwirbt (Berger & Luckmann, 1994). In diesem Sinn ist die Familie ein wichtiger vor- und außerschulischer Bildungsort (Büchner & Brake, 2006).

Infolge des gesellschaftlichen Wandels und einer damit einhergehenden Pluralisierung von Lebensformen sind die Herkunftsfamilien von Grundschulkindern heute von vielfältigsten Konstellationen gekennzeichnet. Dies betrifft die Diversifikation von Familienformen (▶ Kap. 4.3.1), die Vielfalt der sprachlichen und ethnischen Herkunft (▶ Kap. 4.3.2) sowie die sozio-kulturelle und ökonomische Situation von Familien (▶ Kap. 4.3.3).

4.3.1 Familienformen

Wurde viele Jahrzehnte die Erosion klassischer Familienstrukturen konstatiert, so wird gegenwärtig ein vielschichtiges und weites Familienbild von einer großen Mehrheit der Bevölkerung getragen, nachdem Familie dort ist, wo Kinder zu Hause sind (BMFSFJ, 2018). Die Palette familiärer Lebensformen reicht u. a. von aktiver Solo-Elternschaft über Patchworkkonstellationen, gleichgeschlechtliche oder diverse Partnerschaftsmuster bis hin zu Kernfamilien oder einem Aufwachsen bei amtlich bestellten Erziehungsberechtigten. Gleichwohl die Zahl der Kinder zunimmt, die nicht in Kernfamilien leben, wachsen 73 Prozent der Kinder im Grundschulalter bei ihren verheirateten Eltern auf, ebenso haben drei Viertel aller Kinder mindestens ein Geschwisterkind (a. a. O.).

Die Familienformen bildet einen äußeren Rahmen für die soziokulturelle und ökonomische Situation sowie eine je milieuspezifische Alltags- und Sozialisationspraxis (▶ Kap. 3.3.4). Beide entfalten einen erheblichen Einfluss auf die Leistungsentwicklung von Kindern vor und während der Grundschulzeit.

4.3.2 Ethnische Herkunft

Mehr als ein Drittel aller Kinder unter 18 Jahren stammt aus einer Familie mit einer neueren Migrationsgeschichte. Der größte Teil dieser Kinder wurde in Deutschland geboren (86 %, BMFSFJ, 2018). Neben europäischer Binnenmigration tragen dazu weltweite Arbeitsmigration sowie Fluchtmigration infolge von Kriegen, Terror und Armut bei.

Über viele Jahre wurden eine Migrationsgeschichte und damit verbundene sprachliche Probleme als primäre Ursache für verminderte Lernerfolge in der Grundschule angesehen. Neuere Analysen verdeutlichen einen hohen korrelativen Zusammenhang von Migration und Schulleistungen, dieser Zusammenhang tritt jedoch in den Hintergrund, wenn zugleich der sozio-ökonomische Status oder der Bildungshintergrund der Familie als Faktoren in die statistischen Modelle eingehen (Überblick in Dresel, Martschinke, Kopp, Trobisch & Kröner, 2017): Leistungsheterogenität wird somit weniger durch die Migrationsgeschichte an sich als vielmehr durch die sozio-ökonomische und sozio-kulturelle Situation der Familien beeinflusst. Eine nichtdeutsche Familiensprache und ein niedriger sozio-ökonomischer Status können sich jedoch auch additiv verstärken (Kraus, Weishaupt & Hosenfeld, 2021).

Die Bedeutung der sozio-ökonomischen Situation von Familien nimmt bei der Erklärung von Leistungsheterogenität mit zunehmender Verweildauer der Kinder in der Schule zu: So lassen sich Leistungsunterschiede im Lesen und in der Mathematik bei Kindern (4. Klasse) nur zu sechs Prozent mit dem Migrationshintergrund, aber bis zu 12 bzw. 11 Prozent mit den sozio-ökonomischen Hintergrundmerkmalen der Familien erklären. Bei Jugendlichen (9. Klasse) erklärt der Migrationshintergrund in der Familie nur noch drei bis sechs Prozent der Varianzen der Schulleistungen, der sozio-ökonomische Status hingegen 15 Prozent (Sachverständigenrat Migration, 2016). Diese und weitere Befunde lassen das Fazit zu, dass eine Fokussierung auf den Migrationshintergrund an der Oberfläche verbleibt und nicht zum eigentlichen Kern benachteiligender Bildungsprozesse vordringt, weil die sozio-kulturelle und ökomische Perspektive, aber auch die heterogenen Merkmale von Familien mit Migrationshintergrund aus verschiedenen Kulturen in einer solchen eindimensionalen und stigmatisierenden Perspektive vernachlässigt werden.

Nichtsdestotrotz stellen die erheblichen Leistungsunterschiede eine Herausforderung in der Grundschule dar, denn Kinder mit Migrationshintergrund liegen in ihren Leistungen durchschnittlich mehr als ein Lernjahr zurück und sind auf den niedrigen Kompetenzstufen deutlich überrepräsentiert (Wendt & Schwippert, 2017, Stanat et al., 2022). Dabei offenbaren sich zudem regionale Unterschiede: In den drei Stadtstaaten fallen die Disparitäten zuungunsten von Kindern mit anderer ethnischer Herkunft in den Grundschulen besonders hoch aus, wohingegen in Bayern und Brandenburg keine signifikanten Unterschiede festzustellen sind (Schwippert, Bos & Lankes, 2004; Rjosk, Haag, Heppt & Stanat, 2017). An dieser Stelle kann vermutet werden, dass mit Blick auf die Armutsquoten in den Stadtstaaten eine additive Wirkung von Migrationshintergrund und geringem sozio-ökonomischen Status häufiger auftritt, die auch zu Kompositionseffekten bei Klassenzusammensetzung sowie mehr segregierten Schulen führt (▶ Kap. 4.4.3).

4.3.3 Sozio-kulturelle und ökonomische Situation

Auf die substanziellen Zusammenhänge zwischen der sozio-ökonomischen und sozio-kulturellen Situation von Familien und dem Lernerfolg ihrer Kinder wird seit Jahrzehnten hingewiesen. Für die Erklärung dieser Zusammenhänge spielt (A) die Theorie vom kulturellen Kapital eine prominente Rolle, mit denen milieuspezifische Bildungserwartungen eng verbunden sind. Außerdem ist das (B) ökonomische Kapital von Familien genauer zu fokussieren, um die Folgen von Kinderarmut für Leistungsheterogenität nicht aus dem Blick zu verlieren.

A – Kulturelles Kapital

Mit der Theorie des kulturellen Kapitals erklärt der französischen Soziologe Pierre Bourdieu (1930–2002), auf welchen ressourcenbezogenen Ebenen Schichtenzugehörigkeit und Bildungsungleichheit innerhalb von Familien reproduziert werden (Bourdieu, 1987). Dies erfolgt vornehmlich über den Habitus, der als ein Muster verstanden werden kann, mit dem die Welt erfahren und verstanden wird. Dieser Habitus wiederum wird geprägt von den Möglichkeiten einer Familie, ökonomisches, kulturelles und soziales Kapital zu erwerben, zu vermehren und sozial zu vererben. Das Konzept des kulturellen Kapitals erweist sich als besonders geeignet, die Ungleichheit der schulischen Leistungen von Kindern verschiedener sozialer Klassen sowie die je spezifischen Möglichkeiten der Reproduktion ihres sozialen Status zu verstehen. Mit diesem Ansatz werden deterministische Konzepte natürlicher Fähigkeiten als Grundlage für Leistungsunterschiede überwunden: Der Schulerfolg hängt demnach vielmehr davon ab, wieviel kulturelles Kapital in inkorporierter, objektivierter und institutionalisierter Form eine Familie in ihre Kinder investiert; das in Bildung investierte kulturelle Kapital kann später von den Kindern auf dem Arbeitsmarkt in ökonomisches Kapital umgewandelt werden (Bourdieu, 1983/2015; siehe Exkurs 5 – Kulturelles Kapital).

Allerdings setzte seit der Veröffentlichung von Bourdieus Arbeiten ein grundlegender gesellschaftlicher Wandel von der Industrie- zur Dienstleistungsökonomie ein, aus dem in Deutschland gravierende Folgen für das traditionelle gesellschaftliche Gefüge resultierten (Reckwitz, 2019). In den letzten Jahren wurde zur Beschreibung bildungsbezogener Praxen das soziologische *Konzept der sozialen Milieus* aufgegriffen (Bremer & Kleemann-Göhring, 2012; Vester u. a., 2001). Als soziale Milieus werden Gruppen von Menschen verstanden, die sich durch eine ähnliche Lebensgestaltung und ähnliche Werte und Überzeugungen sowie einen ähnlichen Habitus auszeichnen. Dahinter steht die Beobachtung, dass sich trotz vergleichbarer sozio-ökonomischer Lebensumstände innerhalb einer sozialen Schicht milieuspezifische Bildungsvorstellungen und Bildungserwartungen ausbilden (Merkle & Wippermann, 2008). In vielen Schulleistungsstudien werden deshalb milieuspezifische Indikatoren des kulturellen Kapitals aufgenommen, wie z. B. der Buchbestand im Haushalt, ein eigener Schreibtisch des Kindes, bildungsbezogene Besitztümer einschließlich digitaler Voraussetzungen für das häusliche Lernen sowie der höchste Bildungsstatus der Eltern (vgl. dazu u. a. Hußmann, Stubbe & Kasper, 2017; Ludwig et al., 2022; Maaz & Leerhoff, 2022).

Über alle Studien hinweg hat sich als robuster Befund gezeigt, dass in Deutschland durchschnittliche Leistungsunterschiede von bis zu einem ganzem Lernjahr und mehr in Abhängigkeit von der sozio-ökonomischen und sozio-kulturellen Situation der Eltern verbreitet sind (a. a. O., Kraus, Weishaupt & Hosenfeld, 2021), wobei vorhandene Unterschiede durch den eingeschränkten Unterricht während der COVID-19-Pandemie weiter zugenommen haben (Ludwig et al., 2022, Maaz & Leerhoff, 2022, Stanat et al., 2022). Diese Unterschiede in den Leistungen treten nicht erst in der Grundschule, sondern bereits deutlich früher auf (Skopek & Passaretta, 2018). Die für Deutschland berichteten Lernvorsprünge für Kinder aus Familien mit einem hohen sozio-ökonomischen und sozio-kulturellen Status gehören zu den größten bezogen auf vergleichbare westliche Industrienationen, wobei innerhalb der Bundesrepublik Deutschland auch deutliche Unterschiede zwischen einzelnen Ländern auftreten (Stubbe, Bos & Hornberg, 2008; Haag, Kocaj, Jansen & Kuhl, 2017).

B – Ökonomisches Kapital von Familien und Kinderarmut

Von Kinderarmut ist in Deutschland etwa jedes fünfte Kind unter 18 Jahren betroffen (BMFSFJ, 2018), unter den Viertklässlerinnen und Viertklässlern sogar jedes vierte (Hußmann, Stubbe & Kasper, 2017). Arme Kinder leben besonders häufig bei Ein-Elternteil-Familien (44 %) sowie in Familien mit mehr als drei Kindern (25 %, BMFSFJ, 2018). Ebenso ist die Gefahr von Kinderarmut besonders hoch, wenn beide Eltern ohne berufliche Abschlüsse sind oder im Ausland geboren wurden (a. a. O.; Hußmann, Stubbe und Kaspar, 2017; Butterwegge & Butterwegge, 2021). Zudem schwanken die regionalen Armutsquoten zwischen den Ländern der Bundesrepublik erheblich (Autorengruppe Bildungsbericht, 2020); oft auch innerhalb eines Landes zwischen verschiedenen Regionen oder größeren Städten und ländlichem Raum.

Kinderarmut bedeutet nicht nur, dass deutlich weniger Geld für die Grundversorgung mit Wohnraum, Nahrung und Kleidung verfügbar ist; es fehlt ebenso an Geld für Gesundheit, Bildung, Freizeit und Kultur (siehe Beispielkasten). Die mit Armut verbundenen gesundheitlichen Risiken tragen zusätzlich zu erschwertem Lernbedingungen bei: So verhalten sich arme Mütter in der Schwangerschaft weniger gesundheitsbewusst (z. B. rauchen häufiger), arme Kinder treiben seltener Sport, ernähren sich ungesünder und sind häufiger übergewichtig (Statistisches Bundesamt, 2018). Fast die Hälfte aller Kinder (47 %) aus armen Familien erscheint ohne ein Frühstück im Magen zum Unterricht (Kuntz, Waldhauer, Zeiher, Funger & Lampert, 2018) und wohnt in ungesünderen und beengteren Verhältnissen (Butterwegge & Butterwegge, 2021). Ebenso haben ärmere Kinder häufiger lernrelevante psychische Probleme (Statistisches Bundesamt, 2018), es fehlt ihnen häufiger an elterlicher Zuwendung und Selbstvertrauen, sie fühlen sich häufiger gemobbt und nehmen sich selbst als nicht so gute Schülerinnen und Schüler wahr (Andresen & Neumann, 2018).

> **Kinderarmut konkret**
> Für die ärmsten Kinder in Deutschland werden monatlich durchschnittlich 11 Euro für Gesundheit, 28 Euro für Bildung sowie 47 Euro für Freizeit und Kultur ausgegeben (Schäfer, 2021). Für Kinder aus den reichsten Familien werden monatlich durchschnittlich 113 Euro für Gesundheit, 83 Euro für Bildung sowie 205 Euro für Freizeit und Kultur aufgewendet (a. a. O.). Bei einigen Kindern reicht das Geld in der Familie nicht aus, die für die Schule benötigten Hefte und Stifte zu erwerben oder an Klassenfahrten teilzunehmen (Andresen & Neumann, 2018).

Kinderarmut zeigt sich dementsprechend in den Lernvoraussetzungen am Schulanfang: Kinder aus armen Familien haben am Schulanfang häufiger Probleme mit lernrelevanten Voraussetzungen wie der Visuomotorik (25 %), der selektiven Aufmerksamkeit (29 %; Sigel, 2016) oder schriftsprachspezifischen Lernvoraussetzungen (Liebers, 2016). Gegenüber ihren nichtarmutsgefährdeten Klassenkameradinnen und -kameraden liegen armutsgefährdete Kinder in der 3. Klasse mit ihren Kompetenzen bis zu 1,75 Lernjahren zurück (Kraus, Weishaupt & Hosenfeld, 2020), in der 4. Klasse mehr als ein Lernjahr (Hußmann, Stubbe & Kasper, 2017).

Die vielfach anzutreffende Tendenz, nach der die oben beschriebenen Folgen von Armut umgedeutet werden als Mentalitätenproblem von Sozialleistungsempfangenden, die zu schwach oder zu passiv sind, um ihre Situation und die ihrer Kinder selbst zu verändern, führt nicht nur zu einer Zuschreibung von negativen Stereotypen, sondern wird auch der besonderen Dynamik von Prekarisierungsprozessen nicht gerecht (Dörre, 2008). So erleben Kinder, dass die Armut ihren Familien und ihnen als selbstverschuldeter Zustand zugeschrieben wird. Armut ist aber nicht nur ein sozio-kulturell bedingtes, sondern auch ein strukturelles Problem (Butterwegge & Butterwegge, 2021), das eng verbunden ist mit den weiter oben beschrieben Verteilungsstrukturen verschiedener Kapitalarten und deren Reproduktionsmechanismen (Bourdieu, 1983/1987).

4.4 Einfluss von Lehrpersonen, Unterricht und Schule auf schulische Leistungen

Während über Jahre hinweg Leistungsunterschiede zwischen Kindern vor allem mit individuellen Leistungsmerkmalen und in deutlich geringerem Maße mit Merkmalen der Klasse und des Unterrichts sowie der Schule erklärt wurden, führten neuere Längsschnittstudien zu einer veränderten Sicht auf den Unterricht und die Bedeutung der Lehrpersonen (Lipowsky, 2006). Weil in diesen Studien insbesondere Kinder mit geringer ausgeprägten Lernvoraussetzungen in besonderem Maße von guten Lehrpersonen und gutem Unterricht in den ersten Schuljahren profitieren konnten, resümiert Lipowsky (2006) in seinem Review die Befunde unter der Überschrift »*Auf den Lehrer kommt es an*«. Danach lassen sich bis zu 30 Prozent der Leistungsunterschiede zwischen Kindern durch den Einfluss von Lehrpersonen (▶ Kap. 4.4.1) und durch die Merkmale des Unterrichts (▶ Kap. 4.4.2) erklären. Daneben tragen aber auch organisatorische, strukturelle und sozialräumliche kontextuelle Merkmale von Klassen und Schulen (▶ Kap. 4.4.3) in unterschiedlichem Maß zu Leistungsunterschieden von Kindern bei.

4.4.1 Einfluss der Lehrpersonen

Von der einzelnen Lehrperson hängt in besonderem Maße ab, wie sie mit der Heterogenität der Lernausgangslagen im alltäglichen Unterricht umgeht. Obwohl der Begriff der individuellen Förderung zu einem populären Begriff und universellen Instrument bildungspolitischer Steuerung avanciert ist (Dumont, 2019), zeigt sich, dass sich die Idee eines weitgehend gleichschrittigen Voranschreitens der Klasse auf mittlerem Lernlevel, wie es Trapp schon 1780 empfahl, bis in unsere heutige Zeit erhalten hat (▶ Kap. 4.5). So schrieb der Erziehungswissenschaftler Hans-Jürgen Tillmann (2004, S. 9), dass es nach wie vor eine regelrechte »*Sehnsucht nach der homogenen Lerngruppe*« gebe, verbunden mit der Überzeugung, dass sich der Lernstoff in homogenen Klassen besser auf ein mittleres Niveau ausrichten lasse. Diese Sehnsucht lässt sich u. a. mit Überzeugungen erklären, die sich bildungshistorisch mit der Perfektionierung des Systems der Jahrgangsklassen und der damit verbundenen Methodik des Unterrichts herausgebildet haben; diese erlangte eine zentrale Bedeutung in der historischen Professionalisierungsphase des Lehrerberufs (Reh, 2005, S. 84). Vor dem Hintergrund empirischer Studien am Ende des letzten Jahrhunderts identifizierte Weinert vier verschiedene Reaktionsformen des Umgangs von Lehrpersonen mit Leistungsheterogenität im Unterricht (Weinert, 1997, 51f., zit. nach Helmke, 2012, S. 250f.):

1. »*Ignorieren der Lern- und Leistungsunterschiede (passive Reaktionsform)*«
2. »*Anpassung der Schüler an die Anforderungen des Unterrichts (substitutive Reaktionsform)*«
3. »*Anpassung des Unterrichts an die lernrelevanten Unterschiede zwischen den Schülern (aktive Reaktionsform)*«
4. »*Gezielte Förderung der einzelnen Schüler durch adaptive Gestaltung des Unterrichts (proaktive Reaktionsform)*«

Dabei spielen die je professionellen Kompetenzen von Lehrpersonen eine bedeutsame Rolle. Dazu zählen (A) ihre motivationalen Orientierungen und selbstregulativen Fähigkeiten, (B) ihre Überzeugungen vom Unterricht sowie nicht zuletzt (C) das Professionswissen und insbesondere eine adaptive Lehrkompetenz (Kunter, Klusmann & Baumert, 2009).

A – Motivationale Orientierungen und selbstregulative Fähigkeiten von Lehrpersonen

Motivationale Orientierungen und selbstregulative Fähigkeiten stellen wichtige Fähigkeiten der professionellen Kompetenz dar. Freude am Unterricht steht z. B. in einem positiven Zusammenhang mit einer als erfolgreich wahrgenommenen Klassenführung, konstruktiver Unterstützung und herausfordernden Lernumgebungen (Kunter, Klusmann & Baumert, 2009, S. 161). In leistungsheterogenen Klassen braucht es die Motivation, den Unterricht leistungsdifferenziert bzw. individualisiert vorzubereiten und durchzuführen, dafür die diagnostischen Grundlagen zu erheben (▶ Kap. 5.2) und entsprechende Fortbildungen zu besuchen. Ebenso gilt es anzuerkennen, dass trotz aller zusätzlichen Anstrengungen der Lehrperson einzelne Kinder vielleicht nicht so wie erhofft profitieren und dennoch weiterhin besondere Unterstützung benötigen. Mit Blick auf die eigene Gesundheit sind von Lehrpersonen deshalb realistische Ziele sowie ein bewusster Umgang mit den psychischen und physischen Ressourcen zu entwickeln (Schaarschmidt & Kieschke, 2013). Dennoch äußert nur ein Viertel der Lehrpersonen in Grundschulen ein eindeutiges Belastungserleben (Franz, 2020), welches sich nach Fortbildungen zu Heterogenitätsdimensionen jedoch verstärken kann (Schmitz, Simon & Pant, 2020).

Lehrpersonen an Grundschulen gehen bereits seit Jahren »*mit einer erheblichen Heterogenität um [...] und [sehen] diese Aufgabe auch in ihrem Zuständigkeits- und Kompetenzbereich*« (Miller, 2013, S. 249). 95 Prozent der Lehrpersonen in Grundschulen sehen sich alltäglich mit unterschiedlichen Lernausgangslagen und Leistungsunterschieden konfrontiert (Franz, 2020), gleichwohl zeigen sie eine höhere Zufriedenheit und motivationale Bereitschaft als Lehrpersonen anderer Schulformen (Gebauer & McElvany, 2020; Reh, 2005).

Ein zentraler Topos von Grundschullehrpersonen besteht darin, *Kindern gerecht zu werden,* wenngleich eine Mehrheit Forderungen nach individueller Förderung als unrealistische Ansprüche bezeichnet (Solzbacher, 2012). Trotz oder auch gerade wegen ihres Reformethos können sie Heterogenität als Belastung erleben:

»Du kannst dem irgendwann nicht mehr gerecht werden, also das ist meine Empfindung einfach und man denkt, ja für dieses Kind müsstest du dies oder das noch machen oder das oder das beobachten, [...] und wenn das zu viel ist in einer Lerngruppe, was du alles verfolgen sollst und was du fördern sollst und was du beobachten sollst, dann geht's einfach nicht mehr« (Lehrperson, zit. nach Reh, 2005, S. 80).

Mit zunehmenden berufsbiografischen Erfahrungen werden bildungspolitische Maßnahmen häufig als *Reform ohne Ressourcen* erlebt (Miller, 2013, S. 249), insofern lehnen Lehrpersonen weitere heterogenitätssteigernde Maßnahmen wie die Abschaffung von Schulkindergärten (94 %), Förderschulen (89 %) oder Sitzenbleiben (65 %) überwiegend ab.

B – Überzeugungen von Lehrkräften für den Umgang mit Heterogenität

Berufsbezogene Überzeugungen von Lehrpersonen beinhalten wertebezogene Annahmen bzw. normative Vorstellungen, die von besonderer Bedeutung für die Planung, Durchführung und die Reflexion von Unterricht sind (Lipowsky, 2006). Solche Überzeugungen basieren auf subjektiven Theorien und bestehen aus kognitiven, affektiven und verhaltensbezogenen Komponenten. Sie können sich auf Fragen der Generierung von Wissen in den Domänen, auf Schüler- und Lehrpersonenmerkmale, Kontextbedingungen in Schule und Unterricht oder auf gesellschaftliche Rahmensetzungen beziehen (Gebauer & McElvany, 2020, S. 690). Da Unterricht als ein überaus komplexes, unvorhersehbares und simultanes Geschehen oftmals anders als geplant verläuft, entfalten Überzeugungen eine handlungsleitende Funktion bei der Wahrnehmung und Interpretation pädagogischer Situationen (Calderhead, 1996).

Die Befundlage zu heterogenitätsbezogenen Überzeugungen ist kaum noch überschaubar. Als eine Tendenz wird betont, dass viele (angehende) Grundschullehrpersonen die Idee eines *Normalschülers* bzw. einer *Normalschülerin* präferieren und *Normalitätserwartungen* und *Homogenisierungsdenken* ihrem pädagogischen Handeln zugrunde legen (u. a. Bürger, 2019; Simon, 2019). Weiterhin zeigen sich differenzielle Befunde mit Blick auf verschiedene Dimensionen von Heterogenität (u. a. Miller, 2013), wobei insbesondere die »*Leistungsheterogenität am stärksten mit negativen Einstellungen einhergeht*« (Merk, Cramer, Dai, Bohl & Syring, 2018, S. 50, vgl. dazu auch Miller, 2013). Dies ist insofern folgenreich, weil (un-)bewusste Vorurteile als stereotype Zuschreibungen im Sinne einer selbsterfüllenden Prophezeiung auf die Lernleistungen von Kindern Einfluss nehmen (Hattie, Beywl & Zierer, 2018; Sprietsma, 2009).

Für den Unterricht in leistungsheterogenen Klassen werden zudem kognitiv-konstruktivistische Orientierungen über das Lehren und Lernen als erfolgsversprechend angesehen, bei denen Lernen als aktive und ko-konstruktive Interaktion begriffen wird, die auf ein vertieftes Verstehen und Anwenden von Wissen gerichtet ist (siehe Exkurs 6 – Globale Orientierungen von Lehrpersonen über das Lehren und Lernen). Einige Studien verweisen darauf, dass ein »*erheblicher Teil der Leistungsunterschiede von Grundschülern mit Unterschieden in der konstruktivistischen Orientierung der Lehrer erklärt werden kann*« (Lipowsky, 2006, S. 54), diese werden jedoch nur von einem Teil der Lehrpersonen vertreten (Hartinger, Kleickmann & Hawelka, 2006; Martschinke & Kammermeyer, 2003; Schmidt, 2017).

Konstruktivistische Überzeugungen hängen ihrerseits eng zusammen mit dem Fördern von Lernstrategien, Maßnahmen zum Self- und Peerassessment, dem Einsatz kooperativer Lernformen sowie schülerorientiertem Feedback: »*Je ausgeprägter die konstruktivistischen Überzeugungen, desto eher werden insbesondere Maßnahmen der Schülerorientierung ergriffen.*« (Schmidt 2017, S. 160). Ähnliche Zusammenhänge zeigen sich auch mit Blick auf einen ressourcenorientierten Umgang mit unterschiedlichen Erstsprachen im Klassenzimmer, die insbesondere durch eine entsprechende Ausbildung unterstützt werden können (Lange & Pohlmann-Rother, 2020). Nicht zuletzt tragen hohe Selbstwirksamkeitserfahrungen bei Lehrpersonen dazu bei, dass diese sich höhere Ziele setzen, mehr Zeit für die Vorbereitung des Unterrichts aufwenden, Kindern mit Lernproblemen länger und intensiver helfen sowie ihre Klassen zu besseren Leistungen führen (Lipowsky, 2006, S. 55).

C – Professionswissen und adaptive Lehrkompetenz

Zu den Kernbereichen des Professionswissens zählen fachliches Wissen, fachdidaktisches Wissen sowie allgemeines pädagogisches Wissen (Kunter, Klusmann & Baumert, 2009; Lipowsky, 2006). Kinder, denen im Grundschulalter das Lernen schwerer fällt, profitieren insgesamt – und vor allem im Fach Mathematik – von der fachlichen Expertise ihrer Lehrpersonen (Hill, Rown & Ball, 2005; Lipowski, 2006; Rowan, Chiang & Miller, 1997).

Als eine spezielle Facette des Professionswissens gilt die adaptive Lehrkompetenz, die als wesentlich angesehen wird, um möglichst allen Kindern in leistungsheterogenen Klassen bestmögliche Lernfortschritte zu ermöglichen (Beck et al., 2008, S. 37; Hardy et al., 2011). Die Fähigkeit der Lehrperson zur Adaption des Unterrichts an die Bedürfnisse der Kinder kommt vor allem bei der Planung und Durchführung zum Tragen und beinhaltet in erster Linie Lehrerkognitionen:

> »Adaptive Lehrkompetenz ist also keineswegs mit didaktischen Ansätzen wie individualisiertem oder differenziertem Unterricht gleichzusetzen. Adaptive Lehrkompetenz steht weder für eine bestimmte Unterrichtsmethode noch für ein didaktisches Modell, sondern beschreibt kognitive Prozesse der Lehrperson, die dem Handeln in der präaktiven oder interaktiven Phase des Unterrichts vorausgehen« (Brühwiler, 2014, S. 220).

Dafür werden folgende Kompetenzdimensionen als zentral erachtet (Beck et al., 2008, S. 37):

- *Sachkompetenz*
- *diagnostische Kompetenz*
- *didaktische Kompetenz*
- *Klassenmanagement*

Diese vier Kompetenzen nehmen eine unterschiedliche Gewichtung ein: Klassenführung und Sachkompetenz bilden den unerlässlichen Rahmen für den adaptiven Unterricht; den Kern bilden eng verzahnte diagnostische und didaktische Kompetenzen (Brühwiler,

2014, S. 221). Eine hohe Diagnosekompetenz ist aber nur dann wirksam, wenn sie in didaktisches Handeln umgesetzt werden kann (a. a. O.); in diesem Sinne gilt sie als eine Katalysatorvariable für die didaktische Kompetenz (Helmke, 2012, ▶ Kap. 5.2.3).

In Klassen, deren Lehrpersonen eine hohe adaptive Lehrkompetenz aufweisen, bestätigen Kinder aus ihrer Perspektive eine hohe Unterrichtsqualität, die u. a. gekennzeichnet ist durch eine hohe Schülerbeteiligung, gute Vermittlungsqualität, interessante Unterrichtsgestaltung und einen nicht zu großen Leistungsdruck, weil das Schwierigkeitsniveau als gerade richtig empfunden wird. Kinder erhalten zudem Mitsprache- und Wahlmöglichkeiten.

Die Wirksamkeit adaptiver Lehrkompetenz ist für das kognitive Lernen sowie für den Leistungszuwachs aller Kinder vor allem in der Grundschule gut belegt (Beck at al., 2008; Brühwiler, 2014). Adaptive Lehrkompetenz wirkt nicht direkt auf den Lernertrag, sondern vermittelt über das unterrichtliche und didaktische Handeln und die Qualität des Unterrichts. Vor allem für leistungsheterogene Grundschulklassen ließ sich der Vorteil adaptiver Lehrkompetenz nachweisen, weil Kinder im Unterricht von Lehrpersonen mit hoher adaptiver Lehrkompetenz größere Lernfortschritte machen (a. a. O.). Als besonders bedeutsam erscheint der Befund, dass »*innerhalb der Klassen [...] alle Schülergruppen ähnlich stark von adaptiven Lehrpersonen [...] profitieren*« (Brühwiler, 2014, S. 215 f.).

Adaptive Lehrkompetenz erfordert ein hohes Maß an diagnostischer Kompetenz auf Seiten der Lehrpersonen. Bislang gelingt es vielen Lehrpersonen noch weniger gut, lernwirksames Feedback aus den Diagnosen abzuleiten oder die diagnostischen Erkenntnisse für die didaktische Planung nächster Lernangebote zu nutzen (Grittner, 2009; Heritage, Kim, Vendlinski & Herman, 2009; Latzko, 2014; Liebers & Schmidt, 2017; Schneider & Gowan, 2013). In der alltäglichen diagnostischen Praxis werden zudem traditionelle Klassenarbeiten und Tests als sogenannte *Low-Cost-Assessments* häufiger genutzt als lernbegleitende Instrumente wie Kompetenzraster, Lerntagebücher oder Diagnoseverfahren, die als *High-Cost-Assess-*

ments zusätzlichen Aufwand bedeuten (Eckert, 2012; Maier, 2010; Solzbacher, 2012; Schmidt & Liebers, 2017).

4.4.2 Einfluss des Unterrichts

Unterricht kann im kognitiv-konstruktivistischen Verständnis als eine Gelegenheit zum Lernen betrachtet werden, bei der in Interaktionen zwischen Lehrpersonen und Lernenden – oder auch zwischen Lernenden – zielgerichtet unterrichtliche Lernumgebungen und Lerngelegenheiten geschaffen werden, mit denen aktive Lernprozesse angeregt und begleitet werden. Das Ziel liegt im Verstehen der Unterrichtsgegenstände, zu denen vertiefte Wissensstrukturen erworben werden sollen (Beck et al. 2008). Für eine erfolgreiche Interaktion werden vor allem die Potenziale der kognitiven Aktivierung, die Klassenführung sowie die individuelle Unterstützung und Lernbegleitung als leistungswirksame Faktoren diskutiert (Kunter, Klusmann & Baumert, 2009; Kunter & Klusmann, 2010; ▶ Kap. 5.2.1.)

Für leistungsheterogene Grundschulklassen hat sich ein Unterricht als besonders erfolgreich für alle Kinder erwiesen (Beck et al., 2008; Brühwiler, 2014), der von einer hohen adaptiven Planungs- und Handlungskompetenz der Lehrpersonen gekennzeichnet ist (▶ Kap. 4.4.1). Ein solches adaptives Unterrichten ist durch kein bestimmtes Konzept oder spezifische Methoden gekennzeichnet, sondern dadurch, dass verschiedene Instruktionen und Lerngelegenheiten im Zentrum stehen, die von den Lehrpersonen flexibel und bezogen auf die jeweiligen Lernvoraussetzungen bereitgestellt werden (Einsiedler, 2014b; Hardy et al., 2011; Hertel, 2014; Klieme & Warwas, 2011; Martschinke, 2015). Differenzierung und Individualisierung bilden einen Rahmen für adaptives Unterrichten; adaptives Unterrichten ist jedoch nicht identisch mit Differenzierung und Individualisierung (siehe Exkurs 7 – Adaptives, individualisiertes und binnendifferenziertes Unterrichten). Zur Wirksamkeit der traditionellen Konzeptionen für einen Unterricht in leistungsheterogenen

Klassen, wie (A) differenzierender, (B) individualisierender, (C) offener oder (D) jahrgangsgemischter Unterricht, liegen differenzierte Forschungsbefunde vor.

A – Differenzierender Unterricht

Ein differenzierter Unterricht, in dem die unterschiedlichen Leistungsvoraussetzungen von Kindern gruppenbezogen berücksichtigt wird, ist trotz der langanhaltenden Diskussionen um Heterogenität auch in leistungsheterogenen Grundschulklassen noch lange nicht alltägliche Praxis (Vock & Gronostaj, 2017). In der IGLU-Studie 2001 gaben die Lehrpersonen für zwei Drittel der Kinder an, dass diese im Rechtschreibunterricht mit gleichen Übungsaufgaben und gleichen Materialien arbeiten (Bos, Lankes, Prenzel, Schwippert, Walther & Valtin, 2005). Die VERA-Studie zeigte, dass sich Differenzierung gezielt an langsamere Kinder richtet sowie Zusatzaufgaben für schnellere Kinder umfasst. »*Aufwändigere und vorbereitungsintensivere Maßnahmen wie leistungsdifferenzierte Gruppenarbeit mit jeweils gesonderten Aufgaben und leistungshomogene Kleingruppen [werden] deutlich seltener eingesetzt*« (Helmke, 2012, S. 261). In den IGLU-Studien von 2011 und 2016 zeichneten sich keine grundsätzlich neuen Tendenzen ab (Bremerich-Vos, Wendt & Hußmann, 2017; Tarelli, Lankes, Drossel & Gegenfurther, 2012). Hingegen gaben in der TIMS-Studie 2019 deutlich mehr Lehrkräfte als Selbsteinschätzung an, dass Differenzierung in ihrem Mathematikunterricht hoch ausgeprägt ist und etwa zwei Drittel der Lernenden davon profitieren (Stang, Lepper, Steffensky & McElvany, 2020, S. 201). Dieser Befund passt zu einer neueren Studie, in der 70 Prozent der Lehrpersonen in Interviews angaben, im Unterricht zu differenzieren (Franz, 2020). Über die Qualität der Differenzierungsmaßnahmen lässt sich anhand der bislang vorliegenden Selbstauskünfte von Lehrpersonen in den verschiedenen Studien kaum Aussagen treffen. Insgesamt erweisen sich die bislang bekannten Effekte differenzierenden Unterrichts auf den Lernerfolg überwiegend als schwach, was u. a. mit der Qualität der Umsetzung begründet wird. Dennoch bietet er den notwendigen organisatorischen Rahmen, um hoch lernwirksame Methoden wie Kleingruppenlernen, kooperatives Lernen oder Peer-Tutoring in den Unterricht integrieren zu können (Hattie, Zierer & Beywl, 2018; Helmke, 2012; Inckemann, 2014).

B – Individualisierter Unterricht

Individualisierter Unterricht gilt vielfach als ein Königsweg für leistungsheterogene Klassen, weil er Kindern

> »durch Aufgabenstellungen und flexible Unterrichtsmethoden solche Lernwege und Lernziele [eröffnet], die ihren individuellen Voraussetzungen in Hinblick auf Leistungsvermögen, Interessen usw. gut entsprechen, sie durch diese ›Passung‹ zu optimaler Ausschöpfung ihrer Lernpotenziale motivieren und sie dabei auf ihrem Lernweg unterstützen« (Altrichter, Trautmann, Wischer, Sommerauer & Doppler, 2009, zit. nach Glesemann & Porsch, 2013; S. 45).

Allerdings verweist Helmke (2012, S. 263) darauf, dass Individualisierung an sich noch keinen Gewinn für das Lernen bedeuten muss. Wirksame Individualisierung ist didaktisch hoch anspruchsvoll, erfordert komplexe Lernumgebungen und eine Vielzahl an hochwertigen Lernmaterialien und Instruktionen (Bohl, 2017; Inckemann, 2014), mit denen selbsttätiges und individuelles Lernen ermöglicht wird. Individualisierter Unterricht ist dann besonders leistungswirksam, wenn in ihm Methoden wie beispielsweise Micro-Teaching, Mnemotechniken oder Scaffolding von den Lehrpersonen eingesetzt werden (Hattie, Zierer & Beywl, 2018, Helmke, 2012; Pohlmann-Rother, Kürzinger & Lipowsky, 2018). Ohne solcherart kognitiv aktivierende und modellierende Methoden kann Individualisierung schnell in eine Sackgasse führen. Diese Methoden müssen ihrerseits wiederum auch an die verschiedenen Lern- und Entwicklungsstände von Kindern angepasst werden, damit diese davon profitieren können (ausführlich in ▶ Kap. 5.2). Es gibt nur wenig dezidierte Befunde dazu, inwieweit individualisierter Unterricht an Grundschulen verbreitet ist. In Niedersachsen gaben 90 Prozent der Lehrpersonen an, dass sie individuelle Förderung praktizieren; offen bleibt dabei, in welcher Intensität und Qualität (Solzbacher, 2012). Vielfach beschränkt sich Individualisierung auf leistungsschwächere Kinder (Pohlmann-Rother, Kürzinger & Lipowsky, 2018).

C – Offener Unterricht

Offener Unterricht wird vielfach mit differenziertem oder individualisiertem Lernen gleichgesetzt (Franz, 2020; Häcker, 2017). Offene Unterrichtsformen sind jedoch davon gekennzeichnet, dass die direkte Steuerung der Lehrperson, die im differenzierten und individualisierten Unterricht weiterhin zum Tragen kommt, zugunsten einer indirekten Steuerung aufgegeben wird und Kinder weitgehend selbstständig Ziele, Inhalte und Methoden ihres Lernens auswählen und Ergebnisse kontrollieren (Bohl & Kucharz, 2010; Wiater, 2013). Für den offenen Unterricht liegt eine Vielzahl an methodischen Ansätzen vor, die sich in ihren Freiheitsgraden unterscheiden, wie u. a. Tages- und Wochenplanarbeit, Arbeit in Werkstätten, an Lerntheken und Stationen oder Freiarbeit (Munser-Kiefer, 2014). In zwei aktuellen Studien äußern knapp die Hälfte der Lehrpersonen, ihren Unterricht zu öffnen (Bremerich-Vos, Wendt & Hußmann, 2017; Franz, 2020), wobei sich bereits in früheren Studien zeigte, dass die Offenheit von Lehrpersonen überschätzt wurde (Brügelmann, 2000; Hanke, 2001).

Entgegen anderslautender (Vor-)Urteile wird der offene Unterricht in der alltäglichen Umsetzung und in organisatorischer Hinsicht zumeist deutlich strukturiert, weniger überzeugend fällt die aufgabenbezogene Strukturierung aus (Bohl & Kucharz, 2010; Hartinger, 2005). Eine geringer ausgeprägte Instruktionsqualität sowie eine geringere kognitive Aktivierung durch die präsentierten Aufgaben erklären vermutlich, warum sich keine eindeutigen Vorteile im fachlichen Lernen zeigen (Lotz & Lipowski, 2015), tendenzielle Effekte zeigen sich vor allem im überfachlichen und nichtkognitiven Bereich (Motivation, Interesse, Selbstbestimmungsempfinden, Selbstkonzept) (Bohl & Kucharz, 2010; Martschinke & Kammermeyer, 2003).

Bezogen auf Kinder mit leistungsheterogenen Lernvoraussetzungen liegen zudem differente Befunde vor: Kinder, die über eher gering ausgeprägte Fähigkeiten der Selbststeuerung und Metakognition verfügen, können vom hohen Grad der Selbststeuerung in offeneren Lernformen überfordert werden und profitieren eher vom lehrergesteuerten Unterricht (Einsiedler, 2014b; Vock & Gronostaj, 2017). Zugleich profitieren Kinder »*mit günstigen Lernvoraussetzungen dagegen insbesondere dann, wenn Freiräume für die Gestaltung von Lernprozessen gegeben werden*« (Klieme & Warwas, 2001, S. 811; Jürgens, 2009; Bohl & Kucharz, 2010). Insgesamt kann davon ausgegangen werden, dass allgemeine Qualitätsmerkmale stärker als die gewählte Form der Öffnung den Lernerfolg bestimmen (Munser-Kiefer, 2014). Zugleich tragen geöffnete Unterrichtsformen im Vergleich zu sonstigen Unterrichtsformen zu einer deutlichen Intensivierung individueller Zuwendung und Rückmeldung seitens der Lehrpersonen bei (Martschinke, Kopp & Elting, 2014). Geöffneter Unterricht und damit verbundene Lernformen können auch unbeabsichtigte Praktiken hervorbringen, welche ursprüngliche Zielsetzungen und erwünschte Wirkungen überlagern (Häcker, 2017). Etliche qualitative Unterrichtsstudien konnten solche Praktiken, z. B. den Modus des Abarbeitens von Wochenplänen (Carle & Metzen, 2008) oder den Modus der Warteschlange bei der Kontrolle, herausarbeiten (Breidenstein & Rademacher, 2017; Huf & Breidenstein, 2009).

D – Jahrgangsgemischter Unterricht

Anders als in demografisch begründeten Modellen der Jahrgangsmischung wird in pädagogisch begründeten Modellen Altersheterogenität absichtsvoll inszeniert, um diese als einen Katalysator für veränderte didaktische Arrangements zu nutzen. In den Modellversuchen zur jahrgangsübergreifenden Schuleingangsstufe wurden Leistungseffekte berichtet, die vor allem für Kinder mit geringem Vorwissen belegbar sind (Götz, 2014). Diese Effekte traten verstärkt auf, wenn Lehrpersonen bereits länger in jahrgangsgemischten Klassen arbeiteten und somit auf Routinen für den jahrgangsgemischtes Unterrichten zurückgreifen können (Krüsken, 2008). Auch in jahrgangsgemischten 3. und 4. Klassen gab es kleinere Lerneffekte zugunsten von Kindern mit geringerem Vorwissen (Munser-Kiefer, Martschinke, Lindl & Hartinger, 2021). Eine weitere Studie ergab, dass in Klassen, bei denen das jahrgangsübergreifende Lernen (JÜL) drei Jahrgänge einschließt, bessere Lernleistungen erreicht werden als in jahrgangshomogenen Klassen oder in JÜL-Klassen, die nur zwei Jahrgänge umfassen (Thoren, Hannover & Brunner, 2019). Ein generell leistungssteigernder Effekt von jahrgangsgemischten Grundschulklassen wird anhand von Daten aus Schulleistungsstudien jedoch in Frage gestellt (Kuhl, Felbrich, Richter, Stanat & Pant, 2013); ein Vorteil scheint vor allem dann zu entstehen, wenn engagierte Lehrpersonen mit hoher adaptiver Lehrkompetenz die spezifischen Rahmenbedingungen optimal nutzen (Munser-Kiefer et al., 2021; Thoren & Brunner, 2019).

4.4.3 Strukturelle, organisatorische und sozialräumliche Kontextfaktoren

Grundschulen in Deutschland unterscheiden sich infolge föderaler Gesetzgebung sowie sozialräumlicher Besonderheiten in verschiedenen Kontextfaktoren. Einer davon ist die (A) Dauer der Grundschulzeit, ein anderer die (B) jeweilige Klassengröße. Je nach Einzugsbereichen bilden sich lokale Milieus der Wohnumgebung auch in der (C) Klassenzusammensetzung ab und führen unter bestimmten Bedingungen zu (D) segregierten Grundschulen.

A – Dauer der Grundschulzeit

Die Dauer des gemeinsamen Lernens aller Kinder gehört seit der Gründung der Grundschule 1919 zu den bildungspolitisch umkämpften Bastionen (Sandfuchs & Dühlmeier, 2019). In den letzten Jahren wird wieder verstärkt diskutiert, inwieweit mit veränderten

Schulstrukturen und einer längeren gemeinsamen Lernzeit in der Grundschule der Leistungsheterogenität und der Chancenungleichheit bei den Übergängen in weiterführende Schulen besser begegnet werden könnte (Wacker, 2017). In diesem Kontext werden organisatorische Modelle einer verlängerten Grundschulzeit diskutiert, wie die der sechsjährigen Grundschule in Berlin und Brandenburg oder internationale Modelle verbundener Primar- und Sekundarstufen. In ausgewählten staatlichen Schulen (z. B. in Sachsen) und vielen Schulen in freier Trägerschaft sind Formen von Gemeinschaftsschulen mit den Klassenstufen 1 bis 10/12/13 verbreitet.

Eine empirische Forschung zum Lernerfolg in den verschiedenen Modellen ist nur in Ansätzen vorhanden und die vorliegenden Befunde werden infolge des Modellcharakters als wenig robust und konträr diskutiert. Die vorliegenden Ergebnisse zu den Lernerfolgen in zwei verschiedenen Schulmodellen für die Klassenstufen 5 und 6 in Berlin (sechsjährige Grundschule und Grundständiges Gymnasium mit Latein als zweiter Fremdsprache) werden von einer Forschungsgruppe dahingehend interpretiert, dass besonders leistungsfähige Kinder wenig oder nicht von einem frühen Übergang auf ein grundständiges Gymnasium profitieren (Baumert, Becker, Neumann & Nikolova, 2009). Gleichzeitig interpretiert eine andere Autorengruppe die gleichen Ergebnisse dahingehend, dass es keine Hinweise darauf gebe, dass eine längere gemeinsame Grundschulzeit die Verstärkung sozial bedingter Unterschiede verhindere oder abschwäche (Lehmann & Lenkeit, 2008).

Vor diesem Hintergrund warnen einige Forschende vor überhöhten Erwartungen an veränderte Schulstrukturen. Auch wenn einzelne Schulen immer wieder höchst bemerkenswerte Erfolge mit Gemeinschaftsschulmodellen erzielen, fehlen gegenwärtig substanzielle Befunde, anhand derer die erhofften positiven Einflüsse auf die Leistungsheterogenität bei einer breiten Implementation dieser Modelle auf alle Primar- und Sekundarschulen angenommen werden können (Decristan & Jude, 2017; Helmke, 2012).

4.4 Einfluss von Lehrpersonen, Unterricht und Schule

B – Einfluss der Klassengröße

Der Zugang eines Kinder zu einer konkreten Grundschule an seinem Wohnort ist in Deutschland über den Schuleinzugsbereich geregelt. Dieser wird von den Schulträgern je nach regionaler Situation eingerichtet. Während in kleineren Gemeinden und dünner besiedelten Regionen alle Kinder eines Ortes, mehrerer Ortsteile oder gar Gemeinden die gleiche Grundschule besuchen, werden in Städten zumeist Einzugsbereiche bestimmt, aus denen alle Kinder mit etwa gleich weiten Schulwegen einer konkreten Grundschule zugeteilt werden; einige Städte haben den Einzugsbereich für Grundschulen aufgehoben, sodass Eltern die Grundschule frei wählen können.

Der regionale Zuschnitt der Schuleinzugsbereiche kann zu Klassengrößen führen, die zwischen 13 und 29 Kindern je Grundschulklasse schwanken (KMK, 2019). Immer wieder wird die Frage gestellt, welchen Einfluss die Anzahl der Kinder einer Klasse auf die Leistungen in der Grundschulzeit ausübt, weil in Rechnung gestellt wird, dass Lehrpersonen in Klassen mit sehr vielen Kindern weniger Zeit für das einzelne Kind aufbringen können, häufiger kleine Störungen und Unruhe auftreten und Elterngespräche oder Zeugniserstellung mehr Zeit erfordern. Lehrpersonen empfinden dementsprechend oft auch eine höhere subjektive Belastung in großen Klassen (Martschinke & Kammermeyer, 2003).

In älteren Experimentalstudien führten kleinere Klassen in den ersten Grundschuljahren zu nachhaltigen Leistungsvorteilen (Finn & Achilles, 1999, zit. nach Martschinke & Kammermeyer, 2003). Dieser Effekt der Klassengröße auf die Schulleistungen ließ sich in den (inter-)nationalen Schulleistungsstudien für Deutschland anhand querschnittlicher Korrelationsstudien nicht bestätigen. Wird jedoch der Anteil von Kindern auf unteren Kompetenzstufen als Faktor in die Modellrechnungen einbezogen, kann eine Reduzierung der Klassengröße bei großen Klassen in den ersten drei Schuljahren deutlich bessere Leitungsergebnisse erbringen und die Wahrscheinlichkeit für Kinder auf unteren Kompetenzstufen reduzieren, eine Klasse zu wiederholen (Bach & Sievert, 2018). In

Rheinland-Pfalz zeigte sich, dass in größeren dritten Klassen die Schulleistungen geringer ausfallen, wobei die größeren Klassen auch überwiegend diejenigen waren, in denen mehr Kinder mit einer durchschnittlich niedrigen sozialen Lage lernen (Kraus, Weishaupt & Hosenfeld, 2020).

Übereinstimmend wird angenommen, dass es keine direkten Wechselwirkungen zwischen der Klassengröße an sich und den Lernerfolgen gibt. Vielmehr kommt der Effekt kleinerer Grundschulklassen vor allem dann zum Tragen, wenn dieser Vorteil für die Umsetzung anspruchsvoller pädagogischer Unterrichtskonzepte genutzt wird (Hattie, Zierer & Beywl, 2018; Martschinke & Kammermeyer, 2003).

C – Kompositionseffekte der Klassenzusammensetzung

In mehreren Studien konnte belegt werden, dass die Ursachen für Leistungsheterogenität »*nicht nur ausschließlich in den Eingangsunterschieden zwischen Schülern zu verorten sind, sondern auch auf Merkmale des Klassenkontextes zurückführbar sein können*« (Nikolova, 2011, S. 176).

Leistungsheterogene Klassenzusammensetzungen, die nicht durch deutliche Ungleichgewichte bei der Klassenzusammensetzung gekennzeichnet sind, erwiesen sich grundsätzlich weder als leistungsbeeinträchtigend noch als leistungsförderlich. In einigen Studien konnten kleine Vorteile leistungsheterogener Klassen für die mittleren Lernleistungen im Lesen und in der Mathematik in Berliner Grundschulklassen sowie für die Jahrgangsstufen 5 und 6 in Hamburger Schulen gefunden werden (Bos & Scharenberg, 2010). Speziell für Kinder mit gering ausgeprägtem Vorwissen wirken sich leistungsheterogene Klassen förderlicher auf die Lernentwicklung aus als leistungshomogene Klassen, wohingegen

> »Schüler mit mittleren Leistungen [...] in leistungshomogenen Gruppen und leistungsstarke Schüler schließlich sowohl in leistungshomogenen als auch leistungsheterogenen Gruppen vergleichsweise die besten Leistungen aufweisen« (Klieme & Warwas, 2011, S. 810).

4.4 Einfluss von Lehrpersonen, Unterricht und Schule

Als besonders nachteilig für die Lernfortschritte der einzelnen Kinder erweisen sich Schulklassen mit geringen Leistungsunterschieden bei einem gleichzeitig niedrigen Niveau der gesamten Klasse (Lehmann, 2006; Scharenberg, 2012).

Von Kompositionseffekten wird dann gesprochen, wenn das mittlere Leistungsniveau einer Klasse zusätzlich zu den individuellen Leistungskomponenten einen messbaren Einfluss auf die Leistungen ausübt (Decristan & Jude, 2017). Zu den individuellen Merkmalen, denen Wirkungen auf das allgemeine Fähigkeits- und Lernniveau einer Klasse zugeschrieben werden, zählen die soziokulturelle und ethnisch-kulturelle Zusammensetzung, eine Konzentration sozialer Risikofaktoren durch belastende Familienverhältnisse sowie eine Konzentration lernbiografischer Belastungsfaktoren (Nikolova, 2011). Negative Kompositionseffekte bezogen auf die Leseleistungen zeigten sich in Berlin in denjenigen Klassen, in denen ein besonders hoher Anteil von Kindern mit Migrationshintergrund lernt. Allerdings belegen vertiefende Mehrebenenanalysen, dass es sich weniger um ethnische Herkunftseffekte als vielmehr um soziokulturelle Effekte der Klassenzusammensetzung handelt (Bellin, 2009; Ditton & Krüsken, 2006). Mit anderen Worten – je mehr Kinder aus weniger bildungsprivilegierten Familien in einer Grundschulklasse zusammen lernen, desto eher ist mit Leseleistungen auf den unteren Kompetenzstufen zu rechnen.

Kompositionseffekte können auf unterschiedlichem Wege entstehen, z. B. in der Interaktion von Lehrpersonen mit den Kindern im Unterricht. So äußern Lehrpersonen in von ihnen als *schwach* attribuierten Klassen oftmals, dass sie die Ziele und Anforderungen für alle Kinder *herunterschrauben*, weil die *Zugpferde* und Zeit fehlen. Einsiedler (1997) spricht von *Aufschaukelungsprozessen* zwischen den Kontextmerkmalen einer Klasse und dem Unterricht der Lehrperson. Eine weniger anspruchsvolle Lern- und Leistungskultur kann durch reduzierte Erwartungen von Lehrpersonen noch verstärkt werden, weil sie kognitiv weniger anspruchsvoll unterrichten. Wenn viele Lernprobleme in einer Klasse auftreten, können sich Kinder oft auch gegenseitig weniger anregen und helfen (a. a. O., Vock & Gronostaj, 2017). Hinzu kommt, dass bei vielen Kindern mit unterschiedlichen individuellen Hilfe- und Unterstützungsbedarfen in einer Klasse dieselbe Lehrperson für jedes einzelne Kind weniger Zeit aufbringen kann.

D – Segregierte Grundschulen

Zunehmende Einkommensungleichheit, steigende Mieten in nachgefragten Wohnquartieren und steigende Zuwanderung führen in Metropolenregionen und im Umland größerer Städte zu selektiven Wanderungsbewegungen der Bevölkerung und zu sozialräumlich segregierten, d. h. sozio-ökonomisch und sozio-kulturell homogenen Wohnmilieus, die jeweils nur noch kleine Teile der in Deutschland vertretenen Bevölkerung abbilden (vgl. dazu Parade & Heinzel, 2020). Dementsprechend werden die dortigen Grundschulen von Kindern aus überwiegend ähnlichen sozio-kulturellen Milieus besucht. Wenn mehr als die Hälfte der Kinder aus sozial stark oder wenig privilegierten Milieus stammt, wird von segregierten Grundschulen gesprochen.

An segregierten Grundschulen in weniger privilegierten Einzugsbereichen können problematische Situationen dadurch entstehen, dass sie von einem geringeren Elternengagement gekennzeichnet sind, seltener anspruchsvolle Ganztagsangebote bieten und die materielle Ausstattung knapper ausfällt und nicht durch finanzstarke Fördervereine abgefangen werden kann. Zudem fluktuieren Lehrpersonen an diesen Schulen stärker und werden häufiger durch pädagogisch nur teilweise vorqualifizierte Quereinsteiger ersetzt (a. a. O.; Helbig & Nicolai, 2018). Milieuspezifische lokale Orientierungsmuster können auf Bildungserwartungen und Bildungserfolge von Kindern Einfluss nehmen (Hasselhorn & Kuger, 2014; Anger & Plünnecke, 2021). Nicht zuletzt stigmatisieren negative Stereotype Kinder aus bestimmten Wohnquartieren und limitieren ihre Chancen (Parade & Heinzel, 2020).

In größeren Städten gibt es einzelne Grundschulen, bei denen der Anteil von Kindern, deren Familien soziale Hilfen zum Leben beziehen, bei über 50 Prozent liegt (a. a. O.). An etwa jeder sechsten Grundschule konzentrieren sich Kinder, bei denen zu Hause überwiegend eine andere Sprache als Deutsch gesprochen wird, an einem Viertel der Grundschulen in Deutschland stammen 50 Prozent der Kinder von Eltern ab, die beide einen Zuwanderungshintergrund aufweisen (a. a. O.). Nicht zuletzt schwankt der Anteil von inklusiv beschulten Kindern mit sonderpädagogischen Förderbedarfen in den Grundschulen je nach Einzelschule erheblich (Bremerich-Vos, Wendt & Hußmann, 2017). Für Grundschulen mit hohen Anteilen von inkludierten Schülerinnen und Schülern verweisen die VERA-Studien auf größere schulinterne Leistungsstreuungen, obwohl inkludierte Kinder nicht in die Datensätze eingegangen sind (Kraus, Weishaupt & Hosenfeld, 2021, S. 145). Nachteilige Auswirkungen segregierter Grundschulen auf Leistungsunterschiede lassen sich so zusammenfassen:

> »Die Leistungsunterschiede zwischen dem durch die soziale Zusammensetzung der Schülerinnen und Schüler besonders benachteiligten Viertel von Schulen und den übrigen Schulen sind ganz erheblich, denn bei den erfassten Merkmalen der sozialen Lage und beiden Leistungsfächern liegen die Durchschnittsleistungen an den Schulen mit niedrigen sozialen Ausgangsbedingungen unter den Leistungen des unteren Leistungsviertels bei den übrigen Schulen. [...] Schulen mit günstigen Bedingungen der sozialen Zusammensetzung [...] heben sich nochmals – wenn auch nicht so deutlich – von den durchschnittlichen Schulen ab« (Kraus, Weishaupt & Hosenfeld, 2021, S. 145).

Sozialpolitisch bedingte Entmischungsprozesse werden durch die Zunahme von Grundschulen in freier Trägerschaft weiter forciert (Köppe, 2012; Krüger, Roch, Breidenstein, 2020). Wenn sich in Städten wie Potsdam, Jena oder Schwerin ein Drittel und mehr der Grundschulen in freier Trägerschaft befinden (Helbig, 2020), ist zu fragen, inwieweit problematische Quartiersbildungen und segregierte Grundschulen vorgezeichnet sind.

4.5 Primär, sekundär und institutionell bedingte Bildungsdisparitäten

Leistungsheterogenität kann als eine Folge des Zusammenwirkens der Variabilität individueller und familiärer Merkmale mit schulischen Passungsverhältnissen betrachtet werden. Im Zusammenwirken mit weiteren Faktoren entsteht aus dieser horizontalen Ordnung an den Gelenkstellen der Übergänge im Bildungssystem eine vertikal gestufte Ordnung: In deren Folge werden *Bildungsdisparitäten*, d. h. Ungleichheiten der weiteren Leistungen und des Bildungserfolgs aufgrund spezifischer Herkunftsmerkmale, immer wahrscheinlicher. Vor allem am Übergang von der Grundschule zur Sekundarstufe, aber auch schon beim Eintritt in die Grundschule erfolgen weitreichende Weichenstellungen für spätere Bildungsabschlüsse sowie damit verbundene Lebenschancen, weil der *»weitere Kompetenzerwerb, je nach Schulform und Schule auch bei gleichen Voraussetzungen hinsichtlich Intelligenz, Vorwissen und sozialer Herkunft unterschiedlich verläuft«* (Faust, 2014; S. 269).

Anhand des Modells der Wechselwirkung primärer und sekundärer Herkunftseffekte (▶ Abb. 6), die beide durch die Ressourcen der Herkunftsfamilie und des Kindes bestimmt werden, lässt sich genauer bestimmen, wie Bildungsentscheidungen – auch bei gleicher Leistungsfähigkeit von Kindern – durch elterliche Entscheidungen, institutionelle Akteure und sozialräumliche Entwicklungen forciert werden und zu Bildungsdisparitäten führen können (Maaz, Gresch, McElvany, Jonkert & Baumert, 2010). *Primäre Herkunftseffekte* haben einen direkten Einfluss auf die Kompetenzentwicklung und zeigen sich in den Schulleistungen von Kindern (▶ Kap. 4.2, ▶ Kap. 4.3). Bereits an dieser Stelle werden ungleiche Chancen von Kindern infolge benachteiligender Konstellationen in den Herkunftsfamilien offensichtlich. Verstärkend bei Übergangsentscheidungen wirken *sekundäre Herkunftseffekte*, die sich aus den Bildungswegentscheidungen der Eltern vor dem Hintergrund der sozio-kulturellen Situation sowie der je milieuspezifischen Bildungserwartungen erge-

4.5 Primär, sekundär und institutionell bedingte Bildungsdisparitäten

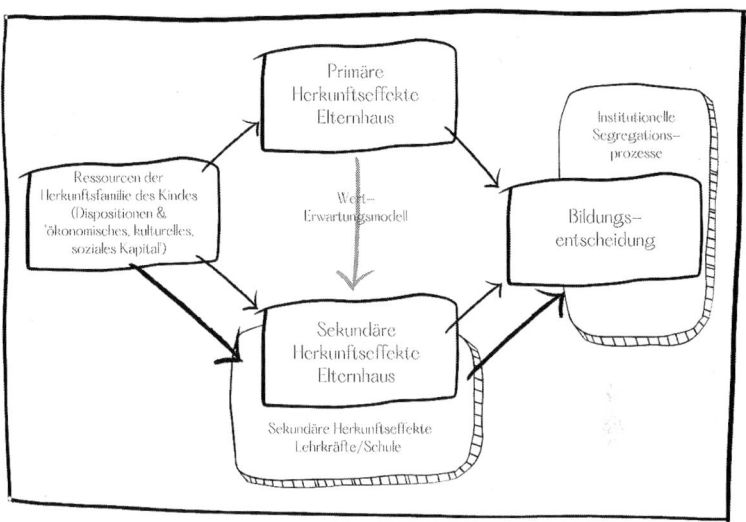

Abb. 6: Wechselwirkungen von Herkunftseffekten bei Übergangsentscheidungen (Grafik Beier & Liebers, eigene Weiterentwicklung in Anlehnung an Maaz, Gresch, McElvany, Jonkmann & Baumert, 2010, S. 68)

ben. Weil die Entscheidung für bestimmte Bildungsgänge/bestimmte Schulformen zum Teil unabhängig von der konkreten Begabung und Leistung des Kindes fällt, nehmen Kinder bei gleicher Begabung und gleichen Leistungen unterschiedliche Bildungswege wahr und prägen unterschiedliche Kompetenzen aus. Bildungsungleichheit kann so als »*aggregierte Folge vorausgegangener individueller Bildungsentscheidungen*« (Kristen, 1999, S. 16) an institutionellen Übergangspunkten verstanden werden. Primären und sekundären Herkunftseffekten kommt ein vergleichbarer Anteil bei der Wahl der weiterführenden Schule zu:

> »Dies bedeutet aber auch, dass die Wahl der weiterführenden Schule nur zur Hälfte durch Leistungsunterschiede zu erklären ist. Die andere Hälfte der Schulauswahl ist auf die unterschiedlichen Wünsche und Erwartungen der Eltern zurückzuführen« (Anger & Plünnecke, 2021, S. 20).

Erklärt werden diese elterlichen Entscheidungsprozesse mithilfe der Wert-Erwartungs-Theorie (Boudon, 1974), nach welcher der einzusetzende Aufwand (z. B. Dauer und Kosten der Ausbildung) mit dem zu erwartenden Nutzen bzw. Wert abgewogen wird. Während es für ärmere Eltern vielfach wichtig ist, dass ihnen möglichst wenig Kosten durch Aufwendungen für die Schule entstehen und ihre Kinder schnell *auf eigenen Beinen stehen* sollen, scheuen Eltern sozial begünstigter Milieus oftmals keine Kosten und Aufwand für einen hochwertigen Abschluss ihrer Kinder. Bereits vor dem Schulanfang werden wichtige Weichen gestellt. So gelingt es z. B. einem Teil der Eltern mit hohen Bildungserwartungen, für ihr Kind einen Platz in der von ihnen persönlich präferierten Grundschule unter Umgehung geltender Schulbezirksregelungen zu sichern. Dazu werden Möglichkeiten wie Gastschulbesuche, Ausweichen auf Grundschulen in privater Trägerschaft, Wohnortwechsel vor der Einschulung oder zuweilen auch fingierte Adresswechsel genutzt (Parade & Heinzel, 2020). Vielen Eltern ist das Problem der sich durch ihr Verhalten weiter verschärfenden Bildungsungleichheit bewusst, für sie steht jedoch die Verantwortung für ihr eigenes Kind im Vordergrund (Krüger, Roch & Breidenstein, 2020).

Milieuspezifische Bildungserwartungen (▶ Kap. 4.3.3) werden im besonderen Maße bei den Schulwahlentscheidungen für weiterführende Schulen virulent, weil Kinder aus sozial privilegierten Milieus von ihren Eltern auch dann mit hoher Wahrscheinlichkeit für das Gymnasium angemeldet werden, wenn ihre Leistungen als durchschnittlich oder sogar leicht unterdurchschnittlich gelten; benötigte Nachhilfe und Förderung sowie ggf. Rechtsbeistand können über Jahre finanziert werden. Kinder aus sozial wenig privilegierten Milieus müssen hingegen nachgerade überdurchschnittliche Leistungen aufweisen, damit ihre Eltern sie zum Gymnasium anmelden, sie »*benötigen für dieselbe Schulwahl eine Leseleistung, die einem Vorsprung von knapp zwei Lernjahren entspricht*« (Stubbe, Bos, Schurig, 2017, S. 247).

Bildungsdisparitäten werden durch Bildungsempfehlungen von Lehrpersonen weiter verschärft. Auch sie erteilen für Kinder aus sozial privilegierten Milieus bereits eine Empfehlung für das Gymnasium, wenn die Leistungen des Kindes noch nicht einmal durchschnittlich ausfallen, wohingegen Kinder aus nicht privilegierten Familien sehr hohe Leistungen benötigen, um von Lehrpersonen eine Gymnasialempfehlung zu erhalten. Anders gesprochen hat ein Kind mit den *richtigen* Eltern eine dreimal so hohe Chance auf eine Gymnasialempfehlung wie ein Arbeiterkind – bei gleichen Leseleistungen (Stubbe, Bos & Euen, 2012; S. 221; Stubbe, Bos & Schurig, 2017). Bei der Entscheidungsfindung von Lehrpersonen spielen leistungsbezogene Kriterien und rechtliche Vorgaben, aber auch Rollenwahrnehmungen und Belastungsempfinden eine Rolle (Pohlmann-Rother, 2010).

Nicht zuletzt wirken institutionelle Auswahlprozesse an weiterführenden Schulen über Schulprofile verstärkend auf bestehende Bildungsdisparitäten: Mithilfe exklusiver kreativer, musikalischer oder altsprachlicher Angebote wird der Zugang an bestimmte weiterführende Schulen auf Kinder mit passenden spezifischen Interessen und familiärem Hintergrund eingeengt (Breidenstein, 2020).

4.6 Bildungsungleichheit entgegenwirken

Dass Leistungsheterogenität zu unterschiedlichen Bildungserfolgen von Kindern führt, ist ein weitgehend akzeptiertes Momentum, solange ein Kind seine individuellen Potenziale in der Grundschule bestmöglich ausschöpfen kann. Viele der weiter oben berichteten Forschungsbefunde verweisen jedoch darauf, dass dies bei zahlreichen Kindern infolge spezifischer Herkunftsmerkmale nicht ausreichend gut genug gelingt und damit bereits in der Grundschule Bildungsungleichheit (re-)produziert wird (Maaz & Leerhoff, 2022).

Um der Bildungsungleichheit bei Kindern schon im Grundschulalter präventiv begegnen zu können, sind folgende Zusammenhänge zu beachten, die nicht von Lehrpersonen und Schulen allein bewältigt werden können (Helbig, 2020; Ruberg & Walczyk, 2013), sondern komplexe Antworten erfordern (▶ Kap. 5):

1. Leistungsheterogenität von Kindern bildet sich im Unterricht in einem komplexen Geflecht vielfältig interagierender individueller und familiärer Merkmale von Kindern, Überzeugungen und Kompetenzen von Lehrpersonen sowie Merkmalen des Unterrichts und Praktiken der Interaktion in der Klasse und der Schule heraus und äußert sich in einer breiten Varianz von Lernleistungen, Lernstrategien und Lernemotionen etc.
2. Unzureichende schulische Rahmenbedingungen sowie fehlende unterrichtliche Passungsverhältnisse können bei allen Kindern zu Schulleistungen führen, die weit hinter ihren individuellen Potenzialen und Begabungen zurückbleiben. Eine, aber nicht die alleinige Antwort, ist deshalb ein professioneller Unterricht.
3. Gesellschaftliche und sozialräumliche Wandlungsprozesse führen zunehmend zu *homogeneren* Wohnmilieus von Familien mit einem eher niedrigen oder aber einem eher hohen sozialen Status. Auf diese Weise entstehen segregierte Grundschulmilieus, die in einigen Regionen durch eine erhebliche Zunahme von Grundschulen in freier Trägerschaft weiter divergieren.
4. Im ungünstigsten Fall bilden sich segregierte Klassen und Schulen heraus, in denen viele Kinder die Basiskompetenzen nicht ausreichend gut erwerben und ihre Potenziale nicht entfalten können. Kompositionseffekte führen in diesen Klassen zu weiteren negativen Verstärkungen.
5. Diese vielschichtigen Verkettungen verstärken benachteiligende oder privilegierende familiäre Herkunftsfaktoren. In der Folge erhöhen sich Bildungsdisparitäten weiter – bei einem Teil der Kinder unabhängig von deren tatsächlichen Dispositionen und Leistungen. Dies widerspricht den fundamentalen Ideen von Bildungsgerechtigkeit und Chancengleichheit in unserer demokratischen Gesellschaft und erfordert gesamtgesellschaftliche und systemische Lösungsansätze.

Fragen zur Reflexion

1. Erarbeiten Sie sich mithilfe einer Mindmap eine Übersicht, welche Faktoren bei der Entstehung von Leistungsheterogenität zusammenwirken. Markieren Sie Wechselwirkungen zwischen den Faktoren.
2. Auf welche dieser Faktoren können Sie in Ihrem Unterricht Einfluss nehmen?
3. Welche professionellen Kompetenzen benötigen Sie als Lehrperson für den Unterricht in leistungsheterogenen Klassen?
4. In welchem Verhältnis stehen Leistungsheterogenität und Bildungsdisparität?
5. Inwiefern gelten Bildungsdisparitäten als ungerecht?

5

Handlungsansätze für den Umgang mit Leistungsheterogenität in der Grundschule

Viele Grundschulen haben erfolgreiche Konzepte entwickelt, wie sie mit Leistungsheterogenität im Schulalltag und Unterricht produktiv umgehen können (u. a. Carle, Kauder & Osterhues-Bruns, 2021). Dennoch können die zunehmende Leistungsheterogenität und die schwindende Bildungsgerechtigkeit nicht von Lehrpersonen und Grundschulen allein bewältigt werden (Helbig, 2020; Hinz, 2009; Ruberg & Walczyk, 2013). Eine systemische Sichtweise versucht Handlungsansätze mithilfe eines Mehrebenenmodells genauer zu analysieren (▸ Kap. 5.1). Dementsprechend wird in diesem Kapitel der Umgang mit Leistungsheterogenität als Aufgabe von

Lehrpersonen (▶ Kap. 5.2), Schulen (▶ Kap. 5.3), Kommunen (▶ Kap. 5.4) sowie den politischen Institutionen auf Landes- und Bundesebene (▶ Kap. 5.5) dargestellt. Abschließend wird resümiert, wie Leistungsheterogenität in der Grundschule als eine gesamtgesellschaftliche Herausforderung bearbeitet werden kann (▶ Kap. 5.6).

5.1 Mehrebenenmodell für Handlungsebenen

Mithilfe von systemischen Mehrebenenmodellen aus der *Educational Governance Theorie* (Brüsemeister, 2005; Maag Merki, 2008; Liebers, 2022) können vier zentrale Handlungsebenen identifiziert werden, auf denen je spezifische Handlungsansätze für einen erfolgreichen Umgang mit Heterogenität gefunden und realisiert werden (▶ Abb. 7). Im Zusammenwirken der Akteurinnen und Akteure auf den verschiedenen Ebenen bedarf es einer gegenseitigen Abstimmung und Vernetzung, um gemeinsame wirksame Maßnahmen und dafür benötigte personelle und sächliche Ressourcen schaffen zu können (a. a. O.).

Im Zentrum des Modells stehen der Unterricht sowie die Lernenden und die Lehrpersonen (Mikroebene), die mit ihren professionellen Kompetenzen einen großen Beitrag dazu leisten können, einen heterogenitätsbezogenen Unterricht zu planen, durchzuführen und zu reflektieren. Damit sie mit Leistungsheterogenität professionell umgehen können, benötigen sie jedoch die Unterstützung der gesamten Schule (Mesoebene) sowie die der Kommunen (intermediäre Ebene) und politischen Institutionen (Makroebene). Ohne ein so vernetztes Vorgehen werden sich Lehrpersonen immer häufiger sorgen, den Ansprüchen, die Kinder und sie selbst an sich und ihren Unterricht stellen, nicht mehr gerecht werden zu können (Miller, 2013; Oswald, 2012; Reh, 2005; Wischer & Trautmann, 2011). Überhöhte Erwartungen der Gesellschaft an Lehrpersonen und Grundschulen tragen darüber hinaus dazu bei, dass

5 Handlungsansätze für den Umgang mit Leistungsheterogenität

Lehrpersonen sich allein gelassen fühlen, vor allem dann, wenn »*das Problem der Bewältigung von Heterogenität [...] auf die Lehrkräfte abgewälzt*« (Duncker, 2009, S. 226) wird und »*Reformen ohne Ressourcen*« (Miller, 2013, S. 249) geschultert werden sollen.

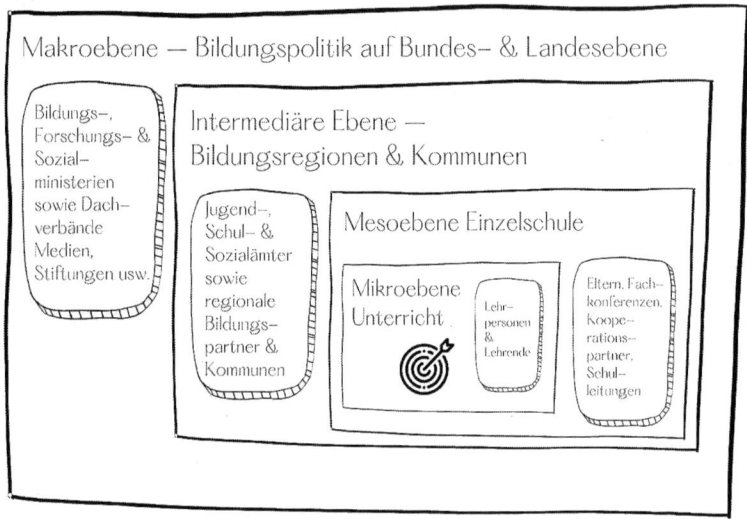

Abb. 7: Mehrebenenmodell für die Analyse der Handlungsfelder aus Sicht der Educational Governance Theorie (Grafik Beier & Liebers)

5.2 Handlungsansätze für einen heterogenitätsbezogenen Unterricht von Lehrpersonen

Ein heterogenitätsbezogener Unterricht beruht zunächst darauf, die Leistungsheterogenität von Kindern einer Klasse als Regelfall anzuerkennen und reflexiv zu bearbeiten (▶ Kap. 2.4). Aus der Anerkennung von Leistungsheterogenität als Ausgangspunkt für jeden Unterricht folgt, dass die unterschiedlichen Lernvoraussetzungen von Kindern berücksichtigt werden. In der klassisch grundschulpädagogischen Sichtweise wurden bislang Maßnahmen der Differenzierung und Individualisierung sowie Ansätze offenen und kooperativen Unterrichts präferiert (Franz, 2020; Inckemann, 2014, ▶ Kap. 4.4). Nach neueren empirischen Befunden aus der Unterrichtsforschung erweisen sich in leistungsheterogenen Klassen vor allem adaptive Lehrstrategien als besonders wirkungsvoll (▶ Kap. 5.2.1). Adaptives Unterrichten schließt horizontal und vertikal differenzierte anspruchsvolle Aufgaben und Instruktionen ein, mit denen möglichst alle Kinder kognitiv aktiviert werden (▶ Kap. 5.2.2). Die Basis dafür bildet eine lernprozessbegleitende Diagnose bzw. ein formatives Assessment (▶ Kap. 5.2.3).

5.2.1 Adaptives Unterrichten

Adaptives Unterrichten gilt als das »*wissenschaftlich fundierteste und didaktisch aussichtsreichste Konzept*« für das erfolgreiche Lernen von Kindern in heterogenen Grundschulklassen (Helmke & Weinert, 1997, S. 137). Unterricht in leistungsheterogenen Klassen erfordert eine Balance zwischen den Anforderungen der Lehrpläne/Standards und den variierenden Leistungspotenzialen von Kindern. Eine optimale Passung zwischen den Lernvoraussetzungen des Kindes und den unterrichtlichen Anforderungen ist eine Voraussetzung individuell bestmöglicher Lernfortschritte, weswegen Lehrpersonen »*bei der Planung und Durchführung des Unterrichts ständig die unterschiedlichen Lernvoraussetzungen und -möglichkeiten der Schülerinnen und Schüler und ihre individuellen Konstruktionsprozesse im Auge*« behalten (Beck et al., 2008, S. 39) (▶ Kap. 4.4.1).

Dabei gilt es, Kinder beim Lernen weder zu unter- noch zu überfordern, sondern sie kognitiv herauszufordern (Vock & Gronostaj, 2017). In diesem Zusammenhang erlangte die Theorie von Lew S. Wygotski (1896–1934), der diese Anforderungsschwelle genauer fokussierte (▶ Abb. 8), eine zentrale Bedeutung: Weil Lernen ein aktiver Prozess ist, in welchem kognitive Strukturen erweitert und verändert werden, kann Lernen nur dann erfolgreich sein, wenn neue Lernanforderung einerseits an das Niveau des Vorwissens eines Kindes anknüpfen und andererseits in der Zone der nächsten Entwicklung liegen (Wygotski, 1934/1964). Während das Niveau der aktuellen Entwicklung all diejenigen kognitiven Problemlösungen umfasst, die das Kind allein bewältigt, fokussiert die Zone der nächsten Entwicklung das Potenzial des Kindes, neue Anforderungen mit der Hilfe von Lehrpersonen oder anderen Kindern mit Wissensvorsprung zu lösen. In der Interaktion kann sich das Kind die dafür benötigten geistigen und sprachlichen Werkzeuge aneignen und in seine Strukturen integrieren (a. a. O.).

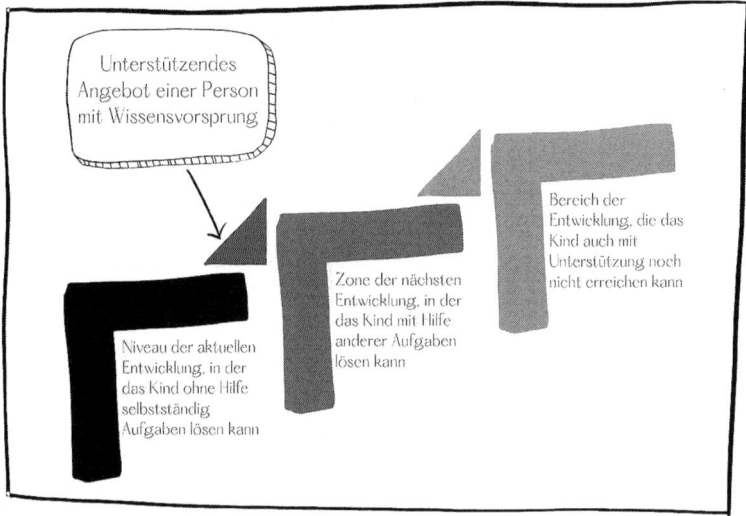

Abb. 8: Modell der Zonen aktueller und nächster Leistung nach Wygotski (1934/19, Grafik Beier & Liebers)

5.2 Handlungsansätze für einen heterogenitätsbezogenen Unterricht

Ein Unterricht, der für jedes Kind dessen spezifische Zone der nächsten Entwicklung im Blick hat, wird weniger durch die Wahl spezieller Unterrichtskonzeptionen oder spezifischer Methoden der Unterrichtsgestaltung konstituiert. Wichtiger sind adaptive Lehrkompetenzen, mit denen Lehrpersonen »*verschiedene Methoden und Ansätze situationsgerecht auswählen und adaptiv verwenden*« (Kunter & Klusmann, 2010, S. 209). Adaptives Unterrichten umfasst insofern die Bereitschaft und die Kompetenz der Lehrpersonen, ihre pädagogischen Handlungsmuster immer wieder neu und bestmöglich auf die Lernvoraussetzungen der Kinder abzustimmen, wobei sowohl *makrodidaktische wie auch mikrodidaktische Adaptionen* erforderlich werden.

Makrodidaktische Adaptionen erfolgen für die gesamte Klasse durch eine Anpassung des Curriculums und der Lehr- und Lernmethoden an die Voraussetzungen der Kinder in größeren Zeitabschnitten, z. B. im Hinblick auf Ziele, Inhalte, Methoden etc. (Klieme & Warwas, 2011; Martschinke, 2015). Mikrodidaktische Adaptionen erfolgen fortlaufend während der Interaktionen von Lehrperson und Kindern (Klieme & Warwas, 2011), z. B. durch stark individualisierte Fragestellungen oder personalisiertes Feedback. Ein solcher Unterricht ist auf schülerzentrierte Handlungsmuster angewiesen, die ein hohes Maß an Differenzierung und Individualisierung sowie gleichzeitig eine direkte Steuerung der Lehrpersonen vereinen (siehe Beispielkasten und Exkurs 7 – Adaptives, individualisiertes und binnendifferenziertes Unterrichten).

Insofern wird ein breites Repertoire unterrichtlicher Handlungsmuster notwendig, bei denen Oberflächen- und Tiefenstrukturen des Unterrichts (▶ Abb. 9) in Einklang zu bringen sind, um aktives und kognitiv herausforderndes Lernen von Kindern auszulösen. Zur Veranschaulichung dieses Zusammenhangs kann die Metapher des Eisbergs genutzt werden (Bohl, 2017; Kunter & Trautwein, 2013): Der sichtbare Teil des Eisberges steht für die auf den ersten Blick sichtbaren Oberflächen- bzw. Sichtstrukturen des Unterrichts wie Konzeptionen, Methoden oder Sozialformen oder Medien. Nicht auf den ersten Blick zu erkennen sind diejenigen

5 Handlungsansätze für den Umgang mit Leistungsheterogenität

Teile des Eisbergs unter der Wasseroberfläche, die als Tiefenstrukturen des Unterrichts die Oberflächenmerkmale von innen heraus strukturieren und den Lernerfolg entscheidend mitbestimmen (Bohl, 2017; Hattie, Beywl & Zierer, 2018; Helmke, 2012).

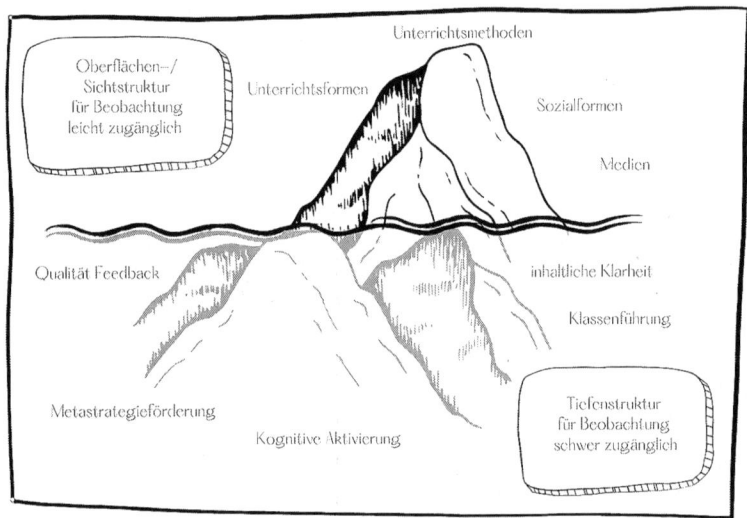

Abb. 9: Eisbergmodell der Unterrichtsstrukturen (Grafik Beier & Liebers)

Unter diese Tiefenstrukturen des Unterrichts, die in leistungsheterogenen Klassen von besonderer Bedeutung sind, fallen z. B. (A) professionelle Klassenführung und lernförderliches Klima, (B) Klarheit und Struktur, (C) kognitive Aktivierung und Lernstrategien sowie (D) Feedback (siehe Beispielkasten).

> **Oberflächenstruktur Wochenplanarbeit – Passfähigkeit der Tiefenstrukturen des Unterrichts?**
> Das bloße Vorhandensein von regelmäßiger Wochenplanarbeit (Oberflächenstruktur: Konzeption der indirekten Steuerung sowie Methode des teilgeöffneten Arbeitens) sagt zunächst wenig

darüber aus, inwieweit ein individuell herausforderndes Lernen erfolgt. Erst unter Berücksichtigung der Tiefenstrukturen (Klassenführung, Klarheit, kognitive Aktivierung, Metastrategien, Feedback, ...) zeigt sich, inwieweit diese Methode an die individuellen Lernvoraussetzungen von Kindern anschlussfähig ist. Das heißt z. B. zu fragen, inwieweit einzelne Kinder durch die konkreten Wochenplanaufgaben tatsächlich kognitiv herausgefordert werden (Niveau der Anforderung), die dafür benötigten Lernstrategien verfügbar sind oder mitgelernt werden können. Ebenso ist zu prüfen, inwieweit bei den einzelnen Wochenplanaufgaben eine Selbstkontrolle verfügbar ist, die nicht nur eine Rückmeldung zur Lösung an sich, sondern auch zu Lernwegen und Strategien beinhaltet, mit der im Falle einer fehlerhaften Lösung eine neue Bearbeitung zum Erfolg führt. Der Lernerfolg mit einem Wochenplan kann ebenso gefährdet werden, weil andere Tiefenstrukturen im Unterricht nicht optimal sind, weil z. B. ein positives Lernklima fehlt, Angst vor Fehlern das Arbeiten behindert oder Unruhe oder Störungen eine Konzentration auf die Aufgaben erschweren. Werden diese Tiefenstrukturen erfolgreich beachtet, kann Wochenplanarbeit eine wichtige rahmende Methode adaptiven Unterrichtens darstellen.

A – Professionelle Klassenführung und lernförderliches Klima

Eines der wesentlichsten Merkmale guten Unterrichts ist eine professionelle Klassenführung. Diese realisiert sich in der Kommunikation im Unterricht, um Kinder beim Lernen zu motivieren und anzuleiten, in der Organisation der Lernumgebungen und Lernaufgaben sowie bei der Prävention und Regulation von Störungen (Haag & Brosig, 2012). Ziel einer effektiven Klassenführung ist es, den Unterricht so zu organisieren, dass möglichst alle Kinder die vorhandene Lernzeit in einem ruhigen und Sicherheit vermittelndem Lernklima für aktives und kognitiv herausforderndes Lernen nutzen können, um individuell bestmögliche Lernfortschritte zu machen. Ein ermutigendes Lernklima erfordert ein Gefühl des Angenommenseins durch Lehrpersonen und eine soziale Integration in die Klasse (Liebers, 2008; Vock & Gronostaj, 2017). Jedes Kind sollte in der Schule stabile Bindungen zu mindestens einer Lehrperson aufbauen können, die das Kind herausfordert und motiviert (Werner, 1997). Ein lernförderliches Klassenklima kann gestärkt werden mithilfe von kooperativem Lernen, Ritualen und Klassenregeln sowie der Berücksichtigung der *Regeln guter pädagogischer Beziehungen*. Dazu zählen Aspekte wie eine wertschätzende Ansprache des Kindes, aktives Zuhören, responsives Beachten von Nöten, Schmerzen und Kummer sowie ein Verständnis, dass ein für Außenstehende schwierig erscheinendes Verhalten für Kinder selbst sinnhaft sein kann (Prengel, Heinzel, Reitz & Winklhofer, 2017; Prengel, 2020).

B – Klarheit und Struktur des Lernangebots

Der rote Faden ist ein zentrales Gütekriterien für den Unterricht, vor allem dann, wenn in leistungsheterogenen Klassen lernzieldifferent gelernt wird. Klarheit und Struktur beziehen sich sowohl auf die Erwartungen und Anforderungen, den Ablauf und die Ausgestaltung der verschiedenen Unterrichtsschritte mittels Rhythmisierung und Ritualisierung sowie die Rollen und Regeln, vor allem aber auf die Instruktionen der Lehrpersonen und die Aufgabenstellungen. Klar strukturierte Aufgabenstellung sind zentral, Instruktionen sollen deshalb in kurzer und eindeutiger sprachlicher Anweisung formuliert werden. Symbolische Darstellungen der Instruktionen an der Tafel, auf dem Tablet oder im Wochenplan unterstützen das Verstehen und Bearbeiten, insbesondere dann, wenn Kinder noch nicht lesen (Liebers, 2021).

Sprachliche Instruktionen sollen zudem das Verstehen bildungssprachlicher Anforderungen für alle Kinder – unabhängig von der Herkunftssprache – ermöglichen. Die Bildungssprache stellt im Vergleich zur Alltagssprache eine weitgehend kontextreduzierte Sprache dar. Sie ist semantisch und syntaktisch komplex aufgebaut und von konzeptionellen Elementen geschriebener Sprache geprägt, mit denen Kinder oftmals noch nicht ausreichend vertraut sind: Selbst scheinbar alltägliche Substantive (z. B. Füller), nominale Zusammensetzungen (z. B. Satzanfang), oder Präfixverben (z. B. unterstreichen und einkreisen) gehören nicht zum Wortschatz aller Kinder und müssen erlernt werden (Liebers, 2021). Ebenso sind syntaktische Elemente wie Satzgefüge, Passivkonstruktionen und Funktionsverbgefüge (Skerra, 2018) Schritt für Schritt anzubahnen und als bildungssprachliche Werkzeuge zu erschließen. In den Fächern kommen zudem noch die jeweiligen Fachsprachen mit ihrem spezifischen Fachvokabular hinzu. Stufenlektionen, Symbole, Schautafeln und abgewandelte Sprachspiele können beim Erwerb helfen (Liebers, 2021). Weiterhin können Lehrpersonen das sprachliche Micro-Scaffolding nutzen. Dabei werden kindliche »*Äußerungen mit alltagssprachlichen Oberflächenmerkmalen [...] von der Lehrkraft in fachsprachlich angemessene Äußerungen übersetzt, i. e. fach-/bildungssprachlich rekodiert*« (Kniffka, 2019, S. 3).

C – Kognitive Aktivierung und Ausbildung von Lernstrategien

Kognitive Aktivierung verkörpert den Anspruch, Kinder als Akteurinnen und Akteure ihres Lernens ernstzunehmen und ihnen dafür Lerngelegenheiten und Lernumwelten anzubieten, in denen sie erfolgreich eigenständig lernen können. Dies beinhaltet, kognitivaktivierende und herausfordernde Lernaufgaben bereitzustellen (Kleinknecht, 2019), bei denen Kinder eigene Lösungswege suchen und erklären oder sich mit einem Lernpartner bzw. einer Lernpartnerin darüber austauschen (elaborieren und reflektieren). Ebenso gehören dazu Lernhandlungen wie das Visualisieren (Skizze, Schaubild, Plakat, ...), das Reduzieren von Inhalten (Schlüsselbegriffe, Zusammenfassungen, ...) oder das Korrigieren und Evaluieren (sich selbst kontrollieren, sich gegenseitig abfragen, Ergebnisse anderer einschätzen, ...) (Helmke, 2012). Für diese Aufgabenformate benötigen Kinder spezifische Lern- und Arbeitstechniken (siehe Beispielkasten), die sie im Unterricht Schritt für Schritt erwerben müssen:

- *Primäre kognitive Strategien*: Lern- und Arbeitstechniken des Übens und Wiederholens, des Herausarbeitens zentraler Informationen sowie der Reduktion auf das Wesentliche
- *Sekundäre Stützstrategien*: Techniken zur Optimierung der Rahmenbedingungen für die Aufgabenlösungen
- *Übergeordnete metakognitive Strategien*: Techniken der Steuerung und Überwachung des eigenen Lernprozesses sowie die eigenständige Auswahl passender Lern- und Arbeitstechniken (Liebers, 2021 in Anlehnung an Gold, 2018, S. 39)

> **Ausgewählte Ansätze für die Ausbildung von Lernstrategien in leistungsheterogenen Klassen**
>
> *Scaffolding* – von der Lehrperson werden situativ und alltagsnah *Gerüste* als strukturierende Lernhilfen für Lernprozesse angeboten, indem sie wichtige Aufgabenmerkmale hervorhebt, zentrale Aspekte betont, dem Kind hilft, einen Plan zur Lösung zu entwickeln etc. (Einsiedler, 2014b).
>
> *Lautes Denken* – die Lehrperson bildet das sprachliche Modell für kognitive Strategien, die das Kind schrittweise über lautes und dann inneres Sprechen zu kognitiven Denkhandlungen verinnerlicht (Liebers, 2021).
>
> *Kognitives Modellieren* – die Lehrperson dient als Modell für den Lernprozess. Von ihr werden nicht nur äußerlich sichtbare Komponenten des Lernverhaltens verbalisiert, sondern ebenso nichtsichtbare kognitive und verhaltenssteuernde Komponenten (Behring, Kretzschmar & Dobrindt 2006).
>
> *Selbstinstruktionen* – die direkte Instruktion der Lehrkraft wird schrittweise durch *Selbstinstruktion* ersetzt. Individuelle Strategiekarten können helfen, Instruktionen mit wichtigen Schrittfolgen ins Zentrum der Aufmerksamkeit zu rücken und zu verinnerlichen (Mackowiak, Lauth & Spieß, 2008).

D – Lernförderliches Feedback

Sowohl Selbstbewertungen als auch lernförderliche Rückmeldungen von Lehrpersonen haben sich als überaus wirksam für das Verständnis eigener Lernprozesse und weiterer Lernschritte erwiesen (Hattie & Timperley, 2007; Lotz & Lipowsky, 2015; Pohlmann-Rother, Kürzinger & Lipowski, 2018). Ein lernförderliches Feedback gibt Kurzrückmeldungen zu folgenden Aspekten (Liebers, 2019):

1. personal (z. B. gut gemacht)
2. Korrektheit der Lösung (z. B. richtig/falsch)
3. weitere Prozessschritten sowie Strategien, mit denen die Aufgabe gelöst werden kann (z. B. nutze Selbstkontrolle/Wörterliste/den Algorithmus)
4. selbstregulative Komponenten (z. B. konzentriere dich am Ende noch einmal ganz besonders).

Entsprechende mündliche und schriftliche Rückmeldungen werden von Kindern überwiegend als hilfreich und motivierend wahrgenommen, von Lehrpersonen aber zu selten so explizit gegeben (Dollinger, 2020; Martschinke, 2015). Vor allem anregende, vertiefende und strategische Klärungen erfolgen deutlich seltener als einfache Hinweise oder Vorgaben zur Lösung (Pohlmann-Rother, Kürzinger & Lipowski, 2018). Für ein wirkungsvolles Feedback sind ebenso kriteriale Verfahren der Peer- und Selbstevaluation geeignet, wenn sich diese durch fachdidaktische Fundierung, Strukturierung und Klarheit auszeichnen und zu einem vertieften Nachdenken von Kindern führen (Lernpässe, -inventare, -landkarten, Beurteilungsraster/Rubrics, Lernjournale oder Portfolios, siehe formative Leistungsbeurteilung in ▶ Kap. 5.2.3).

5.2.2 Individuell herausfordernde Aufgabeninhalte und -formate

Makrodidaktische Adaptionen erfordern mit Blick auf das Curriculum und die Lernvoraussetzungen und -potenziale in leistungsheterogenen Grundschulklassen differenzierte Lernangebote auf der Klassenebene, die in differenzierten Aufgabeninhalten und -formaten umgesetzt werden. In leistungsheterogenen Klassen sind allgemeine Differenzierungskategorien wie Zeit oder Umfang weniger hilfreich, weil Differenzierung stets vom konkreten Fach, seinen Zielen und Inhalten sowie vom Kind her zu denken ist. *Horizontale* und *vertikale Differenzierung* ermöglichen, Lernen in der Zone der nächsten Entwicklung zu planen, indem Aufgaben fachspezifisch an Kinder und an ihre Lernvoraussetzungen angepasst werden.

Auf der horizontalen Differenzierungsebene weisen fachliche Lernziele und -anforderungen vom Anforderungsniveau her ein weitgehend vergleichbares Niveau auf. Unterschiedliche Interessen, Neigungen und Motivationen sowie individuelle Lernbedürfnisse von Kindern werden bei der Wahl der Inhalte, Lösungswege oder Medien berücksichtigt. So werden einige Kinder im Anfangsunterricht beim Erwerb der Phonem-Graphem-Relationen besser mit den analytisch-synthetisch strukturierten Materialien eines Schulbuchverlages zurechtkommen, andere arbeiten lieber mit der Anlauttabelle, wiederum andere profitieren von Lautzeichen oder Handgesten und noch andere Kinder werden durch motorisch-taktile Übungen in einer Sandkiste bei der Buchstabenerfassung und der Zuordnung zu Lauten unterstützt (Liebers, 2021). Dies setzt einen reichen Fundus an Differenzierungsmaterial im Klassenraum und eine Öffnung des Unterrichts hinsichtlich der Materialwahl in den Übungsphasen voraus. Im Rahmen des weiteren Schriftspracherwerbs können Kinder beispielsweise wählen, welches konkrete Wort- oder Textmaterial mit vergleichbar schweren Anforderungen aber verschiedenen thematischen Schwerpunkten sie aus einer Lernkartei für sich auswählen wollen (a. a. O.).

5.2 Handlungsansätze für einen heterogenitätsbezogenen Unterricht

Zugleich können Aufgaben vertikal differenziert nach Schwierigkeit variiert werden. Kinder mit unterschiedlichen Lernvoraussetzungen arbeiten so am gleichen Lerngegenstand, aber anschlussfähig zu ihren jeweiligen Lernvoraussetzungen und in ihrer Zone der nächsten Entwicklung. Für die Differenzierung nach Aufgabenschwierigkeit bieten sich die Zugänge über (1) die Komplexität der Lerngegenstände oder der Aufgabenstellung, (2) das benötigte Vorwissen oder (3) die Anforderungen an das Lernprodukt an (Bildungsserver RP, o. J.).

So kann beispielsweise die *Komplexität der Lerngegenstände* dahingehend variiert werden, dass einige Kinder im Anfangsunterricht den Erwerb der Phonem-Graphem-Relation mithilfe vielfältiger Zugänge üben, während andere Kinder mit der Anlauttabelle selbstständig lautgetreue ein- und zweisilbige Wörter lesen, wiederum andere lesen Sätze oder auch schon ganze Texte, je nach individuellem Entwicklungsstand (Liebers, 2021). Eine solche vertikale Differenzierung macht von Anfang an tägliche Arbeitsphasen notwendig, in denen Kinder zunächst mit Tages- und später mit Wochenplänen selbstständig üben und arbeiten. In den meisten Leselehrwerken und Ganzschriften einschließlich der dazugehöriger Ergänzungsmaterialien liegen differenzierte Aufgaben oder Texte in verschiedenen Schwierigkeitsstufen, bezogen auf den Umfang sowie die verwendeten Wort- und Textstrukturen, vor. Die Aufgabenschwierigkeit kann ebenso über die *Komplexität der Aufgabenstellung* variiert werden (siehe Beispielkasten). So können einige Kinder komplexe Aufgabenstellungen mit anspruchsvollen Handlungsaufforderungen allein lösen, während für andere Kinder die Aufgabe in Teilschritten und mit weniger komplexen Operatoren dargeboten wird.

Die Aufgabenschwierigkeit kann weiterhin über das *Vorwissen* variiert werden, welches für die Lösung benötigt wird. Lernhilfen auf unterschiedlichen Niveaustufen der Abstraktion (Schmidt, 2021), der Einsatz des auf Arbeiten von Jérôme Bruner (1915–2016) zurückzuführende E-I-S-Prinzips (Nutzung der ikonischen, symbolischen, abstrakten Repräsentationsebene), sprachliche und lernstrategische Denkhilfen oder Zusammenfassung wichtiger Inhalte und Zusammenhänge als Orientierungshilfe und Verständnisanregung vor dem Lernprozess (*Advanced Organizer*) ermöglichen Kindern mit unterschiedlichen Lernvoraussetzungen, lernzieldifferent an gleichen Themen zu arbeiten. Nicht zuletzt ermöglichen unterschiedliche Anforderungen an das *Lernprodukt* eine vertikale Differenzierung. So könnten zur o. g. Katzengeschichte z. B. Stichpunktsammlungen, Texte, Podcasts, Mindmaps und Poster entstehen, die unterschiedlich komplexe Anforderungen an die Darstellung der Lösung beinhalten.

> **Variation der Komplexität der Aufgabenstellung beim (fiktiven) Lesetext »Auf leisen Pfoten«**
> »*Offene Aufgabenstellung* für weit vorangeschrittene Kinder:
> Lies den Text und begründe schriftlich mit eigenen Worten, wieso die Katzenmutter ihre Jungen leckt.
>
> *Halboffene Aufgabenstellung* für geübte Kinder:
> Lies den Text abschnittsweise. Mache dir Notizen zur Aufzucht der Jungen in der Katzenfamilie. Schreibe auf, wie die Katzenmutter ihre Jungen pflegt.
>
> *Geschlossene Aufgabenstellung* für wenig geübte Kinder:
> 1. Schau dir die erste Seite mit Überschrift und Bild an. Überlege, worum es gehen könnte.
> 2. Lies dann den Text abschnittsweise.
> 3. Unterstreiche Wörter, die du nicht verstehst, und kläre diese.
> 4. Lies den Text noch einmal.
> 5. Mache dir danach Stichpunkte, wie die Katzenmutter ihre Jungen pflegt.«
> (Quelle: Liebers, 2021, S. 28)

5.2.3 Diagnostische Begleitung von Lernprozessen

Ein adaptiver Unterricht, der anschlussfähiges und herausforderndes Lernen auslösen will, ist auf die diagnostische Begleitung von Lernprozessen angewiesen (Hesse & Latzko, 2017; Schmidt, 2017). Dazu sind sowohl fachbezogene und curriculare Dimensionen des Lerngegenstandes einschließlich der Denk- und Arbeitsweise zu seiner Aneignung in den Blick zu nehmen wie auch die individuellen Dimensionen der Lernwege von Kindern. Bezogen auf den zu planenden Lernprozess und die erwünschten Lernergebnisse lassen sich als unterschiedliche diagnostische Herangehensweisen (A) die Erhebung der Lernausgangslage, (B) die lernprozessbegleitende Diagnostik sowie (C) die Formative Leistungsbeurteilung unterscheiden, die zu verschiedenen Zeitpunkten des Unterrichts eingesetzt werden, um notwendige diagnostische Informationen für die Verbesserung des Lernens im Fachunterricht zu gewinnen (Prengel, 2016; Schmidt & Liebers, 2015/2017; Liebers, 2019). Werden diese drei diagnostischen Zugänge im Unterricht umgesetzt, sind die Basiskomponenten eines Formativen Assessments gegeben (Schmidt, 2017), mit denen eine »*Adaption des Lehr-Lernprozesses an den aktuellen Könnensstand der Schüler*« möglich wird (Maier, 2010, S. 299).

A – Erhebung der Lernausgangslage

Weil ein heterogenitätsbezogener Unterricht makrodidaktische Adaptionen zwischen den Anforderungen aus Lehrplänen/Bildungsstandards und den Lernvoraussetzungen und Leistungspotenzialen von Kindern erfordert, sind zu Beginn eines neuen Schuljahres und vor dem Beginn größerer Lerneinheiten diagnostische Informationen zur Lernausgangslage der Kinder unverzichtbar. Deshalb wird jeweils vor neuen Lernabschnitten die Lernausgangslage bezogen auf das jeweilige fachspezifische Lernziel des Curriculums erhoben, um das verfügbare Vorwissen und damit die Anknüpfungspunkte für das weitere Lernen zu ermitteln. Für ein optimales Einstiegsniveau in das fachliche Lernen und die nächsten Lernschritte sind folgende Fragen zu beantworten (Hattie & Timperley, 2007):

1. Was sind die Lernziele im Fachlehrplan/in den Standards?
2. Wo stehen die Kinder der Klasse jetzt?
3. Welche nächsten Teilziele und Schritte sind zu planen, damit Kinder die Lernziele erreichen?

Diese Analysen können auf unterschiedlichen Wegen erfolgen: Neben kommerziellen Angeboten von Test- und Bildungsmedienverlagen nutzen manche Schulen eigene Aufgabensammlungen. Außerdem haben Bildungsadministrationen für domänenspezifische Lernstandsanalysen am Schuljahresbeginn wissenschaftlich überprüfte und curricular abgestimmte Instrumente zur Verfügung gestellt. So werden z.B. als standardisierte und normierte Verfahren für den Schulanfang in Hamburg *KEKS*, in Bayern *FIPS*, in Berlin *LAUBE* und in Brandenburg ILEA/ILEAplus empfohlen (Überblick in Martschinke & Kammermeyer, 2018). Mit diesen können die individuellen Lernstände in den Bereichen Sprache, Schriftsprache und Mathematik erhoben werden. Darüber hinaus werden in den Ländern Brandenburg, Berlin, Thüringen und Sachsen-Anhalt (digital mittels ILEA plus) sowie Hamburg (KEKS) Lernstandsanalysen auch für die nachfolgenden Klassenstufen 1 bis 4/6 angeboten. Diese lassen nicht nur Aussagen zum individuellen Lernstand in den Domänen zu, sondern geben darauf bezogen konkrete Förderanregungen, die in individuelle Entwicklungspläne und tägliche Lernaufgaben übernommen werden können.

Für alle diagnostischen Zugänge gilt, dass diese ebenso die Interessen sowie die Lebenswelt von Kindern berücksichtigen sollten, weil darin ein Schlüssel zu ihrem Denken und ihrer Motivation liegt und damit ein Bridging zu ihrer domänenspezifischen Entwicklung möglich wird (siehe Beispielkasten in ▶ Kap. 4.2). Für individuell herausfordernde und sinnstiftende Lernangebote sind ebenso diagnostische Informationen über die soziale Integration eines Kindes in die Klasse, seine emotionale Situation sowie stützende bzw. hemmende Bedingungen in seinem Lebensumfeld von erheblicher Bedeutsamkeit (Geiling, Liebers & Prengel, 2015).

B – Lernprozessbegleitende Diagnostik

Mikrodidaktische Adaptionen der konkreten Instruktionen und Aufgaben im alltäglichen Unterrichtsgeschehen benötigen lernprozessbezogene diagnostische Informationen (Liebers, 2019). Mehrfach während des Lernprozesses innerhalb einer Unterrichtseinheit wird geprüft, wie weit das Kind vorangekommen ist. Dabei hilft die Analyse von Tätigkeitsprodukten, d. h. schriftliche und mündliche Aufgabenlösungen sowie Einträge in Lernjournale und Portfolios (Widmer-Wolf, 2018). So kann ergründet werden, wie und warum ein Kind eine bestimmte Aufgabenlösung (nicht) produziert. Die daraus gewonnenen Hypothesen können mittels systematischer Beobachtungen während des Lernprozesses und in Lerngesprächen mit dem Kind überprüft werden, um nächste Schritte des Lernens auf der Aufgabenebene zu identifizieren (a. a. O.). Hierbei ist zu bedenken, dass sich der eigentliche Lernprozess, der im Kopf des Kindes stattfindet, einer direkten Beobachtung entzieht. Anhand diagnostischer Gespräche kann mit dem Kind im Sinne eines *gemeinsamen lauten Denkens* auf das in Entwicklung befindliche Wissen und Können in der Zone der nächsten Entwicklung geschlossen werden (Matthes, 2003). Folgende Fragen sind zu stellen (Liebers, 2021, S. 58):

1. Was genau sind die fachlichen Anforderungen zur Lösung der konkreten Aufgabe (benötigtes Vorwissen, Können, Lern-, Aufmerksamkeits- und Gedächtnisstrategien)?
2. Welche Voraussetzungen davon hat das Kind und welche Aufgabenteile kann es ohne Hilfe bewältigen (Niveau der aktuellen Entwicklung)?
3. Wo liegt für das Kind bei dieser Aufgabe seine Zone der nächsten Entwicklung, die es mithilfe anderer bewältigen kann?

4. Welche konkreten Hilfen (vertiefende/erweiterte Instruktionen, Erwerb notwendigen Vorwissens, unterstützende Strategien, Scaffolding, zusätzliche Materialien auf enaktiv/gegenständlich handelnder Ebene oder Visualisierung auf ikonisch/bildhafter Ebene) braucht es?

Insofern setzt sich eine lernprozessbegleitende Diagnose aus einer Aneinanderreihung von Augenblicksaufnahmen zusammen, aus denen Lernprozesse retrospektiv und indirekt rekonstruiert werden (Jürgens & Lissmann, 2015). Zudem können Verfahren der curriculumbasierten Lernverlaufsdiagnostik eingesetzt werden: Diese beziehen sich auf zentrale Basiskompetenzen der Bildungsstandards (z. B. Leseflüssigkeit, Leseverständnis, Rechnen etc.) und werden wöchentlich oder monatlich eingesetzt, um erwünschte Lernfortschritte kleinschrittig nach entsprechenden Fördereinheiten zu überprüfen (Maier, 2015; Liebers, 2019).

C – Formative Leistungsbeurteilung

Der Lernerfolg ist am Ende einer Unterrichtseinheit zu ermitteln, zu bewerten und rückzumelden. Traditionelle Lernkontrollen, Tests und Klassenarbeiten dienen ebenso der Leistungsermittlung wie Präsentationen, aussagekräftige Arbeitsprodukte oder Portfolios (Widmer-Wolf, 2018), anhand derer – gemessen an der individuellen Zielstellung – Leistungen kriterial bewertet werden. Eine wichtige Funktion liegt in der Rückmeldung an das Kind, damit dieses seinen Lernweg und seine Lernerfolge nachvollziehen kann. Ein besonderes Augenmerk ist auf Selbsteinschätzungen seitens der Kinder zu legen, weil diese zu den wirksamsten Maßnahmen mit Blick auf den Lernerfolg zählen (Hattie, Beywl & Zierer, 2018). Dafür bieten sich Beurteilungs- und Kompetenzraster, Lernlandkarten, Zielscheiben, Ampelmethoden oder Satzanfänge-Fächer an (»*Schwierig fand ich ...*«, »*Mehr Zeit benötige ich für ...*«, »*Noch nicht ganz verstanden habe ich ...*«, Schmidt, 2021, S. 20).

5.3 Heterogenitätsbezogene Handlungsansätze auf der Ebene der Einzelschule

Mit Blick auf die Leistungsheterogenität der Schülerschaft geht es auf der Ebene der Einzelschule um die Entwicklung heterogenitätsbezogener Schul- und Unterrichtskonzepte, die zu den lokalen Bedingungen passen. Auch wenn Leistungsheterogenität einen zentralen Topos von Grundschulen darstellt, bedeutet dies nicht, dass alle Mitglieder des Kollegiums einer Einzelschule darunter das gleiche verstehen oder einen reflexiven Umgang mit Leistungsheterogenität pflegen (▶ Kap. 2.4, ▶ Kap. 4.4). Bildungspolitische Vorgaben können »*mit impliziten Wahrnehmungsmustern, expliziten Werten und lang geübten Handlungspraktiken von manchen Mitgliedern der Schulgemeinschaft in Konflikt stehen*« (Wimmer & Altrichter, 2017, S. 216) und auf mehr oder weniger offenen oder auch verdeckten Widerstand treffen.

Auch die motivationalen Orientierungen, Überzeugungen und Handlungsroutinen im Umgang mit Leistungsheterogenität ergeben sich nicht allein infolge politischer Vorgaben oder Apelle, sondern bedürfen einer Übersetzung in die Unterrichts-, Personal- und Organisationsentwicklung (Dalin, Rolff & Buchen, 1995). Ein Kernstück für Entwicklungsprozesse an der Schule bilden gemeinsam ausgehandelte und gemeinsam vertretene Grundhaltungen der Akteurinnen und Akteure in Bezug auf die Leistungsheterogenität ihrer Schülerschaft. Diese sind auf eine die Individualität der Kinder anerkennende Schul- und Unterrichtskultur zu richten, die Leistungsheterogenität als Regelfall annimmt und den Anspruch der Förderung aller Kinder entsprechend ihrer individuellen Leistungsvoraussetzungen einschließt (Ruberg & Walczyk, 2013). Dementsprechend stehen Grundschulen auch vor der Aufgabe, ihr Verständnis von Leistungsheterogenität über Leitbilder und Schulprogramme hinaus in heterogenitätsbezogenen Unterrichtskonzepten sowie beim Management von Übergangsverfahren, bei der

Gestaltung anschlussfähiger Bildungsprozesse oder bezogen auf die Grundsätze der Leistungsermittlung und Leistungsbewertung zu konkretisieren. In diesen konkreten pädagogischen Handlungsfeldern sind – jenseits einer Zustimmung zu allgemeinen Leitideen – konfligierende Überzeugungen nicht selten.

Eine heterogenitätsbezogene Unterrichts- und Schulkultur erfordert schulinterne Entwicklungsprozesse, die »*nicht en passant durch leichte Veränderungen bestehender Praxis zu erreichen [sind], sondern [...] explizite Vergegenwärtigung (und laufende Überprüfung) der angestrebten Ziele sowie eine wache Aufmerksamkeit für interaktive Praktiken und organisatorische Merkmale*« benötigen, z. B. mit Blick »*auf Lernende und Eltern aus gesellschaftlich geringer geschätzten Kontexten*« (Wimmer & Altrichter, 2017, S. 216). Dazu gehören auch das Aufspüren von Barrieren und behindernder Strukturen in verschiedenen Handlungsfeldern sowie ein Verständnis von Schulleben und Unterricht als einer Caring Community (Lambrich, 1997).

Schulleitungen gelten als »*Türöffner und Katalysatoren von Innovation*« (Oelkers & Reusser 2008, S. 373): Innerhalb der Schule haben sie z. B. dafür Sorge zu tragen, dass das Thema Leistungsheterogenität zu einem Thema der gesamten Schule wird und Ansprechpartnerinnen und Ansprechpartner oder Teams etabliert werden, die entsprechende Entwicklungsprozesse planen und vorbereiten sowie schulinterne Fortschritte evaluieren. Der Ausgangspunkt für schulinterne Entwicklungsprozesse beruht auf einer gründlichen Analyse des Ist-Standes, um darauf aufbauend Zielsetzungen im Kollegium zu verabreden. Dafür können zahlreiche Instrumente der Organisations- und Schulentwicklung wie z. B. SWOT- oder Engpassanalysen (Carle, 2014), digitale Selbstevaluationsportale oder *Referenzrahmen* der Schulqualität (siehe Beispielkasten) genutzt werden. An segregierten Schulen kann zudem ein systematisches Risikomonitoring mit jährlichen Themen- und Fachkonferenzen sowie präventiven Fördermaßnahmen eingeführt werden (Sigel, 2016).

5.3 Heterogenitätsbezogene Handlungsansätze auf der Ebene der Einzelschule

> **Referenzrahmen Schulqualität des Landes Hessen (Auszug)**
> »*Qualitätsbereich VI: Lehren und Lernen/Dimension VI.3: Umgang mit Heterogenität und Diversität*
> Für den individuellen Lernerfolg innerhalb einer heterogenen Lerngruppe achten die Lehrkräfte darauf, dass jede Schülerin und jeder Schüler im Rahmen eines methodisch vielfältigen und individuell unterstützenden Lehr-Lernprozesses Lernchancen nutzen und Fortschritte machen kann. Zu den unterschiedlichen lernrelevanten Voraussetzungen der Schülerinnen und Schüler gehören u. a. das Geschlecht, die soziale und kulturelle Herkunft, Herkunftssprache, Begabung, kognitive Fähigkeiten oder Gesundheit. Ein konstruktiver Umgang mit Heterogenität nutzt dabei Diversität als Ressource für Lernprozesse und zusätzliche Lernchance (zum Beispiel durch Differenzerfahrungen).
> *Differenzierende Förderung*
> VI.3.1 Lehrkräfte schaffen differenzierte Zugänge zum individuellen Erwerb von Kenntnissen und Kompetenzen und nutzen dazu variable Lehr-Lernprozesse. Sie beziehen Diagnoseergebnisse und Förderplanungen ein und beachten lernzieldifferenzierte Zielsetzungen.
>
> - Die Differenzierungsmaßnahmen ermöglichen die aktive Teilhabe aller Schülerinnen und Schüler am Lehr-Lernprozess.
> - Unterschiedliche Lernzugänge und Wahrnehmungsformen werden berücksichtigt (u. a. kognitiv, ästhetisch, motorisch, haptisch).
> - Individuelle Lern- oder Förderpläne mit konkreten Maßnahmen, Zeitvorgaben und Vereinbarungen werden für die betreffenden Schülerinnen und Schüler im Lernprozess genutzt.
> - Auch didaktische Möglichkeiten der digitalen Medien werden zur individuellen Förderung angewandt.
> - Schülerinnen und Schüler nutzen gestufte Lernangebote zur besonderen Forderung und Förderung.

- Schülerinnen und Schüler haben Wahlmöglichkeiten bezüglich der Themen, der Arbeitsmenge, der Arbeitsform und der Ergebnisdarstellung.
- Die Vielfalt der Schülerinnen und Schüler wird als Lernchance gesehen und zur Bereicherung für alle genutzt.
- Schülerinnen und Schüler sind zunehmend in der Lage, bewusst aus den unterschiedlichen Angeboten zu wählen. Dabei orientieren sie sich an ihren Lernvoraussetzungen.
- Unterstützungssysteme zur Förderung sind etabliert (zum Beispiel unterstützte Kommunikation, einfache Sprache).
- Für Schülerinnen und Schüler nicht-deutscher Herkunftssprache sind Unterstützungsmaßnahmen vorhanden (zum Beispiel Vorlesefunktion durch digitale Medien).
- Lehrkräfte, die Förderkurse geben, sind über die Förderplanungen der Schülerinnen und Schüler unterrichtet und knüpfen inhaltlich an den individuellen Erfordernissen an.
- Computerbasierte Diagnoseinstrumente mit darauf abgestimmten Aufgaben werden zur Förderung aller Schülerinnen und Schüler eingesetzt (zum Beispiel quop).

Selbstgesteuertes Lernen
VI.3.2 Der Lehr-Lernprozess fördert selbstgesteuertes und eigenverantwortliches Lernen [...]
Kooperatives Lernen
VI.3.3 Lehr-Lernprozesse fördern kooperatives Lernen [...]
Reflexion
VI.3.4 Lernprozesse und Lernergebnisse werden im Hinblick auf transparente Ziele, Inhalte und Anforderungen von den Schülerinnen und Schülern auf der Basis von Reflexionen weiterentwickelt [...]
Individuelles Feedback
VI.3.5 Lehrkräfte geben individuelle Rückmeldungen zu Lernprozessen, Lern- und Leistungsständen [...]«
(Hessische Lehrerfortbildungsakademie, 2021, S. 53ff.)

5.4 Heterogenitätsbezogene Handlungsansätze auf der Ebene der Kommunen

Auf der kommunalen Ebene agieren staatliche Akteure wie die Schulaufsicht, Schulverwaltungsämter und Jugendämter, aber auch nichtstaatliche Einrichtungen wie freie Jugendhilfeträger, Religionsgemeinschaften, Stiftungen, Wirtschaftsbetriebe oder kulturelle Einrichtungen. Auf dieser Ebene können durch die Schaffung lokaler Kooperationsstrukturen Funktionsnetzwerke zur Qualitätsverbesserung von kommunaler Bildung organisiert und Qualitätsentwicklung in der Bildung mit Regionalentwicklung verknüpft werden (Maag Merki, 2008). Regionale Koordinierungszentralen können als Schaltstellen Kooperationen und eine gemeinsame lokale Bildungsphilosophie unterstützen und Schulen Fortbildung, Beratung und Prozessbegleitung anbieten.

Infolge der Verschränkungen von gesellschaftlichen Transformationen und sozialer Segregation, z.B. bei der Wohnungsbaupolitik, bedarf es eines abgestimmten Handelns zwischen bildungs-, sozial- und kommunalpolitischen Akteuren sowie nichtstaatlichen Akteuren. Eine Caring Community kann ein sozialraum-, quartiers- und gemeindeorientierten Sorgemodell initiieren, bei dem Familien, Nachbarschaften, regionale Firmen sowie bürgerschaftliches Engagement und nichtstaatliche Institutionen zusammenwirken und Sorge für ihre Grundschulen tragen (Liebers, 2022). Von den Kommunen kann zusätzliches Personal, z.B. für Schulsozialarbeit oder *Schulkrankenschwestern* zur physischen und psychischen Versorgung von Kindern im Schulalltag, über Fördermöglichkeiten seitens der EU, des Bundes oder Modellvorhaben beantragt oder aus eigenen Mitteln beigesteuert werden (MAZ, 27.12.2021). Lokale Modellversuche können dazu beitragen, die Abwanderung von Eltern und Kindern zu verhindern oder diese sogar zurückzugewinnen (Bohlmann, Gottmann & Ramseger, 2020).

Überregionale und regionale Stiftungen, Vereine, Firmen und Organisationen können zur Unterstützung, z.B. zur Finanzierung von Lesekisten, kostenlosen Museums- und Theaterbesuchen oder kostenfreiem Frühstück, gesucht werden. Zudem können »Leseomis/-opis«, »Lesepatinnen und -paten« oder »Blitzrechenmütter/-väter« im Rahmen des Ganztagsprogramms gewonnen werden, um zusätzliche Einzelförderung zu gewähren (Inckemann, 2016). Zahlreiche Zentren für Lehrerbildung bieten mithilfe von Sponsoring oder im Rahmen von Service Learning Angebote, bei denen Studierende einzelne Kinder oder kleine Gruppen regelmäßig – im Rahmen bestimmter Lehrveranstaltungen – intensiv fördern oder beim Übergang in weiterführende Schulen im Rahmen einer Mentor-Mentee-Beziehung begleiten (u. a. Dziak-Mahler, Krämer, Lehberger & Matthiesen, 2019; Wölfl, 2016).

5.5 Heterogenitätsbezogene Handlungsansätze auf der Ebene der Bildungspolitik

Aufgrund der föderalen Struktur des Bildungswesens in Deutschland ist Bildung Ländersache, d. h., den Landesministerien kommt die Aufgabe zu, die rechtlichen und personellen Grundlagen für ihre Grundschulen zu sichern. Fast alle Länder haben in den vergangenen Jahren die individuelle Förderung rechtlich explizit verankert (Wimmer & Altrichter, 2017). Zudem gibt es in den meisten Ländern Steuerungsinstrumente, in denen die grundlegenden landespolitischen Anforderungen an guten Unterricht niedergelegt sind. Diese werden für die Schulentwicklung und die interne Schulevaluation verwendet und unterstützen Landesinstitute, Fortbildungs- und Beratungseinrichtungen bei der Identifizierung von Zielen der Schul-, Unterrichts- und Personalentwicklung. Sie bilden auch die Grundlage für Schulvisitationen bzw. -inspektionen durch Schulbehörden (siehe Beispielkasten »Referenzrahmen Schulqualität des Landes Hessen«, ▶ Kap. 5.3).

5.5 Heterogenitätsbezogene Handlungsansätze in der Bildungspolitik

Bezogen auf die Grundschulordnungen, Lehrpläne und Bildungsstandards sind Anpassungen erforderlich, um einen heterogenitätsbezogenen lernzieldifferenten Unterricht einschließlich einer veränderten Leistungsbeurteilung in der Grundschule zu legitimieren.

Verlässliche Schulstatistiken einschließlich regionaler Schülerzahlentwicklungen, soziodemografischer Merkmale und sozialräumlicher Wanderungsbewegungen stellen ein unverzichtbares Steuerungsinstrument dar. Regelmäßige Leistungsvergleichsstudien vermögen als Frühwarnsystem anzuzeigen, inwieweit sich Trends zu anhaltenden Segregationsproblemen verdichten (Stanat et al., 2022). Mittels datengestützter Strategien lassen sich rechtliche und finanzielle Fragen nach der personellen und sächlichen Ausstattung von Grundschulen nach sozialer Lage mithilfe von *schulscharfen* Sozialindizes verbinden (Bonsen et al., 2010). Solche gibt es u. a. in Berlin, Hamburg und Nordrhein-Westfalen, um zusätzliche Ressourcen für Einzelfallassistenz, (sozial-)pädagogische Unterstützung, Sprachförderung und sonderpädagogische Förderung sowie Schulsozialarbeit, Schulkrankenpflege und Schulpsychologie bereitzustellen (siehe Beispielkasten). Schulindizes können neben der wünschenswerten Unterstützung von Einzelschulen jedoch auch eine ungewollte Stigmatisierung von Einzelschulen oder gar *Bestrafung* von positiver Entwicklung erzeugen, nämlich dann, wenn sich Indexwerte einer Schule verbessern und Mittel deshalb wieder entfallen (Groos, 2019; Wimmer & Altrichter, 2017).

Sozialindex in Nordrhein-Westfalen
Mit dem Sozialindex sollen Ressourcen zielgenauer verteilt und besonders hoch belastete Schulen durch zusätzliche Ressourcen unterstützt werden. In die Berechnung gehen folgende Indikatoren anteilig ein:

- Kinder- und Jugendarmut
- Kinder mit vorwiegend nichtdeutscher Familiensprache
- Kinder mit eigenem Zuzug aus dem Ausland

> • Kinder mit den Förderschwerpunkten Lernen, emotionale und soziale Entwicklung und Sprache
>
> Über ein statistisches Verfahren wird jede Schule einer Sozialindexstufe auf einer Skala von 1 bis 9 zugeordnet (1 = geringe Belastung, 9 = sehr hohe Belastung) und ggf. mit zusätzlichen Ressourcen ausgestattet.
> (https://www.schulministerium.nrw/sozialindex, 2021, o. S.)

Nicht zuletzt bedarf es landesweiter evaluierter Programme, mit denen Kinder in ihrer Bildungsbiografie präventiv gestärkt werden. Dazu zählen Maßnahmen zur frühen Sprachförderung oder zur Optimierung der Übergänge aus der Kita in die Grundschule (Pohlmann-Rother, Lange & Franz, 2020; SWK, 2022) und in weiterführende Schulen (van Ophyusen, Schürer & Bloch, 2021).

Allerdings reicht es nicht, allein finanzielle Mittel für zusätzliche Stellenpools in den Grundschulen bereitzustellen, denn vielfach können Stellen für Lehrpersonen gar nicht oder nur mit teilweise ausgebildetem Personal besetzt werden. Zeitgleich werden deshalb ebenso Offensiven für neues Lehrpersonal sowie umfangreiche Qualifizierungsmaßnahmen für Seiten- und Quereinsteiger erforderlich (SWK, 2022).

5.6 Leistungsheterogenität als gesellschaftliche Herausforderung

Leistungsheterogenität im Unterricht ist der Regelfall, dem sich nicht nur Lehrpersonen und Einzelschulen, sondern das Bildungssystem als Ganzes stellen muss, weil »*in der Verbesserung des Umgangs mit Differenz [...] die eigentliche Herausforderung der Modernisierung des Systems*« (Baumert, 2002, S, 78) liegt. Trotz einer mehr als

5.6 Leistungsheterogenität als gesellschaftliche Herausforderung

200 Jahre andauernden bildungstheoretischen Diskussion darüber scheinen die dem Bildungssystem innewohnenden Antinomien von Einheit und Differenz bzw. Subsumption und Rekonstruktion zu einer *Zerreißprobe* für das Schulsystem (Duncker, 2009) zu geraten. Auf die Frage nach Bildungsgerechtigkeit sind – im Spannungsfeld der beiden normativen Prinzipien Chancengerechtigkeit und Anerkennung (Mecheril & Vorrink, 2017) – neue Antworten im Kontext der gesellschaftlichen Veränderungen der Spätmoderne zu entwickeln.

Für den Unterricht als eine Stellschraube existieren – wenn bislang auch nur in Teilen in der Grundschulpraxis verbreitet – empirisch bewährte Ansätze für einen heterogenitätsbezogenen adaptiven Umgang mit unterschiedlichen Leistungsvoraussetzungen und Leistungspotenzialen, mit denen bedeutsame Lernzuwächse für alle Kinder gesichert werden können. Diese Ansätze geraten jedoch an ihre Grenzen, wenn sie als alleinige Stellschraube betrachtet werden und der Umgang mit Heterogenität *»zuallererst als ein normatives Problem markiert wird«* (Trautmann & Wischer, 2011, S. 108), das mit dem unzureichenden Wollen und Können von Lehrpersonen in Beziehung gesetzt wird.

Der Bildungspolitik sind die Herausforderungen seit dem PISA-Schock im Jahr 2001 bekannt. Viele der Lösungsansätze, die die neu eingerichtete Ständige Wissenschaftliche Kommission der KMK (SWK, 2022) aktuell vorschlägt, z. B. die Nutzung von Mindeststandards, eine verbindliche vorschulische Sprachförderung, eine Verstetigung der Diagnostik basaler Kompetenzen oder die Qualifikation der Lehrpersonen für eine formative Diagnose und Förderung basaler Kompetenzen, wurden bereits 2001 diskutiert. Anders als damals wird deren Umsetzung gegenwärtig zusätzlich erschwert durch multiple Krisen sowie das Fehlen von zehntausenden Lehrpersonen auch nach dem Jahr 2025 (Autorengruppe Bildungsbericht, 2022). Dieser Lehrpersonenmangel erschüttert die Zukunftsaussichten für eine Grundschule, die Chancengleichheit für alle Kinder gewährleisten soll, in besonderem Maße, weil alle der o. g. Maßnahmen auf professionelles Personal angewiesen sind.

Die Herausforderungen betreffen die Gesellschaft als Ganzes, weil fehlende Bildungsgerechtigkeit und zunehmende Bildungsungleichheit schädliche Folgen für die Demokratie zeitigen. Zu groß erscheinen die gegenwärtigen Diskrepanzen zwischen den Erwartungen der Gesellschaft an die Grundschule und den tatsächlichen strukturellen und personellen Rahmenbedingungen in Grundschulen. Dies sollte aber nicht dazu führen, die gegebenen Verhältnisse hinzunehmen (Hinz, 2009), vielmehr erwächst daraus die Aufgabe an die Grundschulpädagogik, grundlegende gesellschaftliche Anstrengungen auf allen Handlungsebenen aktiv einzufordern und voranzutreiben, damit die Grundschule ihren demokratischen Auftrag einer chancengerechten und die Leistungen aller Kinder anerkennenden gemeinsamen Schule in guter Qualität erfüllen kann.

Fragen zur Reflexion

1. Welche Ebenen und Handlungsfelder können nach der Educational Governance Theorie unterschieden werden?
2. Welche Handlungsfelder ergeben sich für Sie als Lehrperson, als Mitglied des Kollegiums Ihrer Schule oder als Akteur bzw. Akteurin in Ihrer Kommune?
3. Welche Zukunftsprobleme sind vorrangig zu lösen?

Exkursverzeichnis – Zusatzmaterial zum Download

Die Zusatzmaterialien[18] können Sie unter folgendem Link herunterladen:

 https://dl.kohlhammer.de/978-3-17-037587-1

Exkurs 1 – Entstehung verschiedener Sonderschultypen
Exkurs 2 – Reformpädagogik um 1900
Exkurs 3 – Meritokratisches Prinzip
Exkurs 4 – Bedeutung des individuellen Vorwissens für nachfolgende Lernprozesse
Exkurs 5 – Theorie des kulturellen Kapitals
Exkurs 6 – Globale Orientierungen von Lehrpersonen über das Lehren und Lernen
Exkurs 7 – Adaptives, individualisiertes und binnendifferenziertes Unterrichten

---

18 Wichtiger urheberrechtlicher Hinweis: Alle zusätzlichen Materialien, die im Download-Bereich zur Verfügung gestellt werden, sind urheberrechtlich geschützt. Ihre Verwendung ist nur zum persönlichen und nichtgewerblichen Gebrauch erlaubt. Jede Verwendung außerhalb der engen Grenzen des Urheberrechts ist ohne Zustimmung des Verlags unzulässig und strafbar. Das gilt insbesondere für Vervielfältigungen, Übersetzungen, Mikroverfilmungen und für die Einspeicherung und Verarbeitung in elektronischen Systemen.

Literaturverzeichnis

Andresen, S. & Neumann, S. (2018). *Kinder in Deutschland 2018. 4. World Vision Kinderstudie*. Weinheim & Basel: Beltz.

Anger, C. & Plünnecke, A. (2021). *Bildungsgerechtigkeit. Herausforderung für das deutsche Bildungssystem. IW-Analysen 140*. Köln: IW Medien.

Apel, H. J. & Kluger, A. (2000). *Die Volksschule im NS-Staat. Nachdruck des Handbuchs »Die deutsche Volksschule im großdeutschen Reich« von 1940*. Böhlau: Köln.

Arbeitsgruppe »Integration oder Ausgliederung?« (1970). Entschließung der Arbeitsgruppe. In E. Schwartz (Hrsg.), *Ausgleichende Erziehung in der Grundschule. Grundschulkongress '69. Band 2*. (S. 103–105). Frankfurt am Main: Arbeitskreis Grundschule.

Artelt, C., McElvany, N., Christmann, U., Richter, T., Groeben, N., Köster, J. et al. (2005). *Förderung von Lesekompetenz. Bildungsreform Band 17*. Bonn: BMBF.

Autorengruppe Bildungsberichterstattung (2020). *Bildung in Deutschland 2020. Ein indikatorengestützter Bericht mit einer Analyse zu Bildung in einer digitalisierten Welt/Autorengruppe Bildungsberichterstattung*. Verfügbar unter https://www.bildungsbericht.de/static_pdfs/bildungsbericht-2020.pdf [11.07.2021].

Autorengruppe Bildungsberichterstattung (2022). *Bildung in Deutschland 2020. Ein indikatorengestützter Bericht mit einer Analyse zum Bildungspersonal*. Verfügbar unter https://www.bildungsbericht.de/de/bildungsberichte-seit-2006/bildungsbericht-2022/bildung-in-deutschland-2022 [20.09.2022].

Bach, M. & Sievert, S. (2018). *Kleinere Grundschulklassen können zu besseren Leistungen von SchülerInnen führen*. Berlin: DIW.

Bachmann-Medick, D. (2006). *Cultural Turns. Neuorientierung in den Kulturwissenschaften*. Hamburg: Rowohlt.

Baltzer, J. (1904). *Die wichtigsten preußischen Schulordnungen der letzten drei Jahrhunderte: nebst einem Anhang, enthaltend den Schulmethodus Herzog Ernsts des Frommen. Für den Gebrauch an Seminaren*. Bielefeld [u. a.]: Velhagen & Klasing.

Bartnitzky, H. & Christiani, R. (1994). *Zeugnisschreiben in der Grundschule. Beurteilen ohne und mit Zensuren*. (19. Aufl.). Mannheim: Brockhaus.

Bartnitzky, H. (2005). Der Beitrag des Grundschulverbandes zur Standard-Diskussion. In Grundschulverband (Hrsg.), *Bildungsansprüche von Grundschulkin-*

dern. Standards zeitgemäßer Bildungsarbeit. Pädagogische Leistungskultur Klasse 1 und 2 (S. 6–9). Frankfurt am Main: Grundschulverband.

Baumann, D., Dworschak, W., Kroschewski, M., Ratz, C., Selmayr, A. & Wagner, M. (2021). *Schülerschaft mit dem Förderschwerpunkt geistige Entwicklung II (SFGE II)*. Bielefeld: wbv Media.

Baumert, J. (2002). Umgang mit Heterogenität. Ein Gespräch mit Professor Jürgen Baumert. *Forum Schule 1*. Verfügbar unter http://www.forum-schule.de/forum-schule-archiv/archiv/07/magang.html [17.02.2022].

Baumert, J., Becker, M., Neumann, M. & Nikolova, R. (2009). Frühübergang in ein grundständiges Gymnasium – Übergang in ein privilegiertes Entwicklungsmilieu? *Zeitschrift für Erziehungswissenschaft, 12(29)*, 189–215.

Beck, E., Baer, M., Guldimann, T., Bischoff, S., Brühwiler, C., Müller, P., Niedermann, R., Rogalla, M. & Vogt, F. (2008). *Adaptive Lehrkompetenz: Analyse und Struktur, Veränderbarkeit und Wirkung handlungssteuernden Lehrerwissens. Pädagogische Psychologie und Entwicklungspsychologie. Band 63*. Münster, New York & München: Waxmann.

Behring, K., Kretschmann, R. & Dobrindt, Y. (2006). *Prozessdiagnose mathematischer Kompetenzen in den Schuljahren 1 und 2. Band I; Theoretische Begründungen und Vortest*. Horneburg: Persen.

Bellin, N. (2009). *Klassenkomposition, Migrationshintergrund und Leistung*. Berlin: Springer VS.

Berger, J. (2003). Neuerliche Anfragen an die Theorie der funktionalen Differenzierung. In U. Schimank & H.-J. Giegel (Hrsg.), *Beobachter der Moderne. Beiträge zu Niklas Luhmanns »Die Gesellschaft der Gesellschaft«* (S. 207–230). Frankfurt am Main: Suhrkamp.

Berger, P. & Luckmann, T. ([1969] 1994). *Die gesellschaftliche Konstruktion der Wirklichkeit*. Frankfurt am Main: Fischer.

Bibliographisches Institut (2020). *Leistung*. Verfügbar unter https://www.duden.de/rechtschreibung/Leistung [18.02.2022].

Bibliographisches Institut (2021). *Vielfalt*. Verfügbar unter https://www.duden.de/rechtschreibung/Vielfalt [18.02.2022].

Bildungsserver Rheinland-Pfalz (o. J.). *Differenzierung nach Aufgabenschwierigkeit: allgemeine Aspekte*. Verfügbar unter https://heterogenitaet.bildung-rp.de/materialien/differenzieren-alt/differenzierung-nach-aufgabenschwierigkeit-vertikale-differenzierung.html [10.02.2022].

BLK (1976). *Fünfjährige in Kindergarten, Vorklassen und Eingangsklassen*. Stuttgart: BLK.

BMBF (2015). *Begabte Kinder finden und fördern. Ein Wegweiser für Eltern, Erzieherinnen und Erzieher, Lehrerinnen und Lehrer*. Berlin: BMBF. Verfügbar unter https://www.bmbf.de/SharedDocs/Publikationen/de/bmbf/3/30004_Begabte_Kinder_finden_und_foerdern.pdf?__blob=publicationFile&v=2

BMFSFJ (Hrsg.) (2018). *Familienreport 2017. Leistungen, Wirkungen, Trends.* Berlin: BMFSFJ. Verfügbar unter https://www.bmfsfj.de/resource/blob/119524/f51728a14e3c91c3d8ea657bb01bbab0/familienreport-2017-data.pdf [10.02.2022].

Bohl, T. & Kucharz, D. (2010). *Offener Unterricht heute. Konzeptionelle und didaktische Weiterentwicklung.* Beltz: Weinheim.

Bohl, T. (2017). Umgang mit Heterogenität im Unterricht: Forschungsbefunde und didaktische Implikationen. In T. Bohl, J. Budde & M. Rieger-Ladich (Hrsg.), *Umgang mit Heterogenität in Schule und Unterricht* (S. 274–257). Bad Heilbrunn: Klinkhardt.

Bohlmann, N., Gottmann, C. & Ramseger, J. (2020). Schulentwicklung unter den Bedingungen urbanen Strukturwandels: Sicherung von Heterogenität durch Homogenisierung der Klassen?. In N. Skorsetz M. Bonanati & D. Kucharz (Hrsg.), *Diversität und soziale Ungleichheit. Jahrbuch Grundschulforschung* (S. 75–79). Wiesbaden: Springer VS.

Bonanati, M. (2017). *Lernentwicklungsgespräche und Partizipation: Rekonstruktionen zur Gesprächspraxis zwischen Lehrpersonen, Grundschülern und Eltern.* Wiesbaden: Springer VS.

Bonsen, M., Bos, W., Gröhlich, C., Harney, B., Imhäuser, K., Makles, A., Schräpler, J.-P., Terpoorten, T., Weishaupt, H. & Wendt, H. (2010). *Zur Konstruktion von Sozialindizes. Ein Beitrag zur Analyse sozialräumlicher Benachteiligung von Schulen für qualitative Schulentwicklung.* Bonn: BMBF.

Bos, W. (2005). *IGLU-Pressegespräch.* Handout vom 07.11.2005.

Bos, W., Lankes, E.-M., Prenzel, M., Schwippert, K., Valtin, R. & Walther, G. (Hrsg.) (2005). *Iglu. Vertiefende Analysen zu Leseverständnis, Rahmenbedingungen und Zusatzstudien.* Münster: Waxmann.

Bos, W. & Scharenberg, K. (2010). Lernentwicklung in leistungshomogenen und -heterogenen Schulklassen. In W. Bos, E. Klieme & O. Köller (Hrsg.), *Schulische Lerngelegenheiten und Kompetenzentwicklung* (S. 173–195). Münster: Waxmann.

Bos, W., Valtin, R., Hußmann, A., Wendt, H. & Goy, M. (2017). IGLU 2016: Wichtige Ergebnisse im Überblick. In A. Hußmann, H. Wendt, W. Bos, A. Bremerich-Vos, D. Kasper, E.-M. Lankes, N. McElvany, T. C. Stubbe & R. Valtin (Hrsg.), *IGLU 2016. Lesekompetenzen von Grundschulkindern in Deutschland im internationalen Vergleich* (S. 13–28). Münster: Waxmann.

Boudon, R. (1974). *Education, opportunity and social inequality. Changing prospects in western society.* New York: John Wiley & Sons.

Bourdieu, P. (1983/2015). *Die verborgenen Mechanismen der Macht. Schriften zu Politik und Kultur 1.* Hamburg: VSA.

Bourdieu, P. (1987). *Die feinen Unterschiede. Kritik der gesellschaftlichen Urteilskraft.* Frankfurt am Main: Suhrkamp.

Bräu, K. (2022). Leistungszuschreibung und Leistungsbewertung. Ein sozialkonstruktivistische Perspektive. *Friedrich Jahresheft* (40), 10–13.

Breidenstein, G. & Rademacher, S. (2017). *Individualisierung und Kontrolle: Empirische Studien zum geöffneten Unterricht in der Grundschule.* Wiesbaden: Springer VS.

Breidenstein, G. (2020). Ungleiche Grundschulen und die meritokratische Fiktion im deutschen Schulsystem. *Zeitschrift für Grundschulforschung, 13,* 295–307. Verfügbar unter https://doi.org/10.1007/s42278-021-00078-4 [10.02.2022].

Bremer, H. & Kleemann-Göhring, M. (2012). *Familienbildung, Grundschule und Milieu: Eine Expertise im Rahmen des Projekts: Familienbildung während der Grundschulzeit.* Wuppertal: Die Landesarbeitsgemeinschaften der Familienbildung in NRW.

Bremerich-Vos, A., Wendt, H. & Hußmann, A. (2017). Bausteine adaptiven Leseunterrichts angesichts gewachsener Heterogenität. In A. Hußmann, H. Wendt, W. Bos, A. Bremerich-Vos, D. Kasper, E.-M. Lankes, N. McElvany, T. C. Stubbe & R. Valtin (Hrsg.), *IGLU 2016. Lesekompetenzen von Grundschulkindern in Deutschland im internationalen Vergleich* (S. 297–314). Münster: Waxmann.

Brown, G. T. L. (2011). Teachers' conceptions of assessment: Comparing primary and secondary teachers in New Zealand. *Assessment Matters, 3,* 45–70.

Brown, G. T. L., Lake, R. & Matters, G. (2011). Queensland teachers' conceptions of assessment: The impact of policy priorities on teacher attitudes. *Teaching and Teacher Education, 27(1),* 210–220.

Brügelmann, H. (2000). Wie verbreitet ist offener Unterricht? In O. Jaumann-Graumann & W. Köhnlein (Hrsg.), *Jahrbuch Grundschulforschung. Band 3* (S. 133–143). Bad Heilbrunn: Klinkhardt.

Brühwiler, C. (2014). *Adaptive Lehrkompetenz und schulisches Lernen. Effekte handlungssteuernder Kognitionen von Lehrpersonen auf Unterrichtsprozesse und Lernergebnisse der Schülerinnen und Schüler.* Münster: Waxmann.

Brüsemeister, T. (2005). *School Governance – Begriffliche und theoretische Herleitungen aus dem politikwissenschaftlichen und sozialwissenschaftlichen Diskurs.* Vortragsskript auf der Tagung der Sektion Empirische Bildungsforschung »Veränderungsmessungen und Längsschnittstudien«, 18.03.2005, Berlin.

Büchner, P. & Brake, A. (Hrsg.) (2006). *Bildungsort Familie.* Wiesbaden: Springer VS.

Budde, J. (2017). Heterogenität: Entstehung, Begriff, Abgrenzung. In T. Bohl, J. Budde & M. Rieger-Ladich (Hrsg.), *Umgang mit Heterogenität in Schule und Unterricht* (S. 13–26). Bad Heilbrunn: Klinkhardt.

Büker, P. & Meier, S. (2017). Wie kann ein inklusionsgerechtes Leistungsverständnis vom Kind aus gedacht werden? Potenziale der Fallarbeit für die Lehrer_innenbildung. In A. Textor, S. Grüter, I. Schiermeyer-Reichl & B. Streese (Hrsg.), *Leistung inklusive? Inklusion in der Leistungsgesellschaft* (S. 165–172). Bad Heilbrunn: Klinkhardt.

Bund-Länder-Kommission für Bildungsplanung und Forschungsförderung (Hrsg.) (2001). *Begabtenförderung - ein Beitrag zur Förderung von Chancengleichheit in Schulen - Orientierungsrahmen, Heft 91.* Bonn: BLK.

Bürger, T. (2019). Umgang mit Diversität im Grundschulunterricht. In M. Esefeld, K. Müller, P. Hackstein, E. v. Stechow & B. Klocke (Hrsg.), *Inklusion im Spannungsfeld von Normalität und Diversität. Band 2* (S. 140–148. Bad Heilbrunn: Klinkhardt.

Butterwegge, C. & Butterwegge, C. (2021). *Kinder der Ungleichheit. Wie sich die Gesellschaft ihrer Zukunft beraubt.* Frankfurt am Main: Campus.

Calderhead, J. (1996). Teachers: Beliefs and knowledge. In D.C. Berliner & R.C. Calfee (Hrsg.), *Handbook of Educational Psychology* (709–725). New York [u. a.]: Macmillan Library Reference, USA [u. a.].

Carle, U. (2009). Leistungsvielfalt in der Grundschulklasse. In R. Hinz & R. Walthes (Hrsg.), *Heterogenität in der Grundschule* (S. 91–100). Weinheim: Beltz.

Carle, U. (2014). *Instrumente zur Unterstützung der Schuleingangsphasenentwicklung.* Verfügbar unter https://www.tqse.uni-bremen.de/instrumente/index.html [18.02.2022].

Carle, U. & Metzen, H. (2008). Projektentwicklungsbeurteilung zur Unterrichtsqualität der FLEX-Schulen auf der Basis exemplarisches Unterrichtsanalysen. In K. Liebers, A. Prengel & G. Bieber (Hrsg.), *Die flexible Schuleingangsphase: Evaluationen zur Neugestaltung des Anfangsunterrichts* (S. 97–137). Weinheim: Beltz.

Carle, U., Kauder, S. & Osterhues-Bruns, E.-M. (2021). *Schulkulturen in Entwicklung.* Frankfurt am Main: Grundschulverband.

Carlsson, M., Dahl, G. B. & Rooth, D.-O. (2012). *The Effect of Schooling on Cognitive Skills.* IZA Discussion Paper, Nr. 6913. Bonn.

Comenius Institut (2005). Positionen zur Leistungsermittlung und Leistungsbewertung. Verfügbar unter https://www.sachsen.schule/ [18.02.2022].

Comenius, J. A. (1657/1964). *Eine Auswahl aus der Pampaedia. Besorgt und eingeleitet von K. Schaller.* Heidelberg: Quelle & Meyer Verlag.

Comenius, J. A. (1658/1912). *Große Unterrichtslehre. Einleitung, Übersetzung und Kommentar von G. A. Lindner.* Wien & Leipzig: Verlag A. Pichlers Witwe & Sohn.

Dahrendorf, R. (1965). *Bildung ist Bürgerrecht. Plädoyer für eine aktive Bildungspolitik.* Hamburg: Nannen.

Dalin, P., Rolff, H.-G. & Buchen, H. (1995). *Institutioneller Schulentwicklungsprozess. Ein Handbuch.* Soest: LI.

De Boer, H. & Merklinger, D. (2016). Beobachten: Lernerperspektiven beschreiben. *Die Grundschulzeitschrift, 30*(292/293), 29–32.

De Boer, H., Bonanati, M., Breuning, M., Jähn, D., Last, S. & Wagener, M. (2020). Schüler*innen mit unterschiedlichen (Lern-)Voraussetzungen im ›Fachgespräch‹ – Mikroperspektiven auf videografierte Unterrichtsszenen. In N. Skorsetz, M. Bonanati & D. Kucharz (Hrsg.), *Diversität und soziale Ungleichheit. Herausforderungen an die Integrationsleistung der Grundschule* (S. 222–233). Wiesbaden: Springer VS.

Decristan, J. & Jude, N. (2017). Heterogenitätskategorie Schulleistung/Leistung. In T. Bohl, J. Budde & M. Rieger-Ladich (Hrsg.), *Umgang mit Heterogenität in Schule und Unterricht* (S. 109–122). Bad Heilbrunn: Klinkhardt.

Derrida, J. & Engelmann, P. (Hrsg.) (1988). *Die différance. Ausgewählte Texte.* Ditzingen: Reclam.

Deutscher Bildungsrat (Hrsg.) (1970). *Strukturplan für das Bildungswesen: Empfehlungen der Bildungskommission.* Stuttgart: Klett.

Deutscher Bildungsrat (1975). *Die Bildungskommission. Bericht '75 – Entwicklungen im Bildungswesen.* Bonn: Bundesdruckerei.

Die deutsche Hilfsschule (1908). *Organ des Verbandes der Hilfsschulen Deutschlands.* Halle: Carl Marhold.

Diehm, I. (2020). Differenz – die pädagogische Herausforderung in der Schule für alle Kinder. In N. Skorsetz, M. Bonanati & D. Kucharz (Hrsg.), *Diversität und soziale Ungleichheit. Herausforderungen an die Integrationsleistung der Grundschule* (S. 9–19). Wiesbaden: Springer VS.

Ditton, H. & Krüsken, J. (2006). *Ergänzungsbericht über die Ergebnisse der Begleitstudie zu den Vergleichsarbeiten 2004/2005 Jahrgangsstufe 2 in Brandenburg. Vergleichende Auswertung zum Schulversuch FLEX in Brandenburg. Interner Bericht.*

Dollinger, S. (2020). Lernentwicklungsgespräche – Umsetzung lernunterstützender Rückmeldung. In N. Skorsetz, M. Bonanati & D. Kucharz (Hrsg.), *Diversität und soziale Ungleichheit. Herausforderungen an die Integrationsleistung der Grundschule* (S. 154–158). Wiesbaden: Springer VS.

Dörre, K. (2008). Prekäre Arbeit und soziale Desintegration: zur subjektiven Verarbeitung unsicherer Beschäftigung. In K.-S. Rehberg (Hrsg.), *Die Natur der Gesellschaft: Verhandlungen des 33. Kongresses der Deutschen Gesellschaft für*

Soziologie in Kassel 2006. Teilband. 1 u. 2 (S. 4406-4417). Frankfurt am Main: Campus.

Dresel, M., Martschinke, S., Kopp, B., Tobisch, A. & Kröner, S. (2017). Zur Bedeutung des Unterrichts für die Koppelung von sozialer Herkunft und Schulleistung: Ergebnisse einer Studie im Grundschulunterricht im Fach Deutsch. *Zeitschrift für Grundschulforschung, 10(2)*, 136-149.

Dumont, H. (2019). Neuer Schlauch für alten Wein? Eine konzeptuelle Betrachtung von individueller Förderung im Unterricht. *Zeitschrift für Erziehungswissenschaft, 22*, 249-277.

Duncker L. (2009). Bildung und Heterogenität. In C. P. Buschkühle, L. Duncker, V. Oswalt (Hrsg.), *Bildung zwischen Standardisierung und Heterogenität* (S. 215-236). Wiesbaden: Springer VS.

Dziak-Mahler, M., Krämer, A., Lehberger, R. & Matthiesen, T. (2019). *Weichen stellen – Chancen eröffnen. Studierende begleiten Viertklässler im Übergang zur weiterführenden Schule*. Münster: Waxmann.

Eberwein, H. (Hrsg.) (1988). *Behinderte und Nichtbehinderte lernen gemeinsam. Handbuch der Integrationspädagogik*. Weinheim: Beltz.

Eckerth, M. (2015). Wie beobachten und deuten Grundschullehrkräfte die Lernvoraussetzungen von Kindern im schriftsprachlichen Anfangsunterricht? In D. Blömer, M. Lichtblau, A.-K. Jüttner, K. Koch, M. Krüger & R. Werning (Hrsg.), *Perspektiven auf inklusive Bildung. Gemeinsam anders lehren und lernen* (S. 59-64). Berlin: Springer.

Ehm, J.-H., Lonnemann, J. & Hasselhorn, M. (2017). *Wie Kinder zwischen vier und acht Jahren lernen. Psychologische Erkenntnisse und Konsequenzen für die Praxis*. Stuttgart: Kohlhammer.

Einsiedler, W. (1997). Unterrichtsqualität und Leistungsentwicklung: Literaturüberblick. In F. E. Weinert & A. Helmke (Hrsg.), *Entwicklung im Grundschulalter* (S. 225-240). Weinheim: Beltz.

Einsiedler, W. (2011). Grundlegende Bildung. In W. Einsiedler, M. Götz, A. Hartinger, F. Heinzl, J. Kahlert & U. Sandfuchs (Hrsg.), *Handbuch Grundschulpädagogik und Grundschuldidaktik* (3. Aufl., S. 225-233). Bad Heilbrunn: Klinkhardt.

Einsiedler, W. (2014a). Lehr-Lern-Konzepte für die Grundschule. In W. Einsiedler, M. Götz, A. Hartinger, F. Heinzl, J. Kahlert & U. Sandfuchs (Hrsg.), *Handbuch Grundschulpädagogik und Grundschuldidaktik* (4. Aufl., S. 355-364). Bad Heilbrunn: Klinkhardt.

Einsiedler, W. (2014b). Klassenunterricht. In W. Einsiedler, M. Götz, A. Hartinger, F. Heinzl, J. Kahlert & U. Sandfuchs (Hrsg.), *Handbuch Grundschulpädagogik und Grundschuldidaktik* (4. Aufl., S. 370-374). Bad Heilbrunn: Klinkhardt.

Literaturverzeichnis

Emmerich, M. & Hormel, U. (2013). *Heterogenität – Diversity – Intersektionalität.* Wiesbaden: Springer VS.

Fauser, P. (2022). Wohin mit der Leistungsbeurteilung? Ein pädagogischer Weckruf. *Friedrich Jahresheft (40),* 32–33.

Faust, G. (2006). Die neue Schuleingangsphase und die Einschulung in den Bundesländern – eine aktuelle Bestandsaufnahme. *Zeitschrift für Erziehungswissenschaft, 3,* 328–347.

Faust, G. (2014). Übergänge in den Sekundarbereich. In W. Einsiedler, M. Götz, A. Hartinger, F. Heinzel, J. Kahlert & U. Sandfuchs (Hrsg.), *Handbuch Grundschulpädagogik und Grundschuldidaktik* (4. Aufl., S. 266–270). Stuttgart: UTB.

Faust-Siehl, G., Garlichs, A., Ramseger, J., Schwarz, B. & Warm U. (1996). *Die Zukunft beginnt in der Grundschule. Empfehlungen zur Neugestaltung der Primarstufe. Arbeitskreis Grundschule – Der Grundschulverband.* Reinbek: Rororo.

Feindt, A. & Babbe, K. (2021). Editorial zum Themenheft Leistung. *Die Grundschulzeitschrift, 325,* 1.

Fend, H. (2001). *Qualität im Bildungswesen. Schulforschung zu Systembedingungen, Schulprofilen und Lehrerleistung* (2. Aufl.). Weinheim [u. a.]: Juventa.

Fischer, L. (2016). *Traumavererbung kann verhindert werden.* Verfügbar unter https://www.spektrum.de/news/trauma-vererbung-kann-verhindert-werden/1414373 [10.02.2022].

Florin, M., Gutsche, V. & Krentz, N. (2018). Diversity – Gender – Intersektionalität – Überlegungen zu Begriffen und Konzepten historischer Diversitätsforschung. In M. Florin, V. Gutsche & N. Krentz (Hrsg.), *Diversität historisch. Repräsentationen und Praktiken gesellschaftlicher Differenzierungen im Wandel* (S. 9–31). Bielefeld: transcript Verlag.

Fölling-Albers, M. (2014). Soziokulturelle Bedingungen der Kindheit. In W. Einsiedler, M. Götz, A. Hartinger, F. Heinzel, J. Kahlert & U. Sandfuchs (Hrsg.), *Handbuch Grundschulpädagogik und Grundschuldidaktik* (4. Aufl., S. 175–181). Stuttgart: UTB.

Franz, E.-K. (2020). Heterogenität kompetent begegnen – Einblicke in die subjektiven Sichtweisen von Grundschullehrer*innen. In N. Skorsetz, M. Bonanati & D. Kucharz (Hrsg.), *Diversität und soziale Ungleichheit. Herausforderungen an die Integrationsleistung der Grundschule* (S. 159–163). Wiesbaden: Springer VS.

Fricke-Finkelnburg, R. (1989). *Nationalsozialismus und Schule. Amtliche Erlasse und Richtlinien 1933–1945.* Opladen: Leske+Budrich.

Füssel, K.-P., & Kretschmann, R. (1993). *Gemeinsamer Unterricht für behinderte und nicht-behinderte Kinder.* Witterschlick: Wehle.

Gebauer, M. M. & McElvany, N. (2020). Einstellungen und Motivation bezogen auf kulturell-ethnisch heterogene Schülerinnen- und Schülergruppen und ihre Bedeutung für differenzielle Instruktion im Unterricht. *Zeitschrift für Erziehungswissenschaft, 23,* 685–708.

Gebhardt, M., Heine, J., & Sälzer, C. (2015). Schulische Kompetenzen von Schülerinnen und Schülern ohne sonderpädagogischen Förderbedarf im gemeinsamen Unterricht. *Vierteljahresschrift für Heilpädagogik und ihre Nachbargebiete, 84(3),* 246–258. Verfügbar unter doi:10.2378/vhn2015.art28d.

Geiling, U., Liebers, K. & Prengel, A. (Hrsg.) (2015). *Handbuch ILEA T. Individuelle Lernentwicklungsanalyse im Übergang. Pädagogische Diagnostik als verbindendes Instrument zwischen frühpädagogischen Bildungsdokumentationen und individuellen Lernstandsanalysen im Anfangsunterricht.* Halle: Universität Halle. Verfügbar unter http://ilea-t.reha.uni-halle.de/das_handbuch_ilea_t/ [10.02.2022].

Glesemann, B. & Porsch, R. (2013). Individuelle Förderung: Eine Herausforderung der Schul- und Unterrichtsentwicklung. In S.-I. Beutel, W. Bos & R. Porsch (Hrsg.), *Lernen in Vielfalt. Chance und Herausforderung für Schul- und Unterrichtsentwicklung* (S. 35–54). Münster: Waxmann.

Gold, A. (2018). *Lernschwierigkeiten: Ursachen, Diagnostik, Intervention* (2., erw. und überarb. Aufl.). Stuttgart: Kohlhammer.

Görlitz, K., Penny, M. & Tamm, M. (2019). The Long-Term Effect of Age at School Entry on Competencies in Adulthood. *Ruhr Economics Paper, 792.* Bochum: RWI.

Götz, M. (2014). Schuleingangsstufe. In W. Einsiedler, M. Götz, A. Hartinger, F. Heinzel, J. Kahlert & U. Sandfuchs (Hrsg.), *Handbuch Grundschulpädagogik und Grundschuldidaktik* (4. Aufl., S. 82–91). Stuttgart: UTB.

Götz, M. (2019). Die Entwicklung der Institution Grundschule. In B. Dühlmeier & U. Sandfuchs (Hrsg.), *100 Jahre Grundschule. Geschichte - aktuelle Entwicklungen - Perspektiven* (S. 33–47). Bad Heilbrunn: Klinkhardt.

Goy, M., Valtin, R. & Hußmann, A. (2017). Leseselbstkonzept, Lesemotivation, Leseverhalten und Lesekompetenz. In A. Hußmann, H. Wendt, W. Bos, A. Bremerich-Vos, D. Kasper, E.-M. Lankes, N. McElvany, T. C. Stubbe & R. Valtin (Hrsg.), *IGLU 2016. Lesekompetenzen von Grundschulkindern in Deutschland im internationalen Vergleich* (S. 143–176). Münster: Waxmann.

Grittner, F. (2009). *Leistungsbewertung mit Portfolio in der Grundschule: Eine mehrperspektivische Fallstudie aus einer notenfreien sechsjährigen Grundschule.* Bad Heilbrunn: Klinkhardt.

Groos, T. (2019). *Sozialindex für Schulen - Herausforderungen und Lösungsansätze.* Konferenzpaper. Verfügbar unter http://library.fes.de/pdf-files/studienfoerderung/15857.pdf [10.02.2022].

Grundschulverband (2005). *Pädagogische Leistungskultur. Heft 1. Beiträge zum pädagogischen Leistungsbegriff.* Frankfurt am Main: Arbeitskreis Grundschule e. V.

Haag, L. & Brosig, K. M. (2012). Klassenführung – Worauf kommt es an? Eine Schlüsselfunktion im Unterricht. *Schulverwaltung Bayern, 35(6),* 169–172.

Haag, N., Kocaj, A., Jansen, M. & Kuhl, P. (2017). Soziale Disparitäten. In P. Stanat, S. Schipolowski, C. Rjosk, S. Weirich & N. Haag (Hrsg.), *IQB-Bildungstrend 2016. Kompetenzen in den Fächern Deutsch und Mathematik am Ende der 4. Jahrgangsstufe im zweiten Ländervergleich* (S. 213–235). Münster: Waxmann.

Hacker, H. (2004). Die Anschlussfähigkeit von vorschulischer und schulischer Bildung. In G. Faust, G. M. Götz, H. Hacker & H.-G. Rossbach (Hrsg.), *Anschlussfähige Bildungsprozesse im Elementar- und Primarbereich.* Bad Heilbrunn: Klinkhardt.

Häcker, T. (2017). Individualisierter Unterricht. In T. Bohl, J. Budde & M. Rieger-Ladich (Hrsg.), *Umgang mit Heterogenität in Schule und Unterricht* (S. 275–290). Bad Heilbrunn: Klinkhardt.

Hagemann-White, C. (1984). *Sozialisation: Weiblich männlich?* Opladen: Leske & Budrich.

Hanke, P. (2001). Offener Unterricht in der Grundschule – erforscht? Zum Stand der Forschung zu einem umstrittenen pädagogisch-didaktischen Ansatz. *Erziehung und Unterricht, 151(1–2),* 200–208.

Hänsel, D. (2006). *Die NS-Zeit als Gewinn für Hilfsschullehrer.* Bad Heilbrunn: Klinkhardt.

Hardy, I., Hertel, S., Kunter, M., Klieme, E., Warwas, J., Büttner, G. & Lühken, A. (2011). Adaptive Lerngelegenheiten in der Grundschule. Merkmale, methodisch-didaktische Schwerpunktsetzungen und erforderliche Lehrerkompetenzen. *Zeitschrift für Pädagogik, 57(6),* 819–833.

Harten, H.-C., Neirich, U. & Schwerendt, M. (2006). *Rassenhygiene als Erziehungsideologie des Dritten Reichs. Bio-bibliographisches Handbuch.* Berlin: Akademie Verlag.

Hartinger, A. (2005). Verschiedene Formen der Öffnung von Unterricht und ihre Auswirkungen auf das Selbstbestimmungsempfinden von Grundschulkindern. *Zeitschrift für Pädagogik, 51(3),* 397–414.

Hartinger, A., Grittner, F., Lang, E. & Rehle, C. (2010). Ein Vergleich der Einstellung zu Heterogenität von Lehrkräften in jahrgangsgemischten und jahrgangshomogenen Lerngruppen. In K.H. Arnold, K. Hauenschild, B. Schmidt & B. Ziegenmeyer (Hrsg.), *Zwischen Fachdidaktik und Stufendidaktik* (S. 77–80). Wiesbaden: VS Verl. für Sozialwissenschaften.

Hartinger, A., Kleickmann, T. & Hawelka, B. (2006). Der Einfluss von Lehrervorstellungen zum Lernen und Lehren auf die Gestaltung des Unterrichts und auf motivationale Schülervariablen. *Zeitschrift für Erziehungswissenschaft, 9(1),* 110–126.

Hasselhorn, M. & Kuger, S. (2014). Wirksame schulrelevante Förderung in Kindertagesstätten. *Zeitschrift für Erziehungswissenschaft, 17*, 299–314.

Hasselhorn, M., Gold, A. (2017). *Pädagogische Psychologie: Erfolgreiches Lernen und Lehren* (4., aktual. Aufl.). Stuttgart: Kohlhammer.

Hattie, J. & Timperley, H. (2007). The power of feedback. *Review of Educational Research, 77 (1)*, 81–112.

Hattie, J., Zierer, K. & Beywl, W. (2018). *Die 250 + Faktorenliste (Stand: Mai 2018)*. Augsburg & Windisch: Universität Augsburg und Pädagogische Hochschule FHNW. Verfügbar unter https://web.fhnw.ch/plattformen/hattie-wiki/begriffe/250%2B [10.02.2022].

Heinzel F. (2008) Umgang mit Heterogenität in der Grundschule. In J. Ramseger & M. Wagener (Hrsg.), *Chancenungleichheit in der Grundschule*. Wiesbaden: VS Verlag für Sozialwissenschaften. Verfügbar unter https://doi.org/10.1007/978-3-531-91108-3_20.

Heinzel, F. & Prengel, A. (2014). Mädchen und Jungen in der Grundschule. In W. Einsiedler, M. Götz, A. Hartinger, F. Heinzel, J. Kahlert & U. Sandfuchs (Hrsg.), *Handbuch Grundschulpädagogik und Grundschuldidaktik* (4. Aufl., S. 200–204). Bad Heilbrunn: Klinkhardt.

Helbig, M. (2015). *Brauchen Mädchen und Jungen gleichgeschlechtliche Lehrkräfte? Eine Überblicksstudie zum Zusammenhang des Lehrergeschlechts mit dem Bildungserfolg von Jungen und Mädchen*. Weinheim: Beltz.

Helbig, M. (2020). Antwort auf »Ungleiche Grundschulen und die meritokratische Fiktion im deutschen Schulsystem« von Georg Breidenstein. *Zeitschrift für Grundschulforschung, 13(2)*, S. 309–316.

Helbig, M. & Jähnen, S. (2018). *Wie brüchig ist die soziale Architektur unserer Städte? Trends und Analysen der Segregation in 74 deutschen Städten*. Discussion Paper. P 2018-001. Berlin: WZB.

Helbig, M. & Nikolai, R. (2019). *Bekommen die sozial benachteiligsten Schüler*innen die »besten« Schulen? Eine explorative Studie über den Zusammenhang von Schulqualität und sozialer Zusammensetzung von Schulen am Beispiel Berlins*. Discussion Paper, Band P-2019-002. Berlin: Wissenschaftszentrum Berlin für Sozialforschung. Verfügbar unter https://bibliothek.wzb.eu/pdf/2019/p19-002.pdf [10.02.2022].

Heller, K.A. & Hany, E.A. (1996). Psychologische Modelle der Hochbegabtenförderung. In F. E. Weinert (Hrsg.), Psychologie des Lernens und der Instruktion. In *Enzyklopädie der Psychologie, Serie I Pädagogische Psychologie, Band. 2*. Göttingen: Hogrefe.

Helmke, A. & Weinert, F. E. (1997). Bedingungsfaktoren schulischer Leistungen. In F. E. Weinert (Hrsg.), *Psychologie des Unterrichts und der Schule*. Göttingen [u. a.]: Hogrefe, 71–176.

Helmke, A. (1997a). Individuelle Bedingungsfaktoren der Schulleistung: Ergebnisse aus dem SCHOLASTIK-Projekt. In F. E. Weinert & A. Helmke (Hrsg.), *Entwicklung im Grundschulalter* (S. 203–216). Weinheim: Beltz.

Helmke, A. (1997b). Entwicklung lern- und leistungsbezogener Motive und Einstellungen: Ergebnisse aus dem SCHOLASTIK-Projekt. In F. E. Weinert & A. Helmke (Hrsg.), *Entwicklung im Grundschulalter* (S. 59–76). Weinheim: Beltz.

Helmke, A. (2012). *Unterrichtsqualität und Lehrerprofessionalität. Diagnose, Evaluation und Verbesserung des Unterrichts.* Seelze-Velber: Kallmeyer & Klett.

Henze, G., Sandfuchs, U. & Zumhasch, C. (2017). *Integration hochbegabter Grundschüler. Längsschnittuntersuchung zu einem Schulversuch.* Bad Heilbrunn: Klinkhardt.

Heritage, M., Kim, J., Vendlinski, T. & Herman, J. (2009). From evidence to action: A seamless process in formative assessment? *Educational Measurement: Issues and Practice, 28(3)*, 24–31.

Herrlitz, H.-G., Hopf, W., Titze, H. & Cloer, E. (2009). *Deutsche Schulgeschichte von 1800 bis zur Gegenwart. Eine Einführung.* Weinheim & München: Juventa.

Hertel, S. (2014). Adaptive Lerngelegenheiten in der Grundschule: Merkmale, methodisch-didaktische Schwerpunktsetzungen und erforderliche Lehrerkompetenzen. In B. Kopp, S. Martschinke, M. Munser-Kiefer, M. Haider, E.-M. Kirschhock & G. Ranger (Hrsg.), *Individuelle Förderung und Lernen in der Gemeinschaft, Jahrbuch Grundschulforschung 17* (S. 19–34). Wiesbaden: Springer VS.

Hess, A. (2020). *Disziplin und Leistung im Alltag einer zweiten Grundschulklasse. Studien zur Schul- und Bildungsforschung.* Wiesbaden: Springer VS.

Hesse, I. & Latzko, B. (2017). *Diagnostik für Lehrkräfte* (3., vollst. überarb. und erw. Aufl.). Opladen: Verlag Barbara Budrich (UTB).

Hessische Lehrerfortbildungsakademie (2021). *Hessischer Referenzrahmen Schulqualität.* Verfügbar unter https://hrs.bildung.hessen.de/online/wp-content/uploads/sites/29/2021/05/HRS_Fuenfte-Fassung_2021-04.pdf [10.02.2022].

Heyer, P., Preuss-Lausitz, U. & Zielke, G. (1990). *Wohnortnahe Integration. Gemeinsame Erziehung behinderter und nichtbehinderter Kinder in der Uckermark-Grundschule in Berlin.* Weinheim: Juventa.

Hill, H. C., Rowan, B. & Ball, S. (2005). Effects of teacher's mathematical knowledge for teaching on student achievement. *American Educational Research Journal 42*, 341–406.

Hinz, R. (2009). Bildungspolitische Analyse. In R. Hinz & R. Walthes (Hrsg.), *Heterogenität in der Grundschule. Den pädagogischen Alltag erfolgreich bewältigen* (S. 16–31). Weinheim [u. a.]: Beltz.

Hopf, W. & Edelstein, B. (2018). *Chancengleichheit zwischen Anspruch und Wirklichkeit.* Verfügbar unter https://www.bpb.de/themen/bildung/zukunft-bildung/174634/chancengleichheit-zwischen-anspruch-und-wirklichkeit/ [18.02.2022].

Horn, D. (2012). Zur Herkunft und Bedeutung der Begriffe heterogen und Heterogenität – Ergebnisse einer Recherche in Wörterbüchern und philosophischen Lexika zu einem inklusionsrelevanten Begriff. In A. Prengel & H. Schmitt (Hrsg.), *Netzpublikationen des Arbeitskreises Menschenrechtsbildung in der Rochow-Akademie für historische und zeitdiagnostische Forschung an der Universität Potsdam.*

Hosenfeld I., Helmke, A. & Schrader, F.-W. (2002). Die Lehr-Lernstudie SALVE: Unterrichts- und lernrelevante Schülermerkmale und deren Einschätzung durch Lehrkräfte. *Zeitschrift für Pädagogik, 45. Beiheft,* 65–82.

Huf, C. & Breidenstein, G. (2009). Schülerinnen und Schüler bei der Wochenplanarbeit. Beobachtungen zur Eigenlogik der Planerfüllung. *Pädagogik* 61 (4), 20–23.

Hußmann, A., Stubbe, T. C. & Kasper, D. (2017). Soziale Herkunft und Lesekompetenzen von Schülerinnen und Schülern. In A. Hußmann, H. Wendt, W. Bos, A. Bremerich-Vos, D. Kasper, E.-M. Lankes, N. McElvany, T. C. Stubbe & R. Valtin (Hrsg.), *IGLU 2016. Lesekompetenzen von Grundschulkindern in Deutschland im internationalen Vergleich* (S. 195–218). Münster: Waxmann.

Hußmann, A., Wendt, H., Bos, W., Bremerich-Vos, A., Kasper, D., Lankes, E.-M., McElvany, N., Stubbe, T. C. & Valtin, R. (Hrsg.) (2017), *IGLU 2016. Lesekompetenzen von Grundschulkindern in Deutschland im internationalen Vergleich.* Münster: Waxmann.

Hußmann, A., Wendt, H., Kasper, D., Bos W. & Goy, M. (2017). Ziele, Anlage und Durchführung der Internationalen Grundschul-Lese-Untersuchung. In A. Hußmann, H. Wendt, W. Bos, A. Bremerich-Vos, D. Kasper, E.-M. Lankes, N. Mcelvany, T. C. Stubbe, & R. Valtin (Hrsg.), *IGLU 2016. Lesekompetenzen von Grundschulkindern in Deutschland im internationalen Vergleich* (S. 29–68). Münster & New York: Waxmann.

ifp/Staatsinstitut für Frühpädagogik (o. J.). *Bridging. Beispiel zur pädagogischen Planung.* Verfügbar unter http://www.kompik.de/ablauf-und-handhabung/paedagogische-planung/bridging.html [18.05.2022].

Inckemann, E. (2014). Binnendifferenzierung – Individualisierung – adaptiver Unterricht. In W. Einsiedler, M. Götz, A. Hartinger, F. Heinzel, J. Kahlert & U. Sandfuchs (Hrsg.), *Handbuch Grundschulpädagogik und Grundschuldidaktik* (4. Aufl., S. 374–384). Bad Heilbrunn: Klinkhardt.

Inckemann, E. (2016). Förderung von bildungsbenachteiligten Kindern durch Vorlesen im Ganztagskontext. In E. Inckemann & R. Sigel (Hrsg.), *Diagnose und Förderung von bildungsbenachteiligten Kindern im Schriftspracherwerb* (S. 47–57). Bad Heilbrunn: Klinkhardt.

Ingenkamp, K.-H. (Hrsg.) (1971). *Die Fragwürdigkeit der Zensurengebung. Texte und Untersuchungsberichte.* Weinheim: Beltz.

Jenni, O.G., Chaouch, A., Caflisch, J. & Rousson V. (2013). *Infant motor milestones: poor predictive value for outcome of healthy children.* Acta Paediatrica online. Verfügbar unter doi:10.1111/apa.12129.

Jude, N. (2021). 25 Jahre Leistungsvergleichsstudien. Erkenntnisse für Schule und Unterricht in Deutschland. *Die Grundschulzeitschrift. Gemeinsam Schule machen, 325,* 12–14.

Jung, J. (2021). *Die Grundschule neu bestimmen. Eine praktische Theorie.* Stuttgart: Kohlhammer.

Jürgens, E. (2009). Offener Unterricht. In K. H. Arnold, U. Sandfuchs & J. Wiechmann (Hrsg.), *Handbuch Unterricht* (2., aktual. Aufl.) (S. 211–214). Bad Heilbrunn: Klinkhardt.

Jürgens, E. & Lissmann, U. (2015). *Pädagogische Diagnostik. Grundlagen und Methoden der Leistungsbeurteilung in der Schule.* Weinheim: Beltz.

Kaiser, A. (2009). Sozialisation, Erziehung, Kompetenzerwerb von Mädchen und Jungen im Unterricht. In R. Hinz & R. Walthes (Hrsg.), *Heterogenität in der Grundschule* (S. 62–70). Weinheim: Beltz.

Kammer, R. (1925). Das Klassenzimmer als Arbeits- und Beschäftigungsraum. In Sächsischer Lehrerverein (Hrsg.), *Der suchende Lehrer. Das schaffende Kind* (S. 20–24). Leipzig: List & von Bressendorf.

Kammermeyer, G. & Martschinke, S. (2003). Schulleistung und Fähigkeitsselbstbild im Anfangsunterricht. Ergebnisse aus dem KILIA-Projekt. *Empirische Pädagogik, 17,* 486–503.

Kammermeyer, G. & Martschinke, S. (2006). Zur Entwicklung von Risiko- und Sorgenkindern in der Grundschule. In A. Schründer-Lenzen (Hrsg.), *Risikofaktoren kindlicher Entwicklung. Migration, Leistungsangst und Schulübergang* (S. 140–155). Wiesbaden: VS Verl. für Sozialwissenschaften.

Kaufmann, M. E. (2018). Mind the gap. Diversity als spannungsgeladenes Zeitgeist-Dispositiv. In M. Florin, V. Gutsche & N. Krentz (Hrsg.), *Diversität historisch. Repräsentationen und Praktiken gesellschaftlicher Differenzierungen im Wandel* (S. 211–233). Bielefeld: transcript Verlag.

Kiel, E. (2022). *Schulpädagogik. Normen – Theorien – Empirie.* Bad Heilbrunn: Klinkhardt.

Kirchmann, J. H. v. (1876). *Aristoteles' Kategorien oder die Lehre von den Grundbegriffen.* Leipzig: Verlag der Dürr'schen Buchhandlung.

Klafki, W. (1996). *Neue Studien zur Bildungstheorie und Didaktik. Zeitgemäße Allgemeinbildung und kritisch-konstruktive Didaktik* (5. Aufl.). Weinheim & Basel: Beltz.

Kleinknecht, M. (2019). Aufgaben und Aufgabenkultur. *Zeitschrift für Grundschulforschung, 12(1),* 1-14.

Klieme, E. & Warwas, J. (2011). Konzepte der Individuellen Förderung. *Zeitschrift für Pädagogik, 57(6),* 805–818.

Kluczniok, K., Große, C. & Roßbach, H.-G. (2014). Heterogene Lerngruppen in der Grundschule. In W. Einsiedler, M. Götz, A. Hartinger, F. Heinzel, J. Kahlert & U. Sandfuchs (Hrsg.), *Handbuch Grundschulpädagogik und Grundschuldidaktik* (4. Aufl., S. 194–200). Bad Heilbrunn: Klinkhardt.

Kniffka, G. (2019). *Scaffolding.* Verfügbar unter https://epub.ub.uni-muenchen.de/61965/1/Kniffka_Scaffolding.pdf [10.02.2022].

Kocaj, A., Kuhl, P., Kroth, A., Pant, A. & Stanat, B. (2014). Wo lernen Kinder mit sonderpädagogischem Förderbedarf besser? Ein Vergleich schulischer Kompetenzen zwischen Regel- und Förderschulen in der Primarstufe. *Kölner Zeitschrift für Soziologie und Sozialpsychologie, 66(2),* 165–191.

Köller, O. & Baumert, J. (2002). Entwicklung schulischer Leistungen. In R. Oerter & L. Montada (Hrsg.), *Entwicklungspsychologie* (S. 756–786). Weinheim [u. a.]: Beltz.

Köppe, S. (2012). Wahlfreiheit und Nutzerrollen im deutschen Bildungssystem. *WSI-Mitteilungen 3,* 206–215. Verfügbar unter https://www.boeckler.de/data/impuls_2012_10_3.pdf [10.02.2022].

Koschel, W. (2021). *Zur Förderung professioneller Unterrichtswahrnehmung im Kontext von Heterogenität im Unterricht. Eine Interventionsstudie am Beispiel des beruflichen Lehramtsstudiums.* Opladen [u. a.]: Budrich.

Kotzerke, M., Röhricht, V., Weinert, S. & Ebert, S. (2013). Sprachlich-kognitive Kompetenzunterschiede bei Schulanfängern und deren Auswirkungen bis Ende der Klassenstufe 2. In G. Faust (Hrsg.), *Einschulung. Ergebnisse aus der Studie »Bildungsprozesse, Kompetenzentwicklung und Selektionsentscheidungen im Vorschul- und Schulalter (BiKS)«* (S. 111–135). Münster: Waxmann.

Kramer, R. T. & Helsper, W. (2010). Kulturelle Passung und Bildungsungleichheit – Potenziale einer an Bourdieu orientierten Analyse der Bildungsungleichheit. In H.-H. Krüger, U. Rabe-Kleberg, R.-T. Kramer & J. Budde (Hrsg.), *Bildungsungleichheit revisited* (S. 103–125). Wiesbaden: Springer VS.

Krapp, A. (1976). Bedingungsfaktoren der Schulleistung. *Psychologie in Erziehung und Unterricht, 23,* 91–109.

Kraus, T., Weishaupt, H. & Hosenfeld, I. (2021). Segregierte Schulmilieus, variierende Unterrichtsbedingungen und Lernleistungen der Schülerinnen und Schüler. Eine Analyse mit Daten der Grundschulen in Rheinland-Pfalz

2015/16. *Zeitschrift für Grundschulforschung 14*, 129–148. Verfügbar unter https://doi.org/10.1007/s42278-020-00102-7.

Kristen, C. (1999). *Bildungsentscheidungen und Bildungsungleichheit – ein Überblick über den Forschungsstand: Elektronische Ressource.* Mannheim: Mannheimer Zentrum für Europäische Sozialforschung. Verfügbar unter http://www.mzes.uni-mannheim.de/publications/wp/wp-5.pdf [18.02.2022].

Kroning, W. (2022). Wenn die Schulklasse die Note mitbestimmt. Über die Bedeutung des Referenzgruppenfehlers bei Karlheinz Ingenkamp. *Friedrich Jahresheft* (49), 26–31.

Krüger, J. O., Roch, A. & Breidenstein, G. (2020). *Szenarien der Grundschulwahl. Eine Untersuchung von Entscheidungsdiskursen am Übergang zum Primarbereich.* Wiesbaden: Springer VS.

Krüsken, J. (2008). Schülerleistungen in FLEX-Klassen bei den Vergleichsarbeiten Jahrgangsstufe 2 in Brandenburg in den Jahren 2004 bis 2006. In K. Liebers, A. Prengel & G. Bieber (Hrsg.), *Die flexible Schuleingangsphase: Evaluationen zur Neugestaltung des Anfangsunterrichts* (S. 30–56). Weinheim: Beltz.

Kuhl, P., Felbrich, A., Richter, D., Stanat, P., & Pant, H.A. (2013). Die Jahrgangsmischung auf dem Prüfstand: Effekte jahrgangsübergreifenden Lernens auf Kompetenzen und sozio-emotionales Wohlbefinden von Grundschülerinnen und Grundschülern. In R. Becker & A. Schulze (Hrsg.), *Bildungskontexte* (S. 299–324). Wiesbaden: Springer VS.

Kultusministerkonferenz (1997). *Empfehlungen zum Schulanfang. Beschluss der Kultusministerkonferenz vom 24.10.1997.* Verfügbar unter https://www.kmk.org/fileadmin/veroeffentlichungen_beschluesse/1997/1997_10_24-Empfehlung-Schulanfang_01.pdf [17.02.2022].

Kultusministerkonferenz (2004/2022). *Bildungsstandards im Fach Deutsch für den Primarbereich. Beschluss vom 15.10.2004 i. d. F vom 23.06.2022.* Verfügbar unter https://www.kmk.org/fileadmin/Dateien/veroeffentlichungen_beschluesse/2022/2022_06_23-Bista-Primarbereich-Deutsch.pdf [17.12.2022].

Kultusministerkonferenz (2011). *Inklusive Bildung von Kindern und Jugendlichen mit Behinderungen in Schulen. Beschluss der Kultusministerkonferenz vom 20.10.2011.* Verfügbar unter https://www.kmk.org/fileadmin/Dateien/veroeffentlichungen_beschluesse/2011/2011_10_20-Inklusive-Bildung.pdf [17.02.2022].

Kultusministerkonferenz (2015). *Empfehlungen zur Arbeit in der Grundschule. Beschluss der Kultusministerkonferenz vom 02.07.1970 i. d. F. vom 11.06.2015.* Verfügbar unter https://www.kmk.org/fileadmin/veroeffentlichungen_beschluesse/1970/1970_07_02_Empfehlungen_Grundschule.pdf [17.02.2022].

Kultusministerkonferenz (2019). *Vorgaben für die Klassenbildung. Schuljahr 2019/2020.* Verfügbar unter https://www.kmk.org/fileadmin/Dateien/pdf/Statistik/Dokumentationen/2019-09-16_Klassenbildung_2019.pdf [18.02.2022].

Kultusministerkonferenz (2022). *Sonderpädagogische Förderung in Schulen 2011 bis 2020.* Verfügbar unter https://www.kmk.org/fileadmin/Dateien/pdf/Statistik/Dokumentationen/Dok231_SoPaeFoe_2020.pdf [17.02.2022].

Kunter, M. & Klusmann, U. (2010). Kompetenzmessung bei Lehrkräften – Methodische Herausforderungen. *Unterrichtswissenschaft, 38(1),* 68–86.

Kunter, M., Klusmann, U. & Baumert, J. (2009). Das COACTIV-Modell. Professionelle Kompetenz von Mathematiklehrkräften. In O. Zlatkin-Troitschanskaia, K. Beck, D. Sembill, R. Nickolaus & R. Mulder (Hrsg.), *Lehrprofessionalität – Bedingungen, Genese, Wirkungen und ihre Messung* (S. 153–165). Weinheim: Beltz.

Kunter, M. & Trautwein, U. (2013). *Psychologie des Unterrichts.* Paderborn [u. a.]: UTB.

Kuntz, B., Waldhauer, J., Zeiher, J., Finger, J. D. & Lampert, T. (2018). Soziale Unterschiede im Gesundheitsverhalten von Kindern und Jugendlichen in Deutschland – Querschnittergebnisse aus KiGGS Welle 2. *Journal of Health Monitoring, 3,* 45–63.

Lambrich, H.-J. (1997). Die Eingangsstufe als »Caring Community« und das altersgemischte Lernen. Die Neubegründung eines reformpädagogischen Prinzips. *Die Grundschulzeitschrift, 11(104),* 58–63.

Lange, S. D., Pohlmann-Rother, S. (2020). Überzeugungen von Grundschullehrkräften zum Umgang mit nicht-deutschen Erstsprachen im Unterricht. *Zeitschrift für Bildungsforschung* 10, 43–60.

Largo, R. H. (2007). *Kinderjahre. Die Individualität des Kindes als erzieherische Herausforderung.* München: Piper.

Latzko, B. (2014). Diagnostizieren lernen – zur Ausbildung diagnostischer Kompetenzen für Lehrkräfte. In A. Fischer, C. Hößle, S. Jahnke-Klein, H. Kiper, M. Komorek, J. Michaelis, V. Niesel & J. Sjuts (Hrsg.), *Diagnostik für lernwirksamen Unterricht* (S. 40–50). Baltmannsweiler: Schneider Verl. Hohengehren.

Lehmann, R. H. (2006). Zur Bedeutung der kognitiven Heterogenität von Schulklassen für den Lernstand am Ende der Klassenstufe 4. In A. Schründer-Lenzen (Hrsg.), *Risikofaktoren kindlicher Entwicklung. Migration, Leistungsangst und Schulübergang* (S. 109–124). Wiesbaden: VS Verl. für Sozialwissenschaften.

Lehmann, R. H. & Lenkeit, J. (2008). *ELEMENT. Erhebung zum Lese- und Mathematikverständnis. Entwicklungen in den Jahrgangsstufen 4 bis 6 in Berlin. Abschlussbericht über die Untersuchungen 2003, 2004 und 2005 an Berliner Grundschulen und grundständigen Gymnasien.* Berlin: Humboldt-Universität.

Lichtblau, M. (2018). *Kindliche Interessen beobachten und fördern.* Verfügbar unter https://www.kita-fachtexte.de/fileadmin/Redaktion/Publikationen/

Literaturverzeichnis

KiTaFT_Lichtblau_II_2018_kindlicheInteressenbeobachtenundfoerdern.pdf [18.02.2022].

LLV/Leipziger Lehrerverein (1925). *Gesamtunterricht im 1. und 2. Schuljahr: Zugleich ein Bericht über die Leipziger Reformklassen* (4., verb. u. erw. Aufl.). Leipzig: Brandstetter.

Liebers, K. (2008). *Kinder in der flexiblen Schuleingangsphase. Perspektiven auf einen gelingenden Schulstart.* Wiesbaden: Springer VS.

Liebers, K. (2011). *Schriftsprachspezifische Lernvoraussetzungen von Schulanfängerinnen und Schulanfängern in Brandenburg.* Ludwigsfelde: LISUM.

Liebers, K. (2014). Lehrpläne für die Grundschule. In W. Einsiedler, M. Götz, A. Hartinger, F. Heinzel, J. Kahlert & U. Sandfuchs (Hrsg.), *Handbuch Grundschulpädagogik und Grundschuldidaktik* (4. Aufl., S. 325–329). Bad Heilbrunn: Klinkhardt.

Liebers, K. (2015). Historische Konzepte der Beobachtung von Schulneulingen-Impulse für die Diskussion zur Lernprozessbegleitung? In K. Liebers, B. Landwehr, A. Marquardt & K. Schlotter (Hrsg.), *Lernprozessbegleitung und adaptives Lernen in der Grundschule. Forschungsbezogene Beiträge* (S. 73–78). Wiesbaden: Springer VS.

Liebers, K. (2016). Erwerb von Early Literacy unter dem Fokus Bildungsbenachteiligung. In E. Inckemann & R. Sigel (Hrsg.), *Diagnose und Förderung von bildungsbenachteiligten Kindern im Schriftspracherwerb* (S. 21–34). Bad Heilbrunn: Klinkhardt.

Liebers, K. (2019). Lernprozessbegleitende Diagnostik im inklusiven Unterricht. In A. Schumacher & E. Adelt (Hrsg.), *Lern- und Entwicklungsplanung. Chance und Herausforderung für die schulische Bildung* (S. 33–52). Münster: Waxmann.

Liebers, K. (2020). Anschlussfähigkeit von Kindertagesbetreuung und Schule nachhaltig entwickeln – eine systemische Analyse. In S. Pohlmann-Rother, S. Lange & U. Franz (Hrsg.), *Kooperation von KiTa und Grundschule. Band 2. Digitalisierung, Inklusion und Mehrsprachigkeit – Aktuelle Herausforderungen beim Übergang bewältigen* (S. 254–282). Köln: Wolters Kluwer.

Liebers, K. (2021). *Förderung der kognitiven Entwicklung von Kindern im Anfangsunterricht der Grundschule.* Dresden: DRUCKZONE GmbH & Co. KG. Verfügbar unter https://publikationen.sachsen.de/bdb/artikel/38111 [17.02.2022].

Liebers, K. (2022). Caring Community. Wie die Grundschule zum Mittelpunkt eines Viertels werden kann. *Grundschule (4)*, 29-31.

Liebers, K. & Heger, B. (2017). Erwerb früher Literalität im Übergang von der Kita in die Grundschule. Befunde einer Längsschnittuntersuchung unter besonderer Berücksichtigung von Geschlechterunterschieden. *Frühe Bildung, 6(4)*, 1–8.

Liebers, K., Maier, P., Prengel, A. & Schönknecht, G. (2013). Pädagogische Diagnostik und Lernwege von Kindern im inklusiven Sachunterricht. In S. Wittkowske & K. v. Maltzahn (Hrsg.), *Lebenswirklichkeit und Sachunterricht. Erfahrungen – Ergebnisse – Entwicklungen* (S. 48 – 62). Bad Heilbrunn: Klinkhardt.

Liebers, K. & Prengel, A. (2007). Schneller lernende Kinder in der flexiblen Eingangsphase. In H. Hahn, R. Möller & U. Carle (Hrsg.), *Begabungsförderung in der Grundschule* (S. 187–205). Baltmannsweiler: Schneider Verlag Hohengehren.

Liebers, K. & Urban, E. (2021). *Schule und Revolution in Leipzig. Digitale Ausstellung.* Verfügbar unter https://www.schule-und-revolution-in-leipzig.de [18.02.2022].

Liebers, K., & Seifert, C. (2014). Quantitative empirische Befunde zur Inklusion in der Grundschule – Zu einem heterogenen Forschungsstand. In E.-K. Franz, S. Trumpa & I. Esslinger-Hinz (Hrsg.), *Inklusion: Eine Heraus-forderung für die Grundschulpädagogik – Entwicklungslinien und Forschungsbefunde* (S. 33-46). Baltmannsweiler: Schneider Verl. Hohengehren.

Liedtke, M. (2004). Leistung. In W. Keck, Z. Sandfuchs & B. Feige (Hrsg.), *Wörterbuch Schulpädagogik* (S. 278–280). Bad Heilbrunn: Klinkhardt.

Lindemann, A. Link, J.-W., Prengel, A. & Schmitt, H. (2020). Inklusive Tendenzen in der langen Geschichte grundlegender Bildung – Historische Spurensuche zum 100-jährigen Bestehen der Grundschule. *Pädagogische Rundschau, 74(1)*, 3–15.

Lipowsky, F. (2006). Auf den Lehrer kommt es an. Empirische Evidenzen für Zusammenhänge zwischen Lehrerkompetenzen, Lehrerhandeln und dem Lernen der Schüler. In C. Allemann-Ghionda & E. Terhart (Hrsg.), *Kompetenz und Kompetenzentwicklung von Lehrerinnen und Lehrern* (S. 47–70). Weinheim: Beltz.

Lipowsky, F. & Lotz, M. (2015). Ist Individualisierung der Königsweg zum erfolgreichen Lernen? Eine Auseinandersetzung mit Theorien, Konzepten und empirischen Befunden. In G. Mehlhorn, K. Schöppe, F. Schulz (Hrsg.), *Begabungen entwickeln und Kreativität fördern* (S. 155–219). München: kopaed.

LISUM (2015). *Rahmenlehrplan Berlin und Brandenburg. Teil C Deutsch. Jahrgangsstufen 1 bis 10.* Verfügbar unter https://bildungsserver.berlin-brandenburg.de/fileadmin/bbb/unterricht/rahmenlehrplaene/Rahmenlehrplanprojekt/amtliche_Fassung/Teil_C_Deutsch_2015_11_10_WEB.pdf [10.02.2022].

Lotz, M. & Lipowsky, F. (2015). Die Hattie-Studie und ihre Bedeutung für den Unterricht. Ein Blick auf ausgewählte Aspekte der Lehrer-Schüler-Interaktion. In G. Mehlhorn, K. Schöppe & F. Schulz (Hrsg.), *Begabungen entwickeln & Kreativität fördern* (S. 97–136). München: kopaed.

Literaturverzeichnis

Lüdtke, O., Robitzsch, A., Köller, O. & Winkelmann, H. (2010). Kausale Effekte in der Empirischen Bildungsforschung. Ein Vergleich verschiedener Ansätze zur Schätzung des Effekts des Einschulungsalters. In W. Bos, E. Klieme & O. Köller (Hrsg.), *Schulische Lerngelegenheiten und Kompetenzentwicklung* (S. 257–284). Münster: Waxmann.

Ludwig, U., Schlitter, T., Lorenz, R., Kleinkorres, R., Schaufelberger, R., Frey, A. & McElvany, N. (2022). *Die Covid-19-Pandemie und Lesekompetenzen von Viertklässlern.* Dortmund: IfS.

Luhmann, N. (1988). *Erkenntnis als Konstruktion.* Bern: Benteli Verlag.

Maag Merki, K. (2008). *Regionale Bildungslandschaft – Konzepte, Prozesse, Erfahrungen.* Vortragsfolien vom 30.06.2008, Köln.

Maaz, K., Gresch, C., McElvany, N., Jonkmann, K. & und Baumert, J. (2010). Theoretische Konzepte für die Analyse von Bildungsübergängen: Adaptation ausgewählter Ansätze für den Übergang von der Grundschule in die weiterführenden Schulen des Sekundarschulsystems. In K. Maaz, J. Baumert, C. Gresch & N. McElvany (Hrsg.), *Der Übergang von der Grundschule in die weiterführende Schule. Leistungsgerechtigkeit und regionale, soziale und ethnisch-kulturelle Disparitäten. Band 34* (S. 65–86). Bonn & Berlin: BMBF.

Maaz, K. & Leerhoff, H. (2022). Bildungsgerechtigkeit mangelhaft. Lernvoraussetzungen und Lernerfolge von Grundschüler:innen. *Grundschule (4)*, 12–19.

Maaz, K., Schroeder, S. & Gresch, C. (2010). Primäre und sekundäre soziale Herkunftseffekte beim Übergang in die Sekundarstufe I. Neutralisation sozialer Herkunftseffekte und Konsequenzen auf das Übergangsverhalten. In W. Bos, E. Klieme & O. Köller (Hrsg.), *Schulische Lerngelegenheiten und Kompetenzentwicklung* (S. 285–310). Münster: Waxmann.

Machowiak, K., Lauth, G. W. & Spieß, R. (2008). *Förderung von Lernprozessen.* Stuttgart: Kohlhammer.

Maier, U. (2010). Formative Assessment – Ein erfolgversprechendes Konzept zur Reform von Unterricht und Leistungsmessung? In *Zeitschrift für Erziehungswissenschaft, 13*, 293–308.

Maier, U. (2015). *Leistungsdiagnostik in Schule und Unterricht. UTB M (Medium-Format): Vol. 4178.* Bad Heilbrunn: UTB & Klinkhardt.

Martschinke, S. (2015). Facetten adaptiven Unterrichts aus der Sicht der Unterrichtsforschung. In K. Liebers, B. Landwehr, A. Marquardt & K. Schlotter (Hrsg.), *Lernprozessbegleitung und adaptives Lernen in der Grundschule: Forschungsbezogene Beiträge* (S. 15–32). Wiesbaden: Springer VS.

Martschinke, S. & Kammermeyer, G. (2003). Jedes Kind ist anders. Jede Klasse ist anders. Ergebnisse aus dem KILIA-Projekt zur Heterogenität im Anfangsunterricht. *Zeitschrift für Erziehungswissenschaft, 6 (2)*, 257–275.

Martschinke, S. & Kammermeyer, G. (2006). Selbstkonzept, Lernfreude und Leistungsangst und ihr Zusammenspiel im Anfangsunterricht. In A. Schründer-Lenzen (Hrsg.), *Risikofaktoren kindlicher Entwicklung. Migration, Leistungsangst und Schulübergang* (S. 125-139). Wiesbaden: VS Verl. für Sozialwissenschaften.

Martschinke, S. & Kammermeyer, G. (2018). Neuere Ansätze der Schuleingangskonzeption in ausgewählten Bundesländern. In W. Schneider & Hasselhorn, M. (Hrsg.), *Schuleingangsdiagnostik* (S. 35-61). Göttingen: Hogrefe.

Martschinke, S, Kopp, B. & Elting, C. (2014). Individuelle Unterstützung und Rückmeldung im inklusiven Unterricht – eine Beobachtungsstudie im Projekt IKON. In M. Lichtblau, D. Blömer, A.-K. Jüttner, K. Koch, M. Krüger & R. Werning (Hrsg.), *Forschung zu inklusiver Bildung. Gemeinsam anders lehren und lernen* (S. 244-260). Bad Heilbrunn: Klinkhardt.

Matthes, G. (2003). Flex-Handbuch 6b. *Förderdiagnostische Lernbeobachtung.* Ludwigsfelde: LISUM.

MAZ & Märkische Allgemeine Zeitung (2021). *Beelitz finanziert Schulkrankenschwestern.* Beitrag vom 27.12.2021.

McElvany, N., Kessels, U., Schwabe, F. & Kasper, D. (2017). Geschlecht und Lesekompetenz. In A. Hußmann, H. Wendt, W. Bos, A. Bremerich-Vos, D. Kasper, E.-M. Lankes, N. McElvany, T. C. Stubbe & R. Valtin (Hrsg.), *IGLU 2016. Lesekompetenzen von Grundschulkindern in Deutschland im internationalen Vergleich* (S. 177-194). Münster: Waxmann.

Mecheril, P. & Vorrink, A. J. (2017). Chancengleichheit und Anerkennung.Normative Referenzen im Diskurs um Heterogenität und Bildungsgerechtigkeit. In T. Bohl, J. Budde & M. Rieger-Ladich (Hrsg.), *Umgang mit Heterogenität in Schule und Unterricht* (S. 43-59). Bad Heilbrunn: Klinkhardt.

Merk, S., Cramer, C., Dai, N., Bohl, T. & Syring, M. (2018). Faktorielle Validität der Einstellungen von Lehrkräften zu heterogenen Lerngruppen. *Journal for educational research online 10 (2),* 34-53.

Merkle, T. & Wippermann, C. (2008). *Eltern unter Druck. Selbstverständnisse, Befindlichkeiten und Bedürfnisse von Eltern in verschiedenen Lebenswelten.* Stuttgart: Lucius & Lucius.

Miller, S. & Toppe, S. (2009). Pluralisierung von Familienformen und sozialen Aufwachsbedingungen. In R. Hinz & R. Walthes (Hrsg.), *Heterogenität in der Grundschule* (S. 50-61). Weinheim: Beltz.

Miller, S. (2013). Die Sicht der Lehrkräfte auf Heterogenität. Ergebnisse einer quantitativen Erhebung in NRW. In E. Jürgens & S. Miller (Hrsg.), *Ungleichheit in der Gesellschaft und Ungleichheit in der Schule. Eine interdisziplinäre Sicht auf Inklusions- und Exklusionsprozesse* (S. 235-251). Weinheim: Beltz.

Miller, S. (2019). Umgang mit Heterogenität – Grundschulspezifische Programmatiken und Konzeptionen. In B. Dühlmeier & U. Sandfuchs (Hrsg.), *100 Jahre Grundschule. Geschichte - aktuelle Entwicklungen - Perspektiven* (S. 106–119). Bad Heilbrunn: Klinkhardt.

Munser-Kiefer, M. (2014). Formen und Qualitätsmerkmale offenen Unterrichts. In W. Einsiedler, M. Götz, A. Hartinger, F. Heinzel, J. Kahlert & U. Sandfuchs (Hrsg.), *Handbuch Grundschulpädagogik und Grundschuldidaktik* (4. Aufl., S. 365–369). Bad Heilbrunn: Klinkhardt.

Munser-Kiefer, M., Martschinke, S., Lindl, A. & Hartinger, A. (2021). Leistungsentwicklung in jahrgangsgemischten und jahrgangshomogenen dritten und vierten Klassen. *Unterrichtswissenschaft*. Verfügbar unter https://doi.org/10.1007/s42010-021-00132-9.

Muth, J. (1973). Lernbehinderte Kinder in der Grundschule – Aussonderung oder Integration? *Die Grundschule, (5)*, 231–236.

Napp, C. & Breda, T. (2022). The stereotype that girls lack talent: A worldwide investigation. *Sciences Advances.* 8 (10).

Nikolova, R. (2011). *Grundschulen als differenzielle Entwicklungsmilieus.* Münster: Waxmann.

Oelkers, J. & Reusser, K. (2008). *Expertise: Qualität entwickeln - Standards sichern - mit Differenz umgehen.* BMBF: Berlin.

Otten, S. (2019). Wir sind besser...: Sozialpsychologische Perspektiven zum Umgang mit Andersartigkeit. In V. Roelcke & H. Schott (Hrsg.), *»Andersartigkeit« und Identität in menschlichen Gesellschaften: die Verantwortung der Wissenschaften* (S. 27–34). Acta Historica Leopoldina. Stuttgart: Wissenschaftliche Verlagsgesellschaft.

Overhoff, J. (2001). Erziehung zur Menschenfreundschaft und Toleranz: Rochows Beziehungen zu Gellert und Basedow. In H. Schmitt & F. Tosch (Hrsg.), *Vernunft fürs Volk. Friedrich Eberhardt von Rochow im Aufbruch Preußens* (S. 129–176). Leipzig: Henschel.

Parade, R. & Heinzel, F. (2020) Sozialräumliche Segregation und Bildungsungleichheiten in der Grundschule. Eine Bestandsaufnahme. *Zeitschrift für Grundschulforschung, 13(2)*, 193–207. Verfügbar unter https://doi.org/10.1007/s42278-020-00080-w.

Parsons, T. (1972). Das System moderner Gesellschaften. In D. Claessens (Hrsg.), *Grundfragen der Soziologie*. München: Juventa.

Pehnke, A. (1998). *Sächsische Reformpädagogik. Traditionen und Perspektiven.* Leipzig: Militzkeverlag.

Peschke, E. (2019). Morphologische Diversitäten, sexualdimorphistische Besonderheiten sowie Fehlentwicklungen in den Meckel-Sammlungen. In V. Roelcke & H. Schott (Hrsg.), *»Andersartigkeit« und Identität in menschlichen*

Gesellschaften: die Verantwortung der Wissenschaften (S. 35–47). Acta Historica Leopoldina. Stuttgart: Wissenschaftliche Verlagsgesellschaft.

Petillon, H. (1997). Zielkonflikte in der Grundschule. Literaturüberblick. In F.E. Weinert & A. Helmke (Hrsg.), *Entwicklung im Grundschulalter* (S. 289–298). Weinheim: Beltz.

Pohlmann-Rother, S. (2010). Die Herausbildung der Übergangsempfehlung am Ende der Grundschulzeit. *Zeitschrift für Grundschulforschung, 3 (2)*, 136–148.

Pohlmann-Rother, S., Kürzinger, A. & Lipowsky, F. (2018). Individuelle Lernunterstützung im schriftsprachlichen Anfangsunterricht: Formen, Verteilungsmuster und Wirksamkeit. *Zeitschrift für Grundschulforschung, 11 (2)*, 315–332.

Pohlmann-Rother, S., Lange, S. D. & Franz, U. (Hrsg.) (2020). Übergang Kita – Grundschule. *Einblicke in die Forschung – Perspektiven für die Praxis*. Köln: Carl Link.

Preckel, F. & Vock, M. (2013). *Hochbegabung. Ein Lehrbuch zu Grundlagen, Diagnostik und Fördermöglichkeiten*. Göttingen: Hogrefe.

Prengel, A. (1993/2019). *Pädagogik der Vielfalt*. Wiesbaden: Springer VS.

Prengel, A. (2010). *Inklusion in der Frühpädagogik. Bildungstheoretische, empirische und pädagogische Grundlagen. Wiff-Expertise5*. München: Deutsches Jugendinstitut e. V.

Prengel, A. (2013). Humane entwicklungs- und leistungsförderliche Strukturen im inklusiven Unterricht. In V. Moser (Hrsg.), *Die inklusive Schule. Standards für die Umsetzung* (S. 177–185). Stuttgart: Kohlhammer.

Prengel, A. (2014). Heterogenität oder Lesarten von Gleichheit und Freiheit in der Bildung. In H.-C. Koller, R. Casale & N. Ricken (Hrsg.), *Heterogenität – Zur Konjunktur eines pädagogischen Konzepts* (S. 45–67). Paderborn: Schöningh.

Prengel, A. (2016). Didaktische Diagnostik als Element alltäglicher Lehrerarbeit – »Formatives Assessment« im inklusiven Unterricht. In B. Amrhein (Hrsg.), *Diagnostik im Kontext inklusiver Bildung – Theorien, Ambivalenzen, Akteure, Konzepte* (S. 49–63). Bad Heilbrunn: Klinkhardt.

Prengel, A. (2017). Zur Relationalität und Veränderlichkeit von Differenzen – Intersektionale Forschungsperspektiven auf inklusive Pädagogik. In J. Budde, A. Dlugosch & T. Sturm, (Hrsg.), *(Re)Konstruktive Inklusionsforschung. Differenzlinien – Handlungsfelder – Empirische Zugänge* (S. 145–164). Opladen u. a.: Barbara Budrich.

Prengel, A. (2020). *Ethische Pädagogik in Kitas und Schulen*. Weinheim: Beltz.

Prengel, A. (2022). *Schulen inklusiv gestalten. Eine Einführung in Begründungen und Handlungsmöglichkeiten*. Opladen: Budrich.

Prengel, A., Heinzel, F., Reitz, S. & Winklhofer, U. (2017). *Reckahner Reflexionen zur Ethik pädagogischer Beziehungen*. Reckahn: Rochow-Edition.

Projektgruppe Integrationsversuch (Hrsg.) (1988). *Das Fläming-Modell.* Weinheim [u. a.]: Beltz.

Puhani, P. & Weber, A. (2005). Does the Early Bird Catch the Worm? Instrumental Variable Estimates of Early Educational effects of Age of School Ebtry in Germany. *Empirical Economics 32*, 359–386.

Rabenstein, K., Idel, T.-S. & Ricken, N. (2015). Zur Verschiebung von Leistung im individualisierten Unterricht. Empirische und theoretische Befunde zur schulischen Leitdifferenz. J. Budde, N. Blasse, A. Bossen & G. Rißler (Hrsg.), *Heterogenitätsforschung. Empirische und theoretische Perspektiven* (S. 241–258). Weinheim u. a.: Beltz.

Ratz, C. & Selmayr, A. (2021). Schriftsprachliche Kompetenzen. In D. Baumann, W. Dworschak, M. Kroschewski, C. Ratz, A. Selmayr & M. Wagner (Hrsg.), *Schülerschaft mit dem Förderschwerpunkt geistige Entwicklung II (SFGE II)* (S. 117.134). Athena-Bielefeld: wbv Media.

Rauer, W. & Schuck, K. D. (2004). *FEESS 1-2. Fragebogen zur Erfassung emotionaler und sozialer Schulerfahrungen von Grundschulkindern erster und zweiter Klassen.* Göttingen: Beltz Test GmbH.

Reckwitz, A. (2019). *Das Ende der Illusionen: Politik, Ökonomie und Kultur in der Spätmoderne.* Berlin: Suhrkamp.

Reh, S. (2005). Warum fällt es Lehrerinnen und Lehrern so schwer, mit Heterogenität umzugehen? Historische und empirische Deutungen. *Die Deutsche Schule – DDS. 97,* 76–86.

Rendtorff, B., Kleinau, E. & Riegraf, B. (2016). *Bildung – Geschlecht – Gesellschaft. Eine Einführung.* Weinheim: Beltz.

Richter, S. (1994). Geschlechterunterschiede in der Rechtschreibung von Kindern der 1. bis 5. Klasse. In S. Richter & H. Brügelmann (Hrsg.), *Mädchen lernen anders lernen Jungen* (S. 61–65). Bottighofen: Libelle.

Riemann, C. F. (1798). *Beschreibung der Reckahnschen Schule. Dritte, ganz umgearbeitete und mit durchgängigen Erläuterungen, praktischen Anweisungen und Beyspielen für Lehrer in niedern Bürger- und Landschulen vermehrte Ausgabe.* Berlin/Stettin: Nicolai.

Rjosk, C., Haag, N., Heppt, B. & Stanat, P. (2017). Zuwanderungsbezogene Disparitäten. In P. Stanat, S. Schipolowski, C. Rjosk, S. Weirich & N. Haag (Hrsg*.), IQB-Bildungstrend 2016. Kompetenzen in den Fächern Deutsch und Mathematik am Ende der 4. Jahrgangsstufe im zweiten Ländervergleich* (S. 237–276). Münster: Waxmann.

Rödel, L. & Simon, T. (2017). Inklusion. In J. Frohn (Hrsg.), *FDQI-HU-Glossar.* Berlin: Humboldt Universität. Verfügbar unter http://www.hu-berlin.de/fdqi/glossar [10.06.2022].

Rohrmann, T. (2009). *Individuelle Förderung Begabter in der Grundschule. Evaluation eines Schulversuchs*. Wiesbaden: Springer VS.

Rowan, B., Chiang, F.-S. & Miller, R. J. (1997). Using research on employees' performance to study the effects of teachers on students' achievement. *Sociology of Education, 70*, 256–284.

Ruber, C. & Walczyk, J. (2013). Zwischen Standardisierung und Individualisierung: Heterogenität in der Schule. In S.-I. Beutel, W. Bos & R. Porsch (Hrsg.), *Lernen in Vielfalt. Chance und Herausforderung für Schul- und Unterrichtsentwicklung* (S. 12–34). Münster: Waxmann.

Rudnick, M. (1985). *Behinderte im Nationalsozialismus. Von der Ausgrenzung und der Zwangssterilisation zur »Euthanasie«*. Weinheim & Basel: Beltz Forschungsberichte.

Sacher, W. (2009). *Leistungen überprüfen, entwickeln und beurteilen. Bewährte und neue Wege für die Primar- und die Sekundarstufe* (5. Aufl.). Bad Heilbrunn: Klinkhardt.

Sacher, W. (2013). Überprüfung und Beurteilung von Schülerleistungen. In L. Haag, S. Rahm, H. J. Apel & W. Sacher (Hrsg.), *Studienbuch Schulpädagogik* (5. Aufl., S. 304–324), Bad Heilbrunn: Klinkhardt.

Sachverständigenrat deutscher Stiftungen für Integration und Migration (2016). *Doppelt benachteiligt? Kinder und Jugendliche mit Migrationshintergrund im deutschen Bildungssystem. Eine Expertise im Auftrag der Stiftung Mercator*. Verfügbar unter https://www.stiftung-mercator.de/content/uploads/2020/12/Expertise_Doppelt_benachteiligt.pdf [10.02.2022].

Salzbrunn, M. (2014). *Vielfalt/Diversität*. Bielefeld: transcript Verlag.

Sander, A. (1973). Integrative Förderung behinderter Kinder in der Grundschule. *Die Grundschule, (5)*, 34–43.

Sandfuchs, U. (2001). Schulanfang und Anfangsunterricht bei Friedrich Eberhardt von Rochow. In H. Schmitt & F. Tosch (Hrsg.), *Vernunft fürs Volk*. Leipzig: Henschel.

Sandfuchs, U. & Dühlmeier, B. (2019). Die Grundschule und ihre Geschichte. In B. Dühlmeier & U. Sandfuchs (Hrsg.), *100 Jahre Grundschule. Geschichte - aktuelle Entwicklungen - Perspektiven* (S. 48–61). Bad Heilbrunn: Klinkhardt.

Saupe, E. (1929). *Deutsche Pädagogen der Neuzeit. Ein Beitrag zur Geschichte der Erziehungswissenschaft zu Beginn des 20. Jahrhunderts*. Osterwieck am Harz: A. W. Zickfeldt.

Schaarschmidt U. & Kieschke U. (2013) Beanspruchungsmuster im Lehrerberuf Ergebnisse und Schlussfolgerungen aus der Potsdamer Lehrerstudie. In M. Rothland (Hrsg.), *Belastung und Beanspruchung im Lehrerberuf* (S. 81–97). Wiesbaden: Springer VS.

Schäfer, C. (2021). *Reiche Kinder erhalten drei Mal mehr Geld als arme.* Verfügbar unter https://www.faz.net/aktuell/wirtschaft/arm-und-reich/reiche-kinder-erhalten-drei-mal-mehr-geld-als-arme-17411729.html [10.02.2022].

Scharenberg, K. (2012). *Leistungsheterogenität und Kompetenzentwicklung. Zur Relevanz klassenbezogener Kompositiosmerkmale im Rahmen der KESS-Studie.* Münster: Waxmann.

Schmidt, C. (2017). Formatives Assessment als Aspekt professioneller diagnostischer Kompetenz im Kontext des Grundschulunterrichts. In S. Miller (Hrsg.), *Profession und Disziplin. Grundschulpädagogik im Diskurs* (S. 158–163). Wiesbaden: Springer VS.

Schmidt, C. (2021). Leistungsrückmeldungen zugänglich gestalten – für alle Kinder. *Grundschule, 1,* 18–21.

Schmidt, C. & Liebers, K. (2015). Formatives Assessment an Grundschulen – Praxis und Bedingungsfaktoren. In K. Liebers, B. Landwehr, A. Marquardt & K. Schlotter (Hrsg.), *Lernprozessbegleitung und adaptives Lernen in der Grundschule. Forschungsbezogene Beiträge* (S. 133–138). Wiesbaden: Springer VS.

Schmidt, C. & Liebers, K. (2017). Formatives Assessment im inklusiven Unterricht – Forschungsstand und erste Befunde. In F. Hellmich & E. Blumberg (Hrsg.), *Inklusiver Unterricht in der Grundschule* (S. 50–65). München: Kohlhammer.

Schmitt, H. (1993). Topografie der Reformschulen in der Weimarer Republik: Perspektiven ihrer Erforschung. In U. Amlung, D. Haubfleisch, J.-W. Link, H. Schmitt, (Hrsg.), *Die alte Schule überwinden. Reformpädagogische Versuchsschulen zwischen Kaiserreich und Nationalsozialismus.* Frankfurt am Main: dipa-Verlag.

Schmitt, H. & Tosch, F. (Hrsg.) (2001). *Vernunft fürs Volk. Friedrich Eberhardt von Rochow im Aufbruch Preußens.* Leipzig: Henschel.

Schmitz, L. Simon, T. & Pant, H.A. (2020). Heterogenitätssensibilität angehender Lehrkräfte: empirische Ergebnisse – In E. Brodesser, J. Frohn, N. Welskop, A.-C. Liebsch, V. Moser & D. Pech (Hrsg.), *Inklusionsorientierte Lehr-Lern-Bausteine für die Hochschullehre. Ein Konzept zur Professionalisierung zukünftiger Lehrkräfte* (S. 113–123). Bad Heilbrunn: Klinkhardt.

Schneider, M. C. & Gowan, P. (2013). Investigating teachers' skills in interpreting evidence of student learning. *Applied Measurement in Education, 26(3),* 191–204.

Schneider, W., Stumpf, E. & Preckel, F. (2014). Schulische Förderung von Hochbegabten: Ergebnisse nationaler und internationaler Studien. In W. Schneider, F. Preckel & E. Stumpf (Hrsg.), *Hochbegabtenförderung in der Sekundarstufe. Ergebnisse der PULSS-Studie zur Untersuchung der gymnasialen Be-*

gabtenklassen in Bayern und Baden-Württemberg (S. 10–20). Frankfurt am Main: Karg-Stiftung.

Schnell, I. (2003). *Geschichte schulischer Integration. Gemeinsames Lernen von SchülerInnen mit und ohne Behinderung in der BRD seit 1970*. Weinheim: Beltz.

Schnell, I. (2006) *Wir haben damals übermorgen angefangen – sind wir schon im Heute gelandet?* Verfügbar unter https://www.inklusion-online.net/index.php/inklusion-online/article/view/188/188 [19.02.2022].

Schönknecht, G. (2011). Die Grundschule als Lernort. In G. Schönknecht (Hrsg.), *Lernen fördern. Unterricht in der Grundschule* (S. 13–72). Seelze: Klett Kallmeyer.

Schratz, M., Pant, H. A. & Wischer, B. (2014). Welche Leistung zählt? Schulisches Leistungsverständnis jenseits von Noten und Punkten. In M. Schratz, H. A. Pant & B. Wischer (Hrsg.), *Der Deutsche Schulpreis 2014. Was für Schulen! Leistung sichtbar machen – Beispiele guter Praxis* (S. 8–15). Seelze: Klett Kallmeyer.

Schröder, E. (2004). Kinder mit besonderen Fähigkeiten in der flexiblen Eingangsphase der Grundschule: Bericht über eine Längsschnittstudie zur kognitiven Entwicklung in den ersten beiden Schuljahren. In K. Liebers (Hrsg.), *Abschlussbericht und Begleituntersuchungen zum Schulversuch »flexible Schuleingangsphase« FLEX 20. Optimierung des Schulanfangs – fachliches und soziales Lernen in einer integrierten Eingangsphase im Land Brandenburg (2001–2004)*. Ludwigsfelde: LISUM.

Schwippert, K., Bos, W. & Lankes, E.-M. (2004). Heterogenität und Chancengleichheit am Ende der vierten Jahrgangsstufe in den Ländern der Bundesrepublik Deutschland und im internationalen Vergleich. In W. Bos, E.-M. Lankes, M. Prenzel, K. Schwippert, R. Valtin & G. Walther (Hrsg.), *IGLU. Einige Länder der Bundesrepublik Deutschland im nationalen und internationalen Vergleich* (S. 165–190). Münster: Waxmann.

Schwippert, K., Kasper, D., Köller, O., McElvany, N., Selter, C., Steffensky, M. & Wendt, H. (Hrsg.) (2020). *TIMSS 2019. Mathematische und naturwissenschaftliche Kompetenzen von Grundschulkindern in Deutschland im internationalen Vergleich*. Münster & New York: Waxmann.

Shulman, L. S. (1986). Paradigms and research programs in the study of teaching: A contemporary perspective. In M. C. Wittrock (Hrsg.), *Handbook of research on teaching* (S. 3–5). New York: Macmillan.

Sigel, R. (2016). Arme und bildungsbenachteiligte Kinder – Risiko-Monitoring als Präventionschance. In E. Inckemann & R. Sigel (Hrsg.), *Diagnose und Förderung von bildungsbenachteiligten Kindern im Schriftspracherwerb* (S. 84–108). Bad Heilbrunn: Klinkhardt.

Simon, T. (2019). Celebrate Diversity? Einstellungen angehender Lehrkräfte zu Heterogenität im Spannungsfeld von Differenzanerkennung und normierendem Homogenisierungsdenken. In M. Esefeld, K. Müller, P. Hackstein, E. v. Stechow & B. Klocke (Hrsg.), *Inklusion im Spannungsfeld von Normalität und Diversität. Band 2* (S. 65–74). Bad Heilbrunn: Klinkhardt.

Skerra, A. (2018). *Scaffolding – Erfolgreich Sprache bilden und fördern im inklusiven Unterricht.* Verfügbar unter https://www.uni-potsdam.de/fileadmin/projects/inklusion/PDFs/ZEIF-Blog/Skerra_2018_Scaffolding.pdf [10.02.2022].

Skopek, J. & Passaretta, G. (2018). *The social stratification of skills from infancy to adolescence – evidence from an accelerated longitudinal design. Discussion paper.* Dublin: Trinity College Dublin. Verfügbar unter https://doi.org/10.1093/sf/soaa093.

Solzbacher, C. (2012). *Jedem Kind gerecht werden? Sichtweisen und Erfahrungen von Grundschullehrkräften.* Köln: Carl Link.

Sprietsma, M. (2009). *Discrimination in Grading? Experimental Evidence from Primary School. Discussion. Paper No. 09-074.* Mannheim: ZEW. Verfügbar unter https://madoc.bib.uni-mannheim.de/2597/1/dp09074.pdf [17.02.2022].

Stamm, M. (2008). Underachievement von Jungen. Perspektiven eines internationalen Diskurses. *Zeitschrift für Erziehungswissenschaft, 11*(1), 106–124.

Stanat, P., Schipolowski, S., Schneider, R., Sachse, K. A., Weirich, S. & Henschel, S. (Hrsg.). (2022). IQB-Bildungstrend 2021. Kompetenzen in den Fächern Deutsch und Mathematik am Ende der 4. Jahrgangsstufe im dritten Ländervergleich. Verfügbar unter: https://www.iqb.hu-berlin.de/bt/BT2021/Bericht.

Stang, J., Lepper, C., Steffensky, M. & McElvany, N. (2020). Einblicke in die Gestaltung des Mathematik- und naturwissenschaftlichen Sachunterrichts an Grundschulen in Deutschland. In K. Schwippert, D. Kasper, O. Koeller, N. McElvany, C. Selter, M. Steffensky & H. Wendt (Hrsg.), *TIMSS 2019. Mathematische und naturwissenschaftliche Kompetenzen von Grundschulkindern in Deutschland im internationalen Vergleich* (S. 187–208). Münster: Waxmann.

Statista (2021). *An welchen Themen bist du interessiert?* Verfügbar unter https://de.statista.com/statistik/daten/studie/29818/umfrage/themen-die-kinder-interessieren/ [19.02.2022].

Statistisches Bundesamt (Hrsg.) (2018). *Datenreport 2018. Ein Sozialbericht für die Bundesrepublik Deutschland. Eine gemeinsame Studie von Statistisches Bundesamt, WZ Berlin, SOEP.* Bonn: BZPB. Verfügbar unter https://www.destatis.de/DE/Service/Statistik-Campus/Datenreport/Downloads/datenreport-2018.pdf;jsessionid=DF2A470BDF26D1C943083A4CB39FB3CF.live741?__blob=publicationFile [10.02.2022].

Steenbuck, O., Quitmann, H. & Esser, P. (Hrsg.) (2011). *Inklusive Begabtenförderung in der Grundschule. Konzepte und Praxisbeispiele der Schulentwicklung.* Weinheim: Beltz.

Stojanov, K. (2022). Warum »Leistung« kein tragendes Prinzip von Leistungsgerechtigkeit sein kann. *Friedrich Jahresheft* (40), 20–21.

Streese, B., Schiermeyer-Reichl, I., Meyer, A., Moritz, F. & Wenzel, E. (2017). Inklusiv unterrichten – inklusiv bewerten. Impulse zur ›inklusiven Leistungsbewertung‹ in Schulen der Sekundarstufe. In A. Textor, S. Grüter, I. Schiermeyer-Reichl & B. Streese (Hrsg.), *Leistung inklusive? Inklusion in der Leistungsgesellschaft* (S. 121–129). Bad Heilbrunn: Klinkhardt.

Stubbe, T. C., Bos, W. & Euen, B. (2012). Der Übergang von der Primar- in die Sekundarstufe. In W. Bos, I. Tarelli, A. Bremerich-Vos & K. Schwippert (Hrsg.), *IGLU 2011. Lesekompetenzen von Grundschulkindern in Deutschland im internationalen Vergleich* (S. 209–226). Münster: Waxmann.

Stubbe, T. C., Bos, W. & Hornberg, S. (2008). Soziale und kulturelle Disparitäten der Schülerleistungen in den Ländern der Bundesrepublik Deutschland. In W. Bos, S. Hornberg, K.-H. Arnold, G. Faust, L. Fried, E.-M. Lankes, K. Schwippert & R. Valtin (Hrsg.), *IGLU-E 2006. Die Länder der Bundesrepublik Deutschland im nationalen und internationalen Vergleich* (S. 103–109). Münster: Waxmann.

Stubbe, T. C., Bos, W. & Schurig, M. (2017). Der Übergang von der Primar- in die Sekundarstufe. In A. Hußmann, H. Wendt, W. Bos, A. Bremerich-Vos, D. Kasper, E.-M. Lankes, N. McElvany, T. C. Stubbe & R. Valtin (Hrsg.), *IGLU 2016. Lesekompetenzen von Grundschulkindern in Deutschland im internationalen Vergleich* (S. 235–250). Münster: Waxmann.

Sturm, T. (2016). *Lehrbuch Heterogenität in der Schule.* München: Ernst Reinhardt-Verlag.

Stürzer, M. (2003). *Geschlechtsspezifische Schulleistungen. In Geschlechterverhältnisse in der Schule. DJI-Reihe (Gender).* Band 20. Wiesbaden: Springer VS.

SWK (2022). *Basale Kompetenzen vermitteln – Bildungschancen sichern. Perspektiven für die Grundschule* Verfügbar unter https://www.kmk.org/fileadmin/Dateien/pdf/KMK/SWK/2022/SWK-2022-Gutachten_Grundschule_Zusammenfassung.pdf

Tarelli, I., Lankes, E.-M., Drossel, K. & Gegenfurther, A. (2012). Lehr- und Lernbedingungen an Grundschulen im internationalen Vergleich. In W. Bos, I. Tarelli, A. Bremerich-Voss, & K. Schwippert (Hrsg.), *IGLU 2011. Leseleistungen von Grundschulkindern im internationalen Vergleich* (S. 137–169). Münster: Waxmann.

Tenorth, H.-E. (1988). *Geschichte der Erziehung. Einführung in die Grundzüge der neuzeitlichen Entwicklung.* Weinheim & München: Juventa.

Literaturverzeichnis

Terhart, E. (2001). Schule und Selektion: Die Perspektive der Lehrer. In W. Melzer & U. Sandfuchs (Hrsg.), *Was Schule leistet. Funktionen und Aufgaben von Schule* (S. 87–110). Weinheim: Juventa.

Thiel, O. & Valtin, R. (2002). Eine Zwei ist eine Drei ist eine Vier. Oder: Sind Zensuren aus verschiedenen Klassen vergleichbar? In R. Valtin (Hrsg.), *Was ist ein gutes Zeugnis? Noten und verbale Beurteilungen auf dem Prüfstand* (S. 67–76). Weinheim: Juventa.

Thon, C. (2017). Kategorie Geschlecht. In T. Bohl, J. Budde & M. Rieger-Ladich (Hrsg.), *Umgang mit Heterogenität in Schule und Unterricht* (S. 77–92). Bad Heilbrunn: Klinkhardt.

Thoren, K., & Brunner, M. (2019). Flächendeckende Implementation des Jahrgangsübergreifenden Lernens: Welche Typen gibt es und zeigen diese Unterschiede in der Schul- und Unterrichtsqualität? *Zeitschrift für Erziehungswissenschaft, 22(2)*, 279–300.

Thoren, K., Hannover, B. & Brunner, M. (2019). Jahrgangsübergreifendes Lernen (JÜL): Auswirkungen auf die Leistungsentwicklung in Deutsch und Mathematik in ethnisch heterogenen Schulen. *DDS - Die Deutsche Schule. Beiheft 14*, 140–155.

Tietze, W., Rossbach, H.-G. & Grenner, K. (2005). *Kinder von 4 bis 8 Jahren. Zur Qualität der Erziehung und Bildung in Kindergarten, Grundschule und Familie*. Weinheim & Basel: Beltz.

Tillmann, K.-J. (2004). System jagt Fiktion. Die homogene Lerngruppe. In G. Becker, K.-D. Lenzen, L. Stäudel, K.-J. Tillmann, R. Werning & F. Winter (Hrsg.), *Heterogenität. Unterschiede nutzen - Gemeinsamkeiten stärken* (S. 6–9). Seelze: Friedrich-Jahresheft.

Trapp, E. C. (1780). *Versuch einer Pädagogik*. Friedrich Nikolai: Berlin.

Trautmann, T. (2011). Flexibilisierung der Fördermöglichkeiten: Jahrgangsgemische Lerngruppen: In O. Steenbuck, H. Quitmann, & P. Esser (Hrsg.), *Inklusive Begabtenförderung in der Grundschule* (S. 92–105). Weinheim & Basel: Beltz.

Trautmann, T. (2016): *Einführung in die Hochbegabtenpädagogik*, 3. Auflage. Baltmannsweiler: Schneider Verlag Hohengehren.

Trautmann, M. & Wischer, B. (2011). *Heterogenität in der Schule. Eine kritische Einführung*. Wiesbaden: Springer VS.

Valtin, R., Wagner, C. & Schwippert, K. (2005). Schülerinnen und Schüler am Ende der vierten Klasse - schulische Leistungen, lernbezogene Einstellungen und außerschulischen Lernbedingungen. In W. Bos, E.-V. Lankes, M. Prenzel, K. Schwippert, R. Valtin & G. Walther (Hrsg.), *IGLU. Vertiefende Analysen zu Leseverständnis, Rahmenbedingungen und Zusatzstudien* (S. 187–238). Münster: Waxmann.

Van Ophuysen, S., Schürer, S. & Bloch, B. (2021). Die Gestaltung des Übergangs in Weiterführende Schulen – Welche Maßnahmen wurden und werden an Grundschulen in NRW praktiziert. *Zeitschrift für Grundschulpädagogik, 14*, 149–167.

Vester, M., Oertzen, P. von Geiling, H., Herrmann, T. & Müller, D. (2001). *Soziale Milieus im gesellschaftlichen Strukturwandel. Zwischen Integration und Ausgrenzung.* Frankfurt am Main: Suhrkamp.

Vock, M. & Gronostaj, A. (2017). *Umgang mit Heterogenität in Schule und Unterricht. Berlin: Schriftenreihe der Friedrich-Ebert-Stiftung.* Verfügbar unter https://library.fes.de/pdf-files/studienfoerderung/13277.pdf [10.02.2022].

Wacker, A. (2017). Schulstruktur und Zweigliedrigkeit: Umbau des Bildungssystems. In T. Bohl, J. Budde & M. Rieger-Ladich (Hrsg.), *Umgang mit Heterogenität in Schule und Unterricht* (S. 191–206). Bad Heilbrunn: Klinkhardt.

Wagenknecht, S. (2021). *Die Selbstgerechten. Mein Gegenprogramm für Gemeinsinn und Zusammenhalt.* Frankfurt am Main: Campus.

Walberg, H. J. (1984). Improving the Productivity of American Schools. *Educational Leadership, 41,* 19–27.

Walgenbach, K. (2010). Intersektionalität als Analyseparadigma kultureller und sozialer Ungleichheiten. In J. Bilstein, J. Ecarius & E. Kleiner (Hrsg.), *Kulturelle Differenzen und Globalisierung. Herausforderungen für Erziehung und Bildung* (S. 113–130). Wiesbaden: Springer VS.

Walgenbach, K. & Pfahl, L. (2017). Intersektionalität. In T. Bohl, J. Budde & M. Rieger-Ladich (Hrsg.), *Umgang mit Heterogenität in Schule und Unterricht* (S. 141–158). Bad Heilbrunn: Klinkhardt.

Walm, M., Schultz, C., Häcker, T. & Moser, V. (2017). Diagnostik und Leistungsbewertung im Dienste des Lernens – Theoretische Perspektiven auf ein inklusives Entwicklungsfeld. In A. Textor, S. Grüter, I. Schiermeyer-Reichl & B. Streese (Hrsg.), *Leistung inklusive? Inklusion in der Leistungsgesellschaft* (S. 113–120). Bad Heilbrunn: Klinkhardt.

Weinert, F. E. (2000). *Lehren und Lernen für die Zukunft – Ansprüche an das Lernen in der Schule.* Vortrag am Max-Planck-Institut für psychologische Forschung, 29. März 2000, Pädagogisches Zentrum Bad Kreuznach.

Weinert, F. E. & Helmke, A. (Hrsg.) (1997). *Entwicklung im Grundschulalter.* Weinheim & Basel: Beltz.

Wellenreuther, M. (2011). *Forschungsbasierte Schulpädagogik: Anleitungen zur Nutzung empirischer Forschung für die Schulpraxis* (2., aktual. und überarb. Aufl.). Baltmannsweiler: Schneider-Verl. Hohengehren.

Wendt, H. & Schwippert, K. (2017). Lesekompetenzen von Schülerinnen und Schülern mit und ohne Migrationshintergrund. In A. Hußmann, H. Wendt, W. Bos, A. Bremerich-Vos, D. Kasper, E.-M. Lankes, N. McElvany, T. C. Stubbe & R. Valtin (Hrsg.), *IGLU 2016. Lesekompetenzen von Grundschulkindern in Deutschland im internationalen Vergleich* (S. 219-296). Münster: Waxmann.

Wenning, N. (2013). Rede von Heterogenität – Mode oder Symptom? In J. Budde (Hrsg.), *Unscharfe Einsätze: (Re)Produktion von Heterogenität im schulischen Feld* (S. 12 150). Wiesbaden: Springer VS.

Werner, E. (1997). Gefährdete Kindheit der Moderne: Protektive Faktoren. *Vierjahreszeitschrift für Heilpädagogik, 66(2)*, 192-203.

West, C. & Fenstermaker, S. (1995). Doing Difference. *Gender & Society 9*, 8-37.

Wiater, W. (2013). Theorie der Schule. In L. Haag, S. Rahm, H. J. Apel & W. Sacher (Hrsg.), *Studienbuch Schulpädagogik* (5. Aufl., S. 11-34). Bad Heilbrunn. Klinkhardt.

Widmer-Wolf, P. (2018). Beurteilungsabsichten und -formen. *Zeitschrift 4 bis 8, (4)*, 32-33.

Wild, E., Schwinger, M., Lütje-Klose, B., Yotyodying, S., Gorges, J., Stranghöner, D., Neumann, P., Serke, B. & Kurnitzki, S. (2015). Schülerinnen und Schüler mit dem Förderschwerpunkt Lernen in inklusiven und exklusiven Förderarrangements: Erste Befunde des BiLief-Projektes zu Leistung, sozialer Integration, Motivation und Wohlbefinden. *Zeitschrift für Unterrichtswissenschaft, 43(1)*, 7-21.

Wimmer, B. & Altrichter, H. (2017). Heterogenität als Einzelschulentwicklung. In T. Bohl, J. Budde & M. Rieger-Ladich (Hrsg.), *Umgang mit Heterogenität in Schule und Unterricht* (S. 207-221). Bad Heilbrunn: Klinkhardt.

Wischer, B. (2022). ...die Sympathie gilt »stets der Erziehung und nicht der Selektion«. Zu den gesellschaftlichen Funktionen schulischer Leistungsbeurteilung. *Friedrich Jahresheft (40)*, 16-19.

Wocken, H. (2007). Fördert Sonderschule? Eine empirische Rundreise durch Schulen für ›optimale Förderung‹. In I. Demmer-Dieckmann & A. Textor (Hrsg.), *Integrationsforschung und Bildungspolitik im Dialog* (S. 35-60). Bad Heilbrunn: Klinkhardt.

Wölfl, L. (2016). Lehramtsstudenten fördern leistungsschwache Kinder und lernen selbst dabei. Das fachlichen Lernpotenzial des Studiums beim »Service Learning« im Hochschulkontext. In E. Inckemann & R. Sigel (Hrsg.), *Diagnose und Förderung von bildungsbenachteiligten Kindern im Schriftspracherwerb* (S. 171-187). Bad Heilbrunn: Klinkhardt.

Wolter, I., Glüer, M. & Hannover, B. (2014). Gender-typicality activity offerings and child-teacher relationship closeness in German »Kindergarten«. Influences on the development of spelling competencies as an indicator of early basic literacy in boys and girls. *Learning and Individual Differences, 31*, 59-65.

Wygotski, L. S. (1934/1964). *Denken und Sprechen*, Berlin: Akademieverlag.

Zeinz, H. & Köller, O. (2006). Noten, soziale Vergleiche und Selbstkonzepte in der Grundschule. In A. Schründer-Lenzen (Hrsg.), *Risikofaktoren kindlicher Entwicklung. Migration, Leistungsangst und Schulübergang* (S. 177-193). Wiesbaden: VS Verl. für Sozialwissenschaften.

Zimmer, K., Stick, A., Burba, D. & Prenzel, M. (2006). PISA 2003 - Kompetenzmuster von Jungen und Mädchen in den deutschen Ländern. *Unterrichtswissenschaft, 34(4)*, 310-329.

Zulliger, S. & Tanner, S. (2013). Der Begriff Heterogenität in empirischen Studien. *Schweizerische Zeitschrift für Bildungswissenschaften, 35(1)*, 37-52.

Zumhasch, C. (2014). Schulleistungsbeurteilung: Leistungen feststellen und bewerten. In W. Einsiedler, M. Götz, A. Hartinger, F. Heinzel, J. Kahlert & U. Sandfuchs (Hrsg.), *Handbuch Grundschulpädagogik und Grundschuldidaktik* (4. Aufl., S. 302-310). Bad Heilbrunn: Klinkhardt.